法学教室 LIBRARY Introductory Lectures in Criminal Law: General Part
Ida Makoto

入門刑法学
総論

第2版

井田 良

有斐閣

本書のコピー，スキャン，デジタル化等の無断複製は著作権法上での例外を
除き禁じられています。本書を代行業者等の第三者に依頼してスキャンや
デジタル化することは，たとえ個人や家庭内での利用でも著作権法違反です。

Introductory Lectures in Criminal Law : General Part

第2版　はしがき

　本書は，刑法の学習をゼロからスタートさせようとする皆さんを，短期間の集中講義（正確には，鬼のスパルタ特訓）で，あっという間に中級者（さらには上級者）に成長させるための，内容濃密な入門書です。姉妹編の『入門刑法学・各論〔第2版〕』とあわせて，全24講を読み通した皆さんには，刑法学の全体にわたる，相当に高度な理解にまで到達していただけるものと確信しています。

　本書の初版は，5年前の2013（平成25）年に出版されました（この本のねらいと出版に至る経緯については，「初版　はしがき」に詳しく書きました）。刊行後，多くの皆さんが本書を手に取って下さったことは，本書の存在価値が認められたということであり，著者として大きな喜びとするところです。この第2版では，特に法改正と判例の動きに対応して内容を新しくするとともに，本書の全体にわたり，読みにくいところ・理解の難しいところに加筆・訂正を行い，より分かりやすい本にするよう努めました（なお，改訂の作業を開始するに当たり，過失犯と正当防衛・緊急避難について，それぞれ新しい章を1つずつ付け加えることも計画したのですが，本を分厚くすることにより，初学者が何とか頑張って読み通せる，その限度を超えてしまうことをおそれ，やめることにしました）。

　入門書とはいえ，本書は決してソファで横になり音楽を聴きながら読み通せる本ではありません。最初のあたりはゆっくりと進みますが，第6講あたりからグンと難しくなり，「鬼のスパルタ特訓」が始まります。もし，ちんぷんかんぷんになってきたら，思い切ってリスタートするか，何とか頑張って（本文だけでも）最後まで読み通すか，どちらかをお勧めします。法律学のテキストは（たとえ本書のような入門書であっても），何度でもくり返し読む必要があります。第2ラウンドでは，最初に読んだときには理解できなかったことが理

i

解でき，1度目には気づかなかったことをたくさん発見するはずです。そのことは皆さんがそれだけ知的に成長した証なのです。知的な成長とは，皆さんにとり世界でいちばん大事な自分自身をより価値あるものに高めることにほかなりません。本書がそのために少しでも役立つとすれば，著者としてこれ以上うれしいことはないのです。

　この第2版を完成するにあたっては，有斐閣法律編集局書籍編集部の藤本依子さんと五島圭司さんが作業の全般にわたりまるで観音菩薩のように慈悲深く，キングコングのように力強く著者をバックアップして下さいました。この場を借りて心からのお礼を申し上げます。

2018（平成30）年9月

井田　良

Introductory Lectures in Criminal Law : **General Part**

初版　はしがき

　この本は，はじめて刑法を学ぼうとする皆さんが，講義を聴いている感覚で読み通すことのできるように工夫して書いた（いいかえれば，最初から最後まで，目の前の初学者の受講生に語りかけるような気持ちで書いた）入門書です。本書と一緒に出る『入門刑法学・各論』とあわせて全部で24回の講義を通して学べば，刑法学の全体（すなわち，刑法総論および刑法各論）にわたり，いちばん大切な，まさにコアの部分に関する，かなり高度な理解にまで到達できる，と著者としては確信しています。

　もともと本書のベースになったのは法学教室の連載であり，そのタイトルは，「ゼロからスタート☆刑法"超"入門講義」でした。こんな，ちょっと恥ずかしくなるようなタイトルを付けたことには理由があります。当初のねらいとしては，知識ゼロの本当の初学者を読者として想定しつつ，枝葉末節にはこだわらず，本当に大事なことだけを選んでうんと詳しく説明する，そういう内容の誌上講義にしたかったのです。ただ，実際に連載を開始してみると，何が「本当に大事なこと」なのかについて次々に迷いが生じました。どれもこれもみな大事に思えてきて，ふと気づいてみると，毎回，限られたスペースの中にできるだけたくさんの情報と深い内容を盛り込みたい，という思いに駆られて，ひたすらパソコンのキーボードをたたく自分があったのです。いま本書の全体を通読してみると，「本当に大事なことだけをうんと詳しく説明した本」というより，刑法総論の中味を相当に密度濃く凝縮した本になっていると思います。刑法がどのような法律かを手軽にのぞいてみたい，刑法学の概要をざっと知りたい，というニーズに応える入門書ではありませんが，刑法を本格的に学ぶことを決意した初学者を，速いテンポで中級者ないし上級者に引きずり上げることを可能とする本ができたのではないかと考えています。そればかりか，本書に書いてあることを（注やコラム等を含めて）すべてきちんと把握したならば，司法試験の受験のために必要な刑法学の基礎的理解は十分に身についている

——もちろん，知識ということでは，もっとたくさんのことを頭に入れる必要はありますが——といっていい過ぎではないでしょう（逆にいえば，法科大学院の3年間で，刑法という一科目について，ここに書かれていること以上の理解の修得を要求するならば，それは学生に無理を強いることになると私には思えるのです）。

いま司法試験のことに話が及びましたが，現在，刑法は「変革の時代」と呼ぶにふさわしい激動期のただ中にあります。変革の波は，立法に，解釈に，そして，その教育にも押し寄せているのです。当然のことながら，刑法学は，社会を意識し，社会の変化への対応を心がけなければなりません。過去のものの考え方を無反省に現在の問題にあてはめて解決しようとしてはならないのです。しかし，伝統的な刑法学の構成部分の中には，それでも修正したり放棄したりすることのできない基本思想・諸原則・理論構造というべきものがあります。何が「変わるべきもの」であり，何が「動かしてはならないもの」であるかを見極めることがいまほど必要とされている時代はないのです。若い読者の皆さんが，本書により刑法学の基礎をしっかりと理解し，そうした見極めのために役立てて下さるとすれば，著者としてこれほどうれしいことはありません。

本書のベースになった法学教室の連載は，2008（平成20）年4月号（331号）からスタートしました。24回・2年間で完結する予定であり，実際に，第15回までは1回も休むことなく書き続けることができていたのです。ところが，はからずも2009（平成21）年5月から所属学校法人の役員（常任理事）に就任することとなって執筆の時間がまったくとれなくなり，連載の中断を余儀なくされました。それまで読み続けて下さり，ときに感想や励ましの言葉を有斐閣雑誌編集部に伝えて下さった当時の読者の皆さんには，本当に申し訳なく思っています。もし連載の再開を希望する皆さんの声が編集部に届けられることがなければ，連載はそのまま中止

となり，したがって本書が生まれることもなかったでしょう。いま本書を世に送り出すにあたり，「ゼロからスタート☆刑法"超"入門講義」の読者であった皆さんに心からお詫び申し上げ，そして心から感謝申し上げたいと思います。

　お詫びと感謝の言葉は，有斐閣雑誌編集部の皆さんにも捧げなければなりません。足かけ4年間の連載の間に，法学教室編集長は，亀井聡さんから渡辺真紀さんにバトンタッチされ，連載の担当は最初の15回が大森響さん，連載再開後は五島圭司さんでした。私の個人的な事情で第16回以降は断続的な連載という不格好な形になってしまったにもかかわらず，温かく励ましサポートして下さった編集部の皆さんのおかげで，何とか連載を完結できました。本当に有難うございました。単行本化にあたっては，ずいぶんと加筆・訂正をさせていただきましたが，雑誌編集部の阿部華絵さんが完璧にお世話下さり，またいろいろと工夫して下さり，見やすく・読みやすく・わかりやすい本に仕上げて下さいました。私としては，ただただ Thank you so much と心をこめて申し上げるほかはありません。

2013（平成25）年10月

井田　良

Introductory Lectures in Criminal Law : **General Part**

目 次

第 1 講　刑法を学ぶということ　001

Ⅰ　はじめに　001
Ⅲ　法律学および　010
　　刑法学のイメージ
Ⅱ　（刑）法のイメージ　003
Ⅳ　終了のチャイムが鳴る前に　014

第 2 講　刑法は何のためにあるのか　017

Ⅰ　はじめに　017
Ⅲ　犯罪と法益保護　026
Ⅱ　応報と犯罪予防　019
Ⅳ　終了のチャイムが鳴る前に　033

第 3 講　刑法の基本原則　037

Ⅰ　はじめに　037
Ⅲ　罪刑法定主義　042
Ⅴ　終了のチャイムが鳴る前に　053
Ⅱ　行為主義　038
Ⅳ　責任主義　052

第 4 講　刑罰法規の解釈と適用　055

Ⅰ　はじめに　055
Ⅲ　刑罰法規の解釈　059
Ⅴ　終了のチャイムが鳴る前に　072
Ⅱ　刑罰法規の本質　056
Ⅳ　刑罰法規の適用をめぐる　066
　　諸問題

第 5 講　犯罪論の基本的考え方　075

Ⅰ　はじめに　075
Ⅲ　犯罪論の概要　082
Ⅴ　結果無価値（論）と　088
　　行為無価値（論）
Ⅱ　犯罪論は　077
　　何のためにあるのか
Ⅳ　犯罪の本質　084
Ⅵ　終了のチャイムが鳴る前に　094

第 6 講　構成要件をめぐって　095

Ⅰ　はじめに　095
Ⅲ　構成要件の要素　102
Ⅴ　終了のチャイムが鳴る前に　114
Ⅱ　構成要件の意義と機能　097
Ⅳ　犯罪の分類　108

第 7 講　未遂犯と既遂犯　117

Ⅰ　はじめに　117
Ⅲ　未遂犯をめぐる諸問題　128
Ⅱ　刑法における因果関係　119
Ⅳ　終了のチャイムが鳴る前に　139

第 8 講　故意と錯誤　141

Ⅰ　はじめに　141
Ⅲ　錯誤について　150
Ⅱ　故意について　144
Ⅳ　終了のチャイムが鳴る前に　166

第 9 講　違法性とその阻却　169

Ⅰ　はじめに　169
Ⅲ　違法性阻却事由の　180
　　統一的原理
Ⅴ　終了のチャイムが鳴る前に　191
Ⅱ　違法性の基礎理論　170
Ⅳ　各違法性阻却事由の概観　182

第 10 講　責任とその阻却　193

Ⅰ　はじめに　193
Ⅲ　責任要素　200
Ⅱ　責任の基礎理論　195
Ⅳ　終了のチャイムが鳴る前に　212

第 11 講　正犯と共犯　213

Ⅰ　はじめに　213
Ⅲ　単独正犯と狭義の共犯　220
Ⅴ　終了のチャイムが鳴る前に　235
Ⅱ　正犯論・共犯論への　216
　　アプローチ
Ⅳ　共同正犯　229

第 12 講　犯罪論から刑罰論へ　237

Ⅰ　はじめに　237
Ⅲ　刑の加重と減軽　249
　　——法定刑から処断刑へ
Ⅴ　終了のチャイムが鳴る前に　255
Ⅱ　犯罪の個数と犯罪の競合　239
Ⅳ　量刑の判断　251

凡　例

(1) 法　令

　刑法については，原則として条番号のみを引用します。括弧内でその他の法律，省令等を引用する場合は，原則として有斐閣『六法全書』巻末の「法令略語」によりました。

(2) 判例集

刑録	大審院刑事判決録
刑集	最高裁判所刑事判例集・大審院刑事判例集
集刑	最高裁判所裁判集刑事
高刑集	高等裁判所刑事判例集
高裁判特	高等裁判所刑事判決特報
東高刑時報	東京高等裁判所刑事判決時報
下刑集	下級裁判所刑事裁判例集
刑月	刑事裁判月報

(3) 雑誌等

判時	判例時報
判タ	判例タイムズ
法教	法学教室
ジュリ	ジュリスト
法時	法律時報
曹時	法曹時報

viii

主要な引用文献

＊ 著者名のみで引用します。

浅田和茂『刑法総論〔補正版〕』成文堂，2007 年

井田　良『講義刑法学・総論〔第 2 版〕』有斐閣，2018 年（井田・総論）

井田　良『講義刑法学・各論』有斐閣，2016 年（井田・各論）

伊東研祐『現代社会と刑法各論〔第 2 版〕』成文堂，2002 年（伊東・現代社会）

伊東研祐『刑法講義各論』日本評論社，2011 年（伊東・刑法講義）

内田文昭『刑法概要（中巻）』青林書院，1999 年

大塚　仁『刑法概説（総論）〔第 4 版〕』有斐閣，2008 年（大塚・総論）

大塚　仁『刑法概説（各論）〔第 3 版増補版〕』有斐閣，2005 年（大塚・各論）

大谷　實『刑法講義総論〔新版第 4 版〕』成文堂，2012 年（大谷・総論）

大谷　實『刑法講義各論〔新版第 4 版補訂版〕』成文堂，2015 年（大谷・各論）

川端　博『刑法各論講義〔第 2 版〕』成文堂，2010 年

斎藤信治『刑法各論〔第 4 版〕』有斐閣，2014 年

佐伯千仭『四訂刑法講義（総論）』有斐閣，1981 年

佐伯仁志『刑法総論の考え方・楽しみ方』有斐閣，2013 年

曽根威彦『刑法原論』成文堂，2016 年（曽根・原論）

曽根威彦『刑法の重要問題〔各論〕〔第 2 版〕』成文堂，2006 年（曽根・重要問題）

高橋則夫『刑法総論〔第 3 版〕』成文堂，2016 年（高橋・総論）

高橋則夫『刑法各論〔第 2 版〕』成文堂，2014 年（高橋・各論）

田口守一『刑事訴訟法〔第 7 版〕』弘文堂，2017 年

団藤重光『刑法綱要総論〔第 3 版〕』創文社，1990 年（団藤・総論）

団藤重光『刑法綱要各論〔第 3 版〕』創文社，1990 年（団藤・各論）

内藤　謙『刑法講義総論(上)』有斐閣，1983 年

中森喜彦『刑法各論〔第 4 版〕』有斐閣，2015 年

中山研一『新版概説刑法Ⅰ』成文堂，2011 年

中　義勝『講述犯罪総論』有斐閣，1980 年

西田典之『刑法総論〔第 2 版〕』弘文堂，2010 年（西田・総論）

西田典之〔橋爪隆補訂〕『刑法各論〔第 7 版〕』弘文堂，2018 年（西田・各論）

西原春夫『刑法総論（上巻）〔改訂版〕』成文堂，1998 年（西原(上)）

西原春夫『刑法総論（下巻）〔改訂準備版〕』成文堂，1993 年（西原㊦）

野村　稔『刑法総論〔補訂版〕』成文堂，1998 年

林　幹人『刑法総論〔第 2 版〕』東京大学出版会，2008 年（林・総論）

林　幹人『刑法各論〔第 2 版〕』東京大学出版会，2007 年（林・各論）

原田國男『量刑判断の実際〔第 3 版〕』立花書房，2008 年

平野龍一『刑法総論 I』有斐閣，1972 年（平野 I）

平野龍一『刑法総論 II』有斐閣，1975 年（平野 II）

平野龍一『刑法概説』東京大学出版会，1977 年（平野・概説）

福田　平『全訂刑法総論〔第 5 版〕』有斐閣，2011 年

堀内捷三『刑法総論〔第 2 版〕』有斐閣，2004 年

前田雅英『刑法総論講義〔第 6 版〕』東京大学出版会，2015 年（前田・総論）

前田雅英『刑法各論講義〔第 6 版〕』東京大学出版会，2015 年（前田・各論）

松原芳博『刑法総論〔第 2 版〕』日本評論社，2017 年（松原・総論）

松原芳博『刑法各論』日本評論社，2016 年（松原・各論）

松宮孝明『刑法総論講義〔第 5 版補訂版〕』成文堂，2018 年

山口　厚『問題探究 刑法総論』有斐閣，1998 年（山口・探究）

山口　厚『刑法総論〔第 3 版〕』有斐閣，2016 年（山口・総論）

山口　厚『刑法各論〔第 2 版〕』有斐閣，2010 年（山口・各論）

山中敬一『刑法総論〔第 3 版〕』成文堂，2015 年（山中・総論）

山中敬一『刑法各論〔第 3 版〕』成文堂，2015 年（山中・各論）

第**1**講

Introductory Lectures
in Criminal Law
General Part

刑法を学ぶということ

I　はじめに

　この入門講義は，刑法（学）をはじめて学ぶ読者の皆さんのためのものです。高校を卒業して法学部に入学したばかりのA君，今は文学部3年生で，法科大学院への進学を考えはじめているB子さんに向けて語りかけたいと思います。法律学に関する基礎知識ゼロの段階から出発して，最終回の講義を読み終える頃には，読者の皆さんが初級者の域を脱して，中級者（ひょっとして上級者）のレベルにまで成長するところまで実力を引き上げることを目ざします。刑法入門一歩手前のところからはじめて，刑法学のかなり奥深いところにまで誘い込みたいとひそかにねらっています。全体は24回の講義からなりますが，前半12回を収録する本書では「刑法総論」のお話を中心とし，後半12回を収録する『入門刑法学・各論』では主として「刑法各論」のテーマを取り上げます（この「総論」と「各論」のそれぞれの意味については，第5講「犯罪論の基本的考え方」でお話しします〔→75頁以下〕）。

　刑法学の初級者の域を脱して中級者・上級者の仲間入りをするための道のりは平坦ではありません。そのために何が必要かといえば，①社会と人に関する幅広い知識，②明確な概念を用いて矛盾や飛躍のない論証を組み立てることのできる論理的な思考力，③対立する要請を偏りなく考慮しつつ適切な価値判断を行う能力のすべてです。刑法学は，人間としての成長と成熟なしにこれを修

001

得することのできない「大人の学問」なのです。読者の皆さんには，法律学の他の諸分野や，人文科学や社会科学や自然科学に属する学問分野にも関心を持って知識の幅を広げ，論理的思考力を磨き，判断力を成熟させつつ，ゆっくりと焦らずに刑法学の基礎固めをしていただきたいと思います。

　ずっと昔，ちあきなおみの「4つのお願い」という歌が流行りましたが（いや古いですね。年齢がバレてしまいます），それとはまったく関係なく，読者の皆さんに**2つのお願い**があります。その1つは，じっくりと考えながら，ゆっくりと読んでいただきたいということです。ある学問分野に関する理解は，読んだ本のページ数に比例するのではなく，自分の頭で真剣に考えた時間数に比例して深まります。どんどん流し読み・飛ばし読みをしていけば，たくさん読んだという充実感は残るかもしれませんが，理解が深まることはありません。書かれた内容を正しく理解しようとして頭を働かせ，多方面に考えをめぐらせた，その時間数に比例して，理解は確実に深まるものです[1]。何ページ読んだかとか，あと何ページあるかとかを気にしないで下さい。書かれていることを正確に理解するように努め，「でも，こういう場合はどうなるんだろう」とか，「むしろこう考えるべきではないだろうか」とか，いろいろと考えをめぐらせつつ，ゆっくりと読み進めて下さい。焦る必要はないのです（→ **Coffee break「対話としての読書」**3頁）。

　読者へのもう1つのお願いは，この講義の受講にあたっては（も），小型の法令集（六法）を手元に置き，条文の引用があったら，必ずそれを探し出して，実際に読んでいただきたいということです。法律家にとっての六法は，キリスト教徒にとっての聖書にも比せられます[2]。法律の条文はすべての法律家にとっての共通の出発点です。後に触れますように，法律は，ふつうの人が考え

　1）　ちょっと状況は異なりますが，私が大学院生の頃，留学地のドイツから，恩師に宛てて近況報告の手紙を書き，「ドイツ語も少し上達して，1日に100頁ぐらいなら読めるようになりました」と記したところ，「真剣に考えながら読んだら10頁も読めないものです」という返事をすぐにいただいて，大いに反省させられたことがあります（もちろん，法律家の能力のうちには，大量の文書を速読してその要点をつかむ能力も含まれますが，そういうことを気にするのは，もう少し先に行って，初級者段階を脱してからでも遅くはありません）。

　2）　日本は，ヨーロッパの法（大陸法と呼ぶことがあります）および法律学を基本的に受け継いでこれを発展させてきたのですが，ヨーロッパの法律学は，実は，キリスト教神学の方法に大きく影響されつつ形成されてきたものです。

第1講 刑法を学ぶということ

> **対話としての読書**
> Coffee break
>
> 　講義がはじまったばかりで，もうコーヒーブレイクとは早すぎますが，さすがにドイツ製のコーヒーメーカーは性能がよく，もうコーヒーができたようなので，ちょっと思い出話をさせてください。私が法学部の1年生か2年生かの頃に，ある講義で，マックス・ウェーバー（尾高邦雄訳）『職業としての学問』（岩波文庫版，1980年）を読むように勧められました。すぐに書店で買って読みましたが，まったくつまらないものでした。ところが，ずっと後に，大学院生（後期博士課程）の頃に，あらためて読んだのですが，一行一行胸に染み込むように読めて，読み終えたときには大きな感動を与えられました。よくいわれるように，読書とは「著者との対話」なのです。本を読むことは，著者に問いかけることです。「なぜ」「むしろこうではないか」「この問題についてはどう考えるのか」と，著者に向けてボールを投げることです。そして，著者が投げ返すボールを受け止めることです。どのようなボールを投げるかにより，著者からそもそもボールが返ってくるか，どんなボールが返ってくるかが決まります。受動的な態度で書物に向かうことは，人との対話において，問いかけることなく「返事」を待つことに等しいのです。学部時代の私は，ウェーバーと対話するにはあまりに未熟すぎたのでした。

るより，はるかにわずかなことしか定めていないように思え，頼りなく見える存在なのですが，勉強を進めるうちに，実は必ずしもそうでないことが分かってきます。いずれにしても，条文の持つ重要性はこれをいくら強調しても強調しすぎということがありません[3]。

II （刑）法のイメージ

1 定義からはじめる

　それでは，ゆっくりと本論に入ることにいたしましょう。まずはこれから学ぼうとする対象である刑法について，それがどういうものであるかを説明します。もちろん，刑法をひと通り学んだ後にはじめて刑法とはどういうものかが分かってくるのですから，学ぶに先立ってこれを正確に知ることができるはずはありません。ここでは，それがだいたいどんなものであるのか，大ざっぱなイメージを持っていただこうと思います。そのためには，オーソドックスな定

003

義を紹介することが便利でしょう。刑法は，いうまでもなく法の一種ですから，法の定義を示し，その次に刑法の定義を示すという順序でお話を進めます。

　有名な法学入門の教科書を見ますと，そこには，法とは「公的な強制を伴い公権力によって強行されうる社会規範」のことであると書かれています[4]。この定義は，「社会規範」のうちで，「公的な強制を伴い公権力によって強行されうる」ものが法であるとするものです。

　社会規範とは何でしょうか。それは，社会における人々の行動を規律し，社会に秩序を与えているルール（規範）[5]のことです。読者の皆さんは，大学のキャンパスに行くとき，家を1歩出たら暴漢や強盗に遭うかもしれないなどと心配することはないし，電車がダイヤ通りに走っており，大学には友人たちがいて，時間通りに講義がはじまることを当然のように期待し，またその期待は裏切られることはなく，講義が終わったら友人らといつもの喫茶店に行って講義のポイントなどについて話し合いながら軽食をとる，そういう毎日を送っていると思います。しかし，まさにそういう形で，私たちの社会の秩序が維持され，平和で安定した社会生活を送ることができるのは，人々の行動を規律し，一定の枠を外れないように方向づける無数の社会的ルールが行動準則として機能しているからにほかなりません。このような社会的ルールのことを社会規範と呼ぶのです[6]。

　3）　法律学を学ぶ学生であれば，最新版の六法を持たずに大学に出かけるというのは，恥ずかしいことだと考えるべきです。私は，若い駆け出しの教師の頃，よく法学部の1年生の講義で，六法を持たずに大学に来るなんてズボンやスカートをはかずに大学に来るのと同じぐらい恥ずかしいことだ，なんて話したものです。が，あるとき，そう話す自分自身が六法を持ってきていないことに気づき（幸いなことにズボンははいていましたが），それ以来，その話をするのはやめにしています。

　4）　この定義は，団藤重光『法学の基礎〔第2版〕』（有斐閣，2007年）24頁にあります。この本は，戦後の刑法学のメインストリームを形成した刑法学者である著者（→35頁）の手になる，レベルの高い法学入門の教科書です。

　5）　規範とは，「……してはならない」（禁止）または「……しなければならない」（命令）という内容を持つ，人に向けられた行動準則（行動の基準）のことをいいます。なお，人間社会にとり規範の持つ意味は，哲学や社会学の重要なテーマです。たとえば，中山康雄『規範とゲーム——社会の哲学入門』（勁草書房，2011年）を参照。

　6）　極端な話になりますが，「人を殺してはならない」とか「人の物を盗んではならない」とかの，そういう基本的な社会規範が効力を失った社会においては，スティーブン・セガールのような人でない限り，家を1歩も出ることはできません。いや，家にいたって家族や侵入者から襲撃を受けるかもしれませんから，安心できないでしょう。

社会規範の中には，法の規範以外にも，道徳や倫理，慣習や習俗などのルールがあります。上の定義によると，法の規範とそれ以外の社会規範（たとえば，道徳の規範）との大きな違いは，法については「公的な強制を伴い公権力によって強行されうる」が，法以外の社会規範はそうではないところです。すなわち，法については，人がそれに反する誤った行為を行ったとき，最終的には公権力（国家権力）により誤り

▼ 社会規範と法・刑法の関係

が正されますが，純然たる道徳違反などの行為に対してはそのようなことはないのです。万引きや傷害のような，法に反する行為（違法行為）と，単に親不幸な振る舞いや電車の中での携帯電話での会話といったモラル違反の行為とを比較すれば，「違反に対し公的な強制が働くか否か」という点で，その違いは明らかであるといえましょう（→ Column「イェーリング」7頁）。

　次に，刑法の定義を見てみましょう。それは**犯罪と刑罰に関する法**とされます[7]。刑法は，どのような行為が犯罪となり，それにどのような刑罰が科せられるべきかを定めており，そこから，「犯罪と刑罰に関する法」と定義されるのです。たとえば，殺人罪に関する刑法199条は，「人を殺した者は，死刑又は無期若しくは5年以上の懲役に処する」と規定しています。よく見ると，この条文は，2つの部分に分かれ，「人を殺した者は，」という前半部分（法律要件の部分ともいわれます）において犯罪の個別的要件（すなわち，どのような行為が犯罪となるか）が定められ，後半の部分でその犯罪に対する刑（これが，法律要件に対応する法律効果です）が定められています。このように，刑法を構成する個々の処罰規定（刑罰法規）は，「……した者は，……に処する」という形式を持っています[8]。

---

　7)　たとえば，団藤・総論3頁には，「刑法は，犯罪と刑罰とに関する法である。それは，犯罪の要件を定め，これに結びつけられる法的効果としての刑罰……の内容を定める法の一部門である」と述べられています。

ところで，刑法の規定は，いかなる意味で社会規範なのでしょうか。199条の規定には，「人を殺してはならない」と明記されてはいません。ただ，同条は，「人を殺してはならない」という，人々に向けられた，社会規範としてのルールを暗黙のうちに前提としていると考えることはできます[9]。すなわち，刑法は，殺人を禁止する社会規範の存在を踏まえて，その効力を維持するため，199条の規定を設けたといえるのです。刑法は，このような規定を設けることを通じて，人々に対し，殺人行為はやってはならない違法行為であるとする（法の立場からの）評価を明らかにし，人々に対し殺人行為を行わないよう呼びかけている（そのことを手段として犯罪の予防を目ざしている）のです。

2　何のための（刑）法か

以上のような，用語の定義からのアプローチも重要であり，それにより，法と刑法についての第一印象を持つことができますが，法のような社会的制度については，それは「何のためにあるのか」という，その存在理由を問うことがとても有益です。そこで，以下では，**法の目的・機能**ないし**存在理由**にスポットライトをあてたいと思います。これにより，法の持つ本質的な側面が明らかとなることが期待できるのです。「目的こそすべての法の創造者である」と高らかに唱えたのは，コラムで紹介するイェーリングでした（→7頁）。

何のために法は存在するのかという問いに対し，私は，さしあたり（少し曖昧で，しかも多義的なのですが）「法は問題解決のためにある」と答えたいと思います。この社会に発生し，私たちが悩まされる無数の問題のうちで，法による解決に適したものは，実は限られたものでしかありません。法が用いる手段は，公的な強制（国家的強制）であり，具体的には，金銭の支払や物の返還を強制するとか，個人に一定の不利益（その代表が刑罰ですが，ほかにもあります）を強制的に賦課することです。こういう形で，公権力を登場させることにより解決することが可能であり，またそれが適切である，そういう問題（これを法

8）　たとえば，刑法204条の傷害罪の規定，235条の窃盗罪の規定，261条の器物損壊罪の規定などを読んでみて下さい。

9）　一般的には，刑法の規定の中に，一般市民に向けられた社会規範としてのルールは明記されてはいません。「人を殺してはならない」とか「人の物を盗んではならない」というのは，余りにも（あえて法律に明記するのも滑稽なほど）当然のことだからでしょう。

第1講　刑法を学ぶということ

イェーリング

Column

　19世紀に活躍した，著名なドイツの民法学者に，ルードルフ・フォン・イェーリング（Rudolf von Jhering, 1818-1892）という人がいます。イェーリングは，法にとり「強制」が本質的な要素であるとし，法的強制のない法文などというのは，「燃えない火」とか「光らない光」というのと同じように自己矛盾だとしました。なお，イェーリングは，「法は社会的目的を達成するための手段である」と説いて「目的法学」を主張し，刑法学にも大きな影響を与えました。著書として，『ローマ法の精神』や『法における目的』のほか，有名な『権利のための闘争』（村上淳一訳，岩波文庫版，1982年）があります。

的問題と呼ぶことができましょう）を解決するために法は存在しているのです。

　特に，刑法についていえば，一定の行為を犯罪とし，その行為者に刑罰を科すことにより解決可能な問題を解決するために存在しているということになります。これは何か堂々めぐりの文章のように見えますが，実はとても大事なことを述べています。1つの具体例で考えてみましょう。

〈ケース1・東名高速事件〉

　トラックの運転手であった甲は，1999（平成11）年11月，多量の酒を飲み，東名高速道路において大型貨物自動車を運転し，酔いのために的確な運転操作が困難な状態に陥り，渋滞のために減速進行中であったA運転車両およびB運転車両に順次自車を衝突させ，自車をA運転車両に乗り上げて炎上させるなどした結果，A運転車両の後部座席に乗車していた当時3歳と1歳の2児を死亡させ，そのほか5名を負傷させた。

　甲は，業務上過失致死傷罪（当時の刑法211条）および酒酔い運転の罪（道路交通法に規定されている犯罪）で起訴された。第1審の東京地裁は，両罪の成立を肯定し，甲に対し，当時において最大限可能であった7年までの懲役の中で，4年の懲役を選んで言い渡した。検察官は，4年の懲役では軽すぎて不当であるとして控訴したが，第2審（控訴審）の東京高裁は，懲役4年が軽すぎて不当であるとはいえないとした（東京高判平成13・1・12判時1738号37頁＝判タ1064号218頁）[10]。

　まっすぐ歩くこともできないほどの酩酊状態で大型トラックを運転する甲の一方的落度により，突然に3歳と1歳のわが子を奪われたご両親の深い悲しみ

007

に対して，刑法に何ができるのでしょうか。甲に対し，4年の懲役ではなく，7年の懲役を科したとしても，さらにはそれが20年以上であったとしても，ご両親の気持ちが和らぐことにはまったくならないでしょう[11]。わが子2人を失い，これからその喪失感とともに生きていかなければならない被害者遺族であるご両親の深い悲しみ，これには想像を絶するものがありますが，しかしそれは刑法にとってはいかんともしがたいことです。現行刑法の不備とかそういうことではなく，およそ刑法による対応の能力を超えたところにある問題です。法により対応できるのは，法的問題（または問題の法的側面）に限られていて，とても狭い部分にすぎないのです。法律家になろうとする人は，このような法の限界を正しくわきまえなければなりません。何かトラブルがあったとき，すぐに法律論を振り回そうとする人がいますが，それは法律のことを知らない人か，または法律家としてきわめて未熟な人です。

　ただ，〈ケース1〉については，次のように考えられないでしょうか。たしかに，すでに起こってしまった過去の事件との関係では，刑法は何の問題解決にも寄与できないとしても，しかし，甲に重い刑を科すことにより，それが強い警告となって，将来において類似のケースが少しでも減少するとすれば，それは社会にとり有益なことである。刑法は，そのような形でなら，個人の生命の保護という法的課題の解決に役立つことができる，と。ここでは，刑罰の本質をどのように把握するか，それを**過去の犯罪に対する応報**として理解するか，それとも**将来の犯罪予防のための合目的的手段**として理解するかという，刑法の根本問題が問われていることになります。この点については，第2講（テーマは「刑法は何のためにあるのか」）において，詳しく論じたいと思っています

---

　10)　省略しないで記せば，東京高等裁判所判決平成13年1月12日で，雑誌である判例時報の1738号37頁以下か，または判例タイムズの1064号218頁以下に掲載されているということです。

　11)　この事件が1つの契機となり，その後，法律が改正されています。従来は，自動車運転により死傷事故を起こすと，業務上過失致死傷罪（刑211条前段を参照）とされましたが，現在では，**過失運転致死傷罪**として処罰されます。その処罰規定は，2013（平成25）年に制定公布され，翌年から施行された単行法（単独の法律）である「自動車の運転により人を死傷させる行為等の処罰に関する法律」（法律番号は，平成25・11・27法律第86号）の第5条にあります（なお，この法律の略称は「自動車運転致死傷」で，小型の六法にも必ず収録されていますので，一度のぞいてみて下さい）。また，一定の悪質な場合には，この法律に置かれた**危険運転致死傷罪**（自動車運転致死傷2条）の規定が適用されます。

（→ 17 頁以下）。

3 はじめに問題ありき

　法が「法的問題の解決」のために存在しているとしますと，法律の規定は，一定の法的問題を前提として，その解決方法を示したものとして理解することができます。そして，法律の規定は，実は不完全な存在です。生じてくる，すべての問題について条文があるわけではありません。直接にその問題について解決を示した条文はないものの，よく問われ，解決を迫られる問題が数多く存在します。また，その問題を直接に取り上げた条文があるときでも，その条文の読み方がふた通りあって，解決方法がいまいちはっきりしないということもあるでしょう。そういう法律の不完全さを補うのは**法律学**の役割です。法律の規定だけを読んでも，どこがどう不完全であるのかを知ることはできないでしょう。法律学を学んではじめて，法律に何が書かれていて，何が書かれていないかが分かるのです。読者の皆さんが民法や刑法を学ぶということは，実は民法学や刑法学を学ぶということにほかならないのです。

　もう１つ重要なことがあります。法律の規定は，ある問題を前提として，それに対する１つの解決を示したものですが，それが解決しようとする問題そのものは，そこに書かれていないのが通例です。いいかえると，法律の規定は，解決したいと思う問題を暗黙の前提として，ただ答えだけを素っ気なく示すものです。たとえば，先ほども触れた，殺人罪に関する刑法 199 条ですが，それは，**刑法による人の生命の保護**という法的課題，すなわち，個人の生命という，私たちの基本的な生活利益を，刑法を手段としてどのように保護すべきかという大きな問題に対する，法の立場からの１つの答えを示した規定です[12]。

　読者の皆さんは，高校受験や大学受験のために問題集で勉強したかもしれま

　12）　詳しく論じることはできませんが，この規定は，殺害のための手段・方法を問わず包括的に処罰の対象としており，かつ刑として死刑や無期懲役のような重い刑を示すことにより，法にとっての生命という生活利益の重要性を明らかにしていますし，同時に，刑の下限として 5 年の懲役（ちなみに，これは強盗罪〔236 条〕と同じです）という比較的軽い刑を予定しているところには，殺人行為の中にも必ずしも重い刑を科すことが相当でないケース（安楽死に近い事例や，被害者側に責めるべきところがあり，行為者側に気の毒な事情が認められる事例）も含まれているという立法者の認識が示されているのです。

せんが，もし問題集の解答編だけ見たとしたら，そこに何が書かれているのか，チンプンカンプンでしょう。いま読者が民法や刑法の条文だけを読んだとしたら，わけが分からないと感じるでしょうが，それは当たり前のことなのです。法を学ぶためには，法律の規定が前提としている（隠された）問題を明らかにし，それに対応する法律の側の答えが何かを学ぶ必要があります。法が解決しようとするさまざまな問題は，法律学という学問分野の中で体系的に整理されて研究の対象とされています。このようにして，法を学ぶためには，法律学を学ぶ必要があり，刑法を学ぶためには刑法学を学ぶ必要があるのです。刑法は刑法学を通してしか学ぶことができない，刑法学を学ばずに刑法を学ぶことはできないということにほかなりません。

　そこで，以下では，法律学がどのような学問分野であるのか，そのファースト・インプレッションを持っていただくためのお話をすることにいたしましょう。

Ⅲ 法律学および刑法学のイメージ

1 法解釈学としての法律学

　憲法学，民法学，商法学といった各分野の法律学は，法の解釈を中心的な内容とするところから**法解釈学**と呼ばれます。刑法を対象とする刑法学も，法解釈学の1部門です。なぜ，解釈が重要な意味を持つかといえば，法律の規定を現実の事件に適用して（あてはめて）問題を解決するためには，あらかじめ法の規定の持つ意味を明らかにしなければならないからです。言葉や文章の意味内容を理解し，はっきりさせることを「解釈」といいますが，**法を適用**するためにはまず**法を解釈**しなければならないのです（→59頁）。私たちが使う言葉や文章は，その意味がしばしば曖昧であり，不明確かつ多義的です。法律の規定についても，解釈によってその意味をはっきりさせるまでは，事件に適用することができるのかどうか迷う事例が必ず出てくるのです。1つ具体的な事例で考えてみましょう。

010　Introductory Lectures in Criminal Law : **General Part**

第 1 講　刑法を学ぶということ

〈ケース 2・胎児か人か〉
　妊娠していた A は，出産予定日より早く強い陣痛がはじまったので，夫の
B とともにタクシーに乗り，病院に向かった。B は，タクシー運転手甲に，急
ぐように頼み，運転中にも，何度も強い調子で「もう少しスピードを出せない
ものか」と甲をせかした。気の弱い甲は，B の強い口調に押され，制限速度を
超えるスピードで病院に向けて車を走らせていたが，ハンドル操作を誤って急
なカーブを曲がりきれず，電柱に追突する事故を起こした。この事故のため，
A と B はともに重傷を負ったが，A が腹部を強く打ったために，生まれる直
前であった赤ちゃんは A のお腹の中で死亡するに至った。

　〈ケース 2〉では，甲が過失運転致死傷罪（自動車運転致死傷 5 条）[13] の刑事
責任を問われるかどうかが問題となります[14]。ここで取り上げたいのは，胎
児の死亡との関係で，過失運転致死罪の規定を適用できるかどうかという論点
です。生まれる直前のその赤ちゃんはもう「人」であったといえるとすれば，
甲は過失で「人を死亡させた」ことになりますから過失運転致死罪により処罰
されることになりそうです。これに対し，出産直前であるとはいえ，まだお腹
の中にいる赤ちゃんは「人」といえないというのであれば，この点で甲を処罰
することはできません（なお，甲を堕胎罪〔215 条 1 項〕で処罰することもできま
せん。甲には堕胎の故意がないからです〔38 条 1 項を参照〕）。刑法の条文を見て
も，ただ「人」とあるだけで，いつから胎児が人になるかという「人の始期」
の問題については何も述べられていません。民法 3 条 1 項の規定を参考にすれ
ば，人は「出生」の時点から人になるといえそうですが，出生とはどの時点の
ことでしょうか。人の出生のプロセスは，医学的には区切りのない流れです。
　法の規定の解釈の問題として，刑法学の学説の多く（通説といういい方をしま
す）は，母体から胎児の身体の一部（通常は頭頂部）が露出した時点が人の
始期（出生の時点）であるとする一部露出説をとります。それによると，その

---

13)　前掲注 11)を参照。
14)　スピードを出すことを強く求めた B が，どのような刑事責任を問われうるか，また，その B
の言動が，甲の刑事責任を検討するにあたりどのような影響を持つかはとても難しい問題です。ここ
では，これらの問題に立ち入ることはできません。

011

段階以前において胎児が死亡している〈ケース2〉では,「人を死亡させた」とはいえず,過失運転致死罪の適用はできないという結論になります。ただ,学説の中には,一部露出以前の段階でも人になったことを認めることができるとする見解（出産開始説）と,逆に,出産が完了するまで（したがって,全部露出した時点まで）人とはいえないとする見解（全部露出説）も主張されていて,解釈をめぐる見解の対立が存在しています[15]。こういう,法の規定の解釈をめぐる議論が中心となるので,法律学は法解釈学と呼ばれるのです。

2 複数の解釈の可能性と選択の決め手

人の始期（出生時期）をめぐる議論に見られるように,問題解決の過程において行われなければならない法の解釈には,必ずといってよいほど複数の可能性があり,A説,B説,C説というように学説が対立しています。刑法は,人の生命を奪ったり,人の一生を破壊したりすることさえありますから,法律の内容ははっきりと1つのものでなくては困るはずで,解釈者の価値判断と選択によって決まるのではおかしいと思うかもしれません。しかし,これこそが客観的に通用する解釈であると決めることができるような判断基準は存在しないというのが現実です。

あえて判断基準らしきものを探すとすれば,それは結論を支える**論拠ないし理由づけの説得力の程度**です。これから法律学を学ぼうとする読者の皆さんは,法律学の論点について考えるにあたり「重要なのは結論ではなく理由づけである」ということを頻繁に聞いたり読んだりするに違いありません。もし決まった答えがないのに,それでも結論を出さなければならないとしたら,各自がその結論が妥当だと考える理由を述べて意見をぶつけあった上で,多くの人が納得できる結論を選ぶほかはありません。法律学の分野では,多数の人（理想的には全員）が納得できるような結論が真理なのです。真理とは合意のことであるといわれることさえあります。

---

15) このケースについては,『入門刑法学・各論〔第2版〕』（以下では「各論」と略記します）の第1講「刑法による生命の保護」10頁以下において,本格的に検討しています。

3 法律家に求められるもの

合意形成を目ざして討論が行われるとき，ある特定の人が権力を持っていて，その人の「鶴の一声」で決まってしまうというのであってはなりません。結論を導く論拠ないし理由づけの有する高度の説得力のみが，最初は反対していた人の心を動かすというのでなければなりません[16]。法律家に求められる能力とは，決まった正解のないところで多くの人が納得できる結論を見出す能力であり，討論の中で相手を納得させることができる論拠ないし理由づけの力（言葉の力とか，論理の力といいかえてもいいでしょう）を駆使できる能力にほかなりません。

法律家の仕事の基本は，問題解決に向けて，論拠を天秤にかけることであり，その上で断固とした決断を行うことであり，さらに，ときには妥協も要求される合意形成に努めることです。それらが法的思考の本質的な要素を成しています（→ Coffee break「正義の女神」15頁）。そして，ここに驚くべきことがあります。法律学の主要な問題について，考え方の筋道は，ほぼ2つか3つに集約される形で，その枠組みができあがっているということです。そのため，法律家の行う法的判断は，枠を外れた勝手な判断（主観的な価値判断）にはならないのです。それは，法と法学の歴史と伝統が築き上げてきたものです。法により人間社会に秩序が形成されるように，法律学により人の思考に秩序が与えられているのです。

このように見てくると，法律学を学ぶとき，1つの「正解」を探してそれを記憶するような勉強をすることがいかに愚かなことであるか，お分かりであろうと思います。大事なことは，法的論理の枠組み・考え方の筋道を理解することであり，枠をはみ出さずに枠の中で自由に動くことのできる能力を身に付けることです。それが「法的なものの考え方」（よく「リーガル・マインド」とも呼ばれます）を学び取るということにほかなりません。

---

16)　それは，まさに民主主義の基礎にある思想にほかならないということに読者の皆さんは気づくことでありましょう。

Ⅳ 終了のチャイムが鳴る前に

ある学問分野の勉強をはじめようとするとき，自分に十分な能力があるかどうか，自分がそれに向いているかどうかが心配になるというのは当然のことです。法律学は面白そうだし，法曹は職業として魅力的だけど，自分より頭の良い人間がたくさんいるし，そういう中で自分で大丈夫だろうかと考えてしまう人は多いでしょう。

一先輩として助言させていただければ，頭の回転の速さ，試験で良い点が取れるという意味での賢さは，法律家の能力の一要素であるかもしれませんが，そんなことで決まってしまうほど，法律学は薄っぺらな学問ではありません。むしろ頭のよさが裏目に出ることが多いとさえいえるでしょう。法律家にとり大事なことが，ほかに山ほど存在するのです（→ Column「**学際科学としての刑法学**」16 頁）。

何よりいちばん大事なことは，法律学の議論を心底好きになること，大いに楽しめるようになることです。私がこれまでに出会った偉大な（と私が考える）法律家の中で，法律学の議論が嫌いだという人はいません。逆に，法律学の議論が大好きで，それでも法律家として駄目だという人も知りません。法律学を嫌いになることはあるかもしれませんが，法律学から嫌われるということはありません。心底ほれ込んでほしいし，ハマってほしいと思います。ストーカー行為等規制法は，ここには適用されませんから，安心して日夜，執拗につきまとうことです。

第 2 講のテーマは，「刑法は何のためにあるのか」です。刑法について考えるときの出発点となる問いは，刑法はなぜ・何のために存在するのか（刑法の存在理由），そして，刑法はいかなる機能を果たすことができ，また果たすべきなのか（刑法の機能）です。第 2 講では，この根本的な問題について考えてみることにいたしましょう。

正義の女神

Coffee break

ヨーロッパにおいて，法の理念＊とされる正義は，目隠しをし，左手に天秤を，右手に剣を持つ女神（Justitia）像として象徴的に表現されてきました。天秤は，公正な判断のための基準・正と不正の識別の尺度を連想させます。剣は，正義を貫徹する力をシンボライズするものです。導いた結論を貫徹するだけの力を持ってないと法とはいえません。目隠しというのは，公平さ（人によりえこひいきをしないこと）を示すものです。

法的な思考および論証とは，数学の証明に近いものと考える読者も多いかもしれませんが，決してそうではありません。むしろそれは天秤のイメージです。それぞれの結論を基礎づける論拠，すなわち論拠と反対論拠を天秤にかけて，どちらが重いかを考え抜かなければなりません。それぞれの論拠にどのぐらいの重みを与えるかということも大事です。天秤にかけた上で，さらに決断を行わなければなりませんし，その決断については責任をとらなければなりません。他方，合意形成のための努力も重要です。それぞれが勝手に意見をいいあって，各自が我を通そうとすればいつの間にか落ち着くべきところに落ち着くと考えるのではなく，ときには妥協も必要であり，合意が何とか形成されるようにお互いに工夫をしなければならないのです。

スイスの首都ベルン市内（Gerechtigkeitsgasse）にある正義の女神像（著者撮影）

＊「法の理念」とは，法がつねにその実現を意図し，もしそのことをやめてしまったら，それはもはや法とはいえないところのもののことをいいます。

学際科学としての刑法学

Column

　学問の全体は，大きく，人文科学，社会科学，自然科学の３つに分けられるのがふつうです。法律学，したがって刑法学は，そのうちの社会科学に属する学問分野です。ただ，刑法学は，これまで，隣接する社会科学の諸領域（たとえば，社会学や経済学など），社会を構成する人間についての人文科学の諸分野（たとえば，哲学，倫理学，歴史学など），そして自然科学の諸分野（特に，医学，精神医学など）と協力しあいながら発展してきました。刑法をめぐるいろいろな問題は，それらを少しでも深く考えようとするとき，狭い法律学の境界を越えて，他の学問領域に足を踏み込まざるをえない性質を持っているのです。そういう奥深さ・果てしなさを持った刑法学は，１つの学際科学と呼ぶことができるでしょう。このことは法律学全般についてもいえることですが，人や社会に関する，さまざまな知識や経験がなければ，きちんと刑法を学ぶことはおよそ不可能です。ただ，逆にいえば，刑法学を基礎から深く勉強していくことにより，人について・社会についていろいろなことを学ぶことができるのです。たとえどんなことでも，社会について，そして社会を構成する人間について知ることは，法律家にとっては有益です。読者の皆さんが志望校に入れず浪人して苦しかった経験とか，失恋して悲しみのどん底に突き落とされたこととか，そういうことでも，刑法学を学ぶときには大いに役に立ちます。

第**2**講

Introductory Lectures
in Criminal Law
General Part

刑法は
何のためにあるのか

I はじめに

第1講では，法のような社会的制度については，「何のためにあるのか」と問うこと（すなわち，その目的・機能ないし存在理由を問題とすること）が重要であると述べました。そして，さしあたりの答えとして，「法は問題解決のためにある」といいました（→6頁以下）。何とも抽象的な答えだったので，読者の皆さんにはいま一つピンと来なかったかもしれませんね。第2講では，法一般ということではなく，刑法に焦点をあてて，「何のためにあるのか」につき，1歩も2歩も踏み込んで考えてみたいと思います。今日のテーマを丁寧に表現すれば，**刑法はなぜ・何のために存在するのか**，そして，**刑法はいかなる機能を果たすことができ，また果たすべきなのか**です。これこそ，刑法について深く考えようとするときの出発点となる根本的な問いです。

この問いに対し，今から2400年以上も前に，ほんの数行で，現在でも十分に通用する解答を与えた人がいます。それは，プラトンの本の中に登場するプロタゴラス（紀元前490年頃–420年頃）です[1]。彼の語る言葉に耳を傾けてみて下さい[2]。

017

「何びとも不正をおかす者に対して，相手が不正をはたらいたという，ただそのことを念頭におき，そのことのために懲らしめるような者はいない。もっとも，けだもののように理不尽な復讐をしようとする者は別であるが——。道理をわきまえて懲らしめようとする者なら，過去になされた不正のゆえに報復するようなことはしない。一度なされたことは，取り返しがつかないだろうから。むしろその目的は未来にあり，懲らしめを受ける当人自身も，その懲罰を目にするほかの者も，二度とふたたび不正をくり返さないようにするためなのである。」

　この言葉は，「不正」と「懲らしめ」という概念を用いていて，必ずしも刑法上の犯罪と刑罰のみを問題とするものではないようですが（したがって，そこでは，刑法が対象とする「不正」とは何であるのかについての検討は欠けています。この点については，後のⅢのところで〔→ 26 頁以下〕取り上げます），刑罰に関わる本質的な問題が指摘され，今の多くの法律家も賛成するであろうと思われる見解が明確に表明されています。すなわち，人を罰するのは過去の犯罪に対する応報のためというより（ちなみに，「応報」という言葉は多義的です。この点については，すぐ後に詳しく説明します〔→ 22 頁以下〕），むしろ将来の犯罪予防のためであること，そして，犯罪予防の方法・態様として，一般予防と特別予防とが存在すること（「一般予防」および「特別予防」の意味についても，すぐに説明します）が語られているのです。このプロタゴラスの言葉を頭の片隅に置き[3]，これからお話しすることをゆっくりとフォローしていただきたいと思

　1）　プロタゴラスは，ソフィスト（紀元前 5 世紀以降のアテネを中心とするギリシア各地で，授業料をとって弁論術などのさまざまな学識を伝授した職業的知識人たちのことをいいます）の代表的存在であり，当代随一の知者として尊敬を集めました。特に，「人間は万物の尺度である」という言葉により表される，相対主義的・個人主義的考え方で知られています。たとえば，内山勝利責任編集『哲学の歴史(1)哲学誕生』（中央公論新社，2008 年）274 頁以下［納富信留執筆］を参照して下さい。

　2）　ここでは，プラトン（藤沢令夫訳）『プロタゴラス』（岩波文庫版，1988 年）50 頁をそのまま引用しました。新しく，より読みやすい翻訳として，プラトン（中澤務訳）『プロタゴラス』（光文社古典新訳文庫版，2010 年）もあります。

　3）　読者の皆さんの中には，「古典」と聞くだけで，また，「岩波文庫」と聞くだけで，アレルギー反応を起こしてしまう人がいるかもしれませんね。でも，少しずついいですから，古典に親しむことができるようになって下さい。およそ古典を読めるかどうかは，その人に備わる教養のレベルのバロメーターです。しかも，古典とは，時代と国境を越えた「超ベストセラー」のことなのですから，当たり外れはないはずです。それらを手にしないのはとてももったいないことです。

018　Introductory Lectures in Criminal Law : **General Part**

▼犯罪と処罰と犯罪予防

います。

II 応報と犯罪予防
1 刑法にできること・できないこと

　プロタゴラスの言葉を理解しようとするとき，まず注目すべきところは，刑罰の目的ないし存在理由に関し，**過去と現在と未来**という時間的観点が導入され，「過去になされた不正のゆえに報復を行うこと」と「未来において二度と不正がくり返されないようにすること」とが区別されていることです。プロタゴラスは，刑罰は後者の目的，すなわち将来の犯罪予防のために科すべきものであって，過去に目を向けて報復のために罰することは賢明ではない，とします。なぜ，彼はそう考えたのでしょうか。

　六法を開いて，殺人罪に関する刑法199条を見て下さい。もう何度も出てきた規定なので，おぼえてしまった読者もいることでしょう。この規定のねらいとするところは，いうまでもなく，「個人の生命を保護」することです。より具体的にいえば，理由なく個人の生命が奪われるという事態の発生を阻止することです。しかし，この規定の適用される場面を想像してみて下さい。それは，たとえば，裁判所が，被害者のAを故意をもって殺害した犯人である甲に対し有罪判決を言い渡すときです（刑訴335条1項は，裁判所が「有罪の言渡をするには，……法令の適用を示さなければならない」としています）。そのとき，犯罪はすでに過去のものとなっています。この規定を適用して甲を処罰したとしても，すでに生命を奪われたAがもどってくるわけではありません。刑法は，すでに起こってしまったことを過去にもどって帳消しにすることはできないのです。プロタゴラスが，「一度なされたことは，取り返しがつかない」と述べているのは，その趣旨にほかなりません（第1講で〈ケース1〉について述べた

ところ〔→7頁以下〕も参照して下さい）。

　刑法にできることは，将来における犯罪の予防です。今ここにいる犯人が過去の一時点において行った生命侵害行為（甲がAの生命を奪った行為）との関係では，もう遅すぎるのですが，今その犯人に対し刑罰を科すことにより，将来のある時点において，他人を殺そうとする人（たとえば，Bを日本刀で斬り殺そうとしている乙，Cをピストルで撃ち殺そうとしている丙，Dを青酸カリで毒殺しようとしている丁）の意思決定にブレーキがかけられ，そのことを通して，失われるかもしれない被害者（たとえば，B，C，D）の生命が救われることが期待できます。199条の処罰規定は，このような形で将来の犯罪予防に役立つと考えられるのです（→ Coffee break「『**物理的**』強制と『**心理的**』強制」21頁）。

　ここから，刑法と刑罰は，**将来における犯罪の予防に役立つところにその存在理由がある**とすることができます。すなわち，犯罪者が何の罰も受けないと，その者または他の者により同様の犯罪がくり返されかねないことから，将来の犯罪防止をはかり社会秩序を維持するために刑法は存在しているのです。

　プロタゴラスが指摘しているように，犯罪予防の中にも2つのものがあります。①一般の人々の犯罪を予防することと，②その犯罪者個人が再び犯罪を行わないように予防すること（すなわち，再犯の予防）です。①を**一般予防**といい，②を**特別予防**といいます。その犯人に刑罰を科せば，犯人以外の一般の人々は，自分はああいう扱いを受けたくないと考えて，ふつうなら犯罪に出ることを差し控えるでしょう。これが一般予防です。「社会に向けて警告を発すること」といいかえることができるかもしれません。これに対し，犯人を処罰することが，犯人自身に対して効果（お仕置きの効果または教育的効果）を発揮し，将来において再び犯罪を行うことを抑制するとき，それを特別予防というのです。

　刑罰を科すことは，小学校のクラスで，担任の先生が，悪ふざけをした生徒を叱るときの状況に似ています。先生も人間ですから，その生徒の悪ふざけに対して心の中では腹を立てることもあるでしょう。しかし，生徒を叱るのは，過去の行為をきっかけとして生じた，現在の怒りの感情を外部に表現して解消するという**個人的な目的**のためではありません。その生徒，そして，将来において同様の行為に出るかもしれないクラスの生徒全員に対し，その行為に対する否定的評価を明らかにし，生徒たちの意思に対して働きかけて，将来の悪ふ

020　Introductory Lectures in Criminal Law : **General Part**

第2講 刑法は何のためにあるのか

「物理的」強制と「心理的」強制

Coffee break

第1講では、「強制」が法の本質的要素であるとしましたが（→4頁以下）、**事前の（物理的）強制**により犯罪を防止できるのは、きわめて限られた場合のことです。ふつうの場合は、ピストルを構えて被害者を殺そうとしている犯人を背後から羽交い締めにして行為を物理的に阻止することができるわけではありません。**事後の（物理的）強制**についていえば、すでに犯罪が行われてしまっている以上、具体的な被害との関係ではもう「手遅れ」なのです。そこで、「近代刑法学の父」と呼ばれるフォイエルバッハ（Anselm Feuerbach, 1775-1833）は、刑法の役割は、物理的強制ではなく、**心理的強制**にあるとしました。

フォイエルバッハのいう心理的強制は、もっぱら立法の段階に注目したものです。法律の条文により犯罪の内容（どういう行為が犯罪になるか）を明記し、その犯罪により行為者が得るであろう利益（「快」）を上回る苦痛（「不快」）としての刑罰を規定して一般の人々に警告を与えることにより、人々を「心理的に強制」して、犯罪から遠ざけようとする考え方なのです＊。もちろん、それにもかかわらず、現に殺人行為が行われてしまったときには、それを放置することはできません（なぜなら、犯人を不問に付す

フォイエルバッハが晩年（16年間）所長を務めていた裁判所（当時のバイエルン王国控訴院）の建物とその中庭にある記念碑（ドイツ・アンスバッハ市〔著者撮影〕）

ならば、刑罰の警告がただの建前だけのことだったということになり、刑罰法規による心理強制の効果が失われてしまうからです）。そのときには、犯人の行為に刑法を適用し、行為に対する法の側からする否定的評価を（確認的に）示し、その評価に見合った**制裁**＊＊としての刑罰を確実に科すことが必要になるのです。

私は、フォイエルバッハの思想の根幹部分は現在でも十分に通用すると考えています。刑法は、**人の意思への働きかけによる行動統制（コントロール）**を手段として犯罪予防の機能を果たすもの、すなわち、犯罪と刑罰の内容につき、一般の市民に向けて情報提供を行うことを手段としてその犯罪を予防するために存在するものとして構想することができるのです。ただ、この意味において、刑法が犯罪予防のためにできることは、間接的で、確実性の乏しいことでしかないことにも留意する必要があるでしょう＊＊＊。

＊　刑罰法規の内容を一般の人々に知らせるための方法は、法律（また、命令や条例に刑罰

021

法規が設けられるときにはそれら）の**公布**です。憲法7条1号，国会法66条，法の適用に関する通則法2条などを参照して下さい。

＊＊　制裁とは，一定の行為に対する否定的評価を表すことをその本質とし，それを課された人に不利益ないし不快を生じさせるもののことをいいます。道徳に反する行為や慣習にそむく行為など，社会規範（→4頁）に反する行為を行った者は，まわりの人に非難されたり，白眼視されたり，仲間はずれにされます。これらもまた制裁にほかなりません。社会規範のうちの法規範に反する違法行為に対しては，法的制裁も加えられます。法的制裁にもいろいろなものがあり，民法上の損害賠償，行政法上の行政罰（たとえば，過料，課徴金，営業停止など）や公務員の懲戒などと並んで，刑罰も法的制裁の1つです。刑罰のような刑法上の制裁のことを特に**刑事制裁**といいます。

＊＊＊　フォイエルバッハの重要な思想（心理強制説）については，第3講でもこれを取り上げることにします（→43頁）。なお，その人と業績については，宮澤浩一「フォイエルバハ──近代刑法学の父とその波瀾に富んだ生涯」法教137号（1992年）70頁以下を参照。

ざけ行為をやめさせるという**公的な目的**のためなのです。

2　応報としての刑罰

以上のように考えれば，刑罰の応報としての性格を否定すべきことになりそうです（プロタゴラスの言葉も，「けだもののように理不尽な復讐をしようとする者」は別として，「道理をわきまえ」た人であれば，応報のために刑を科すことはしない，と述べているように読めます）。しかし，刑罰に関する現在の通説は，基本的に**応報刑論**をとるのです。刑罰は本質的に応報であるとするのが，現行刑法の立場であり，また現在の圧倒的多数の専門家の見解でもあります。そのことを理解するためには，**応報**という用語がどのような意味で使われているかを明確にする必要があります。

現在，一般に，刑罰が応報的性格を持つとされているのは，まず第1に，**刑罰が犯罪の実行を前提とし，それに対する反作用として科される法的制裁**であるからです。かりに，すぐにでも凶悪な犯罪に出かねない，強い犯罪的傾向をもつ人がいるとしても，犯罪に出る以前に将来の予防のために刑罰を科すということはできません。プロタゴラスもまた，「過去になされた不正」が処罰するための前提となることを否定してはおらず，その意味では応報刑論の支持者なのです。

刑罰が応報とされるのは，第2に，それが行為者に対して**非難として加えられる不利益な制裁（苦痛）**であるからです。有名な刑法の教科書にも，「刑罰

は犯罪に対する非難として加えられるという意味で応報である」とあります[4]。この点については，少し説明が必要でしょう。刑法9条を見て下さい。そこには現行法上の刑罰が列挙されています（たとえば，「保護観察」や「少年院収容」などが現行法上の刑罰として位置づけられていないことは，この規定からただちに明らかとなります）。刑罰の種類についてここで説明することはできませんが，刑罰の内容が，個人の生命，自由または財産の強制的な剥奪であることはお分かりになるでしょう。ここで重要なことは，同じように金銭の支払を義務づけられるというのでも，税金の場合と罰金の場合とではまったく異なることであり，また，同じように自由を奪われるというのでも，感染症の患者が入院を強制される[5]のと，犯罪行為者が懲役刑の執行のため刑務所に収容されるのとではまったく異なることです。といいますのは，税金を課すことにも，感染症患者を入院させることにも，国の側からする「非難」の要素はいっさいないからです。これに対し，罰金刑も懲役刑も，犯罪という**違法行為に対する非難の性格を持った制裁**（したがって，応報的制裁）である点にその本質的特色があるのです[6]。

応報刑とは，犯罪への非難に対応した刑のことです。したがって，応報刑を，犯罪により生じた結果（実害）に対応する重さの刑として理解することは**明白な誤り**です。現行法の下では，たとえば，犯人が精神障害のため異常な心理状態で行為したときは，たとえ何人もの被害者の生命を奪ったとしても，犯罪にはならず，応報としての刑を科すことはできません（39条1項）。そのようなケースにおける行為者の意思決定に対しては，非難の趣旨を含んだ否定的評価を加えることができないからです。刑法学において「応報」の語が用いられるとき，そのような結果を引き起こす行為に出た行為者の意思決定に対する非難，すなわち責任の程度に見合った苦痛を与えることとして理解しなければなりません。**応報刑とは責任に応じた刑**のことなのです（→ Column「**応報刑論と目的刑論**」25頁）。

4）　団藤・総論469頁。

5）　「感染症の予防及び感染症の患者に対する医療に関する法律」（平成10・10・2法律第114号）の19条以下に入院に関する規定があります。

6）　団藤・総論468頁には，「刑罰は犯罪のゆえにその行為者に加えられる国家的非難の形式である」とする，刑罰に関する古典的定義が示されています。

3　相対的応報刑論──応報と予防の間の緊張関係

1で述べたことと**2**で述べたことを総合すると，処罰にあたっては，過去に目を向けるとともに，将来にも目を向けることになります。刑罰は，将来における犯罪予防を存在理由とするのですが，しかし，過去における犯罪の実行を前提として，その犯罪について犯人に責任を問いうることを条件として科されます。いいかえれば，過去の犯罪を根拠とする非難としての処罰（応報的処罰）を通じて，将来の犯罪予防をはかろうとするのが現在の一般的な考え方なのです。このタイプの応報刑論を**相対的応報刑論**と呼ぶのがふつうです[7]。読者の皆さんは，かなりややこしい考え方であると感じられるかもしれません。

刑罰の２つの側面，すなわち，過去に目を向けた応報的側面（回顧的側面）と，将来に目を向けた予防的側面（展望的側面）とは，必ずしも矛盾するものではないのです。過去の犯罪への否定的評価を示し，それに対応する不利益を応報的制裁として行為者に与えることは，ふつうは行為者および一般の人々が将来行うかもしれない犯罪を防止する効果を持ちうると考えられるからです。たとえば，犯罪への非難の程度に見合った応報的処罰は，一般の人々にも「正しい刑」として受け取られ，法を信頼し尊重しようとする気持ちを起こさせ，一般予防の見地からも適切な効果を発揮するであろうと想定できるのです。

しかし，刑罰の両側面の間には緊張関係があり，正面から相互に矛盾することがあるのも事実です。たとえば，応報的処罰の観点からは，重い責任の分量に見合った厳しい処罰が要求されるが，将来の一般予防・特別予防のためには，それほど重い刑は必要とされない，というケースが考えられないではありません。逆に，犯罪についての行為者の責任が軽く（あるいは，そもそもゼロであり），応報刑としては軽い刑しか科せない（あるいは，およそ刑を科すことが正当化できない）というときでも，将来において重大な犯罪を犯す可能性が高いと予測されるのであれば，犯罪予防のためには，責任の枠を超えて，長期にわたり拘禁することが必要となるともいえそうです[8]。そればかりか，まだ犯罪を

7）　以前には，犯罪予防の目的を考慮しない，徹底した応報刑論（未来のことを考えず，過去のみに目を向ける理論）も主張され，それを**絶対的応報刑論**と呼びました。

8）　ここでは詳しく説明できませんが，精神障害が原因で犯罪を行った者，薬物中毒やアルコール中毒のために犯罪を行った者，犯罪を何度もくり返す常習性を持った犯罪者などについてこのことが問題となります。

024　Introductory Lectures in Criminal Law : **General Part**

応報刑論と目的刑論

Column

19世紀後半から20世紀前半にかけてのヨーロッパにおいて，少し遅れて日本においても，刑罰の根本に関する論争が展開されました。そこでは，犯罪行為を理由に犯人に対する非難として加えられる苦痛であることが刑罰の本質であるとする**応報刑論**と，刑罰は非難としての苦痛という性格を持つものではなく，行為者が犯罪をくり返さないようにするための（純然たる）再犯防止の手段であるとする**目的刑論**とが対立しました。応報刑論は，実行された犯罪という行為が処罰の根拠である（行為主義）とし，目的刑論は，行為者が将来再び犯罪を行う危険性を持つことが刑を科す理由である（行為者主義）とします。応報刑論は，伝統的なオーソドックスな学説であり，その主張者が，新しい学説である目的刑論を支持する進歩的な人々と対立したので，この論争を旧派（古典学派）と新派（近代学派）との間の**学派の争い**と呼んでいます＊。

▼ 新旧両派の刑罰理論の整理

	刑罰の本質	刑罰の根拠	刑罰の目的	刑罰の正当化理由
応報刑論（旧派）	犯罪への非難に見合った苦痛の賦課	行為主義	一般予防	応報としての苦痛の賦課は正しいことであるから
目的刑論（新派）	犯人の再犯防止のための手段	行為者主義	特別予防	再犯防止という社会的に有益な目的が実現されるから

結局，目的刑論の思想は広い支持を受けることができず，基本的には応報刑論が支持され続けることとなりました。現在の主流となっているのは，応報刑論を基本としつつも，目的刑論の持つ長所を取り入れ，**応報的処罰の要請と犯罪予防の要請とを調和させ，統合しようとする見解**です。それは，犯罪に対応する（非難しうる限度での）反動として刑罰の本質を理解しつつ，応報刑の枠内で可能な限り，一般予防のみならず，特別予防の要請をも考慮しようとします。本文に述べたように，これを相対的応報刑論と呼びますが，統合説とか総合説と呼ぶこともあります。それは，本来ベクトルが違った方向を向いているものを一緒にしようとする見解であることは否定できません。

＊　学派の争いに関する文献としては，大塚仁『刑法における新・旧両派の理論』（日本評論社，1957年），木村亀二編『刑法学入門』（有斐閣，1957年），内藤謙『刑法理論の史的展開』（有斐閣，2007年）などが重要です。ごく簡単には，井田良『基礎から学ぶ刑事法〔第6版〕』（有斐閣，2017年）55頁以下を参照して下さい。

行ったことがなくても，将来に向けて危険であることが明らかな人については，危険防止のため，犯罪の実行とは無関係にその者の自由を奪うことが合理的であると考える余地さえ，まったくないわけではありません。

　この点につき，一般には次のように考えられています。まず前提とされるべきことは，国家的非難として加えられる刑罰はきわめて厳しい（ときに厳しすぎる）制裁であり，犯罪予防のためには刑罰以外の法的制裁や，法的制裁以外の犯罪予防手段も存在しているということです[9]。それに加えて，将来の犯罪の予測は（それが一般予防であれ，特別予防であれ）難しく，不確実なものであって，予測的考慮に基づいて犯人を処罰すると，ややもすると不安定・不平等で，行き過ぎた処罰に至るおそれがあります。そこで，**刑を受ける者の人権保障の要請と，将来の犯罪予防の要請との間の調和を図るための妥協点**としては，将来の犯罪予防については，過去の責任追及という応報刑の枠を外れない限度内でのみその考慮を働かせる（少なくとも，そのことを原則とする）ことにするのです。もしそれで犯罪予防のために不十分であると考えられるときは，刑罰以外の手段を用いるように配慮・工夫するにとどめることになります。刑罰は責任（行為者の意思決定への非難）の限度内でのみ正当化されるとする原則を**責任主義の原則**（それは，「罪刑均衡の原則」と同じことです）といいますが，応報刑論の立場からは，これが科刑にあたっての基本原則とされることになるのです。

Ⅲ 犯罪と法益保護

1 犯罪とは何か

　以上のことから，刑法の存在理由と機能は「応報刑の枠内での犯罪予防」に求めうることが明らかになりました。しかし，そこにいう**犯罪**とは何か，いい

---

　9)　刑罰以外の法的制裁（たとえば，民法や行政法による制裁）は，刑罰的非難の性格を持たないという点において，またその対象となる者の権利の侵害がよりわずかであるという点において，よりマイルドな制裁です。さらに，法的制裁以外の予防手段も存在しています。犯罪者となった人に対しては，社会的非難を浴びて勤務する会社を辞職せざるをえなくなったり，その地域に暮らすことが難しくなったり，近所付き合いがなくなったりするなど，さまざまな「社会的制裁」が加えられますし，犯人の近親者などにも非難が向けられるのです。これらも，犯罪を予防するためにきわめて重要な機能を営んでいます。

かえれば，**刑法が行われることを阻止したいと考えるところのもの**とは何なのかが明らかにされない限り，刑法の存在理由と機能に向けた問い（冒頭に示した根本的課題）に対する答えとしては不完全です。ここまでは，主として「刑罰」をテーマとしてきたのですが，講義の後半においては，「犯罪」について検討しなければなりません。思い出してみれば，刑法とは「犯罪と刑罰に関する法」なのですから（→ 5 頁），**犯罪と刑罰の両方**について考えてみなければ，解答として完結しないのは当然のことです。それでは，犯罪とは何でしょうか。

犯罪も，われわれの日常的な行動も，いずれも「人の行為」という点では共通します[10]。**犯罪の形式面**に着目するならば，人の行為のうち，刑法において犯罪として明記され，一定の刑が定められているものが犯罪です。たとえば，強盗行為について見ると，刑法 236 条において犯罪として定められ，刑（法律効果）として「5 年以上の〔有期〕懲役」が予定されています[11]。このように，現行法の処罰規定を前提として，そこにおいて犯罪として定められているかどうかという観点から見たとき（このような観点から定義された犯罪概念のことを「形式的犯罪概念」と呼ぶことがあります），現行法の下において犯罪とされている**可罰的行為**が明らかとされることになります。

これに対し，**犯罪の実質面**に注目するとき，犯罪は，人や社会に対し一定の害を生じさせるか，またはその危険を有する行為のことです。強盗行為についていいますと，それは，被害者の財産を害し，その身体や，場合によっては生命をも脅かす行為です。法により保護されるべき価値を持った，個人や社会や国にとっての利益のことを**法益**と呼びますが，犯罪とは**法益を侵害し，または脅かす行為**のことであるということができます。犯罪として処罰されるべき行為は**当罰的行為**と呼ばれます（これを明らかにしようとするものが「実質的犯罪概念」です）[12]。

こうして，犯罪とは，刑法により犯罪として定められ，法律効果として刑罰

---

10) 「人」でなければ犯罪を行えませんし，人の動作や態度であっても「行為」と呼びえないものは犯罪とはなりません。この点については，第 3 講（テーマは「刑法の基本原則」）において詳しく論じたいと思います（→ 38 頁以下）。

11) 有期懲役の上限（これを「長期」といいます〔有期懲役の下限は「短期」です〕）は，刑法各本条に定めがないときには，総則規定の 12 条 1 項により 20 年ということになります。なお，12 条 1 項が明らかにしているように，懲役には，有期懲役のほかに，無期懲役があります。

（9条を参照）が科せられることを予定された行為であり，実質的には，一定の法益を侵害し，またはこれを脅かす行為として理解することができます。

2　刑法の任務としての法益保護

「法益」は，今日の講義の中でも最も重要なキーワードの１つです。これからの講義でも，おそらく毎回，この概念が登場し，重要な機能を果たすことになりますので，ぜひここで頭に入れて下さい。**法益を定義**すると，個人や社会や国にとりそれがそのまま保持されることが必要であり，また法により保護することが適切であると認められる一定の利益（価値のある状態）のことです。犯罪は，このような意味における法益に向けられたものであり，法益のない犯罪は存在しません。殺人罪（199条）の保護法益は個人の生命であり，窃盗罪（235条）の保護法益は個人の財産（正確には，財物の所有権および占有）であり，放火罪（108条以下）の保護法益は公共の安全（不特定または多数の人の生命・身体・重要財産）であり，収賄罪（197条以下）の保護法益は公務員の職務の適正とそれに対する社会一般の信頼です[13]。

このようにして，刑法の存在理由および機能をめぐる問いにも，１つの解答を与える準備が整いました。それは，**応報刑の枠内での科刑による法益の保護（将来の法益の侵害または法益への危険の防止）**とまとめることができるでしょう。ただ，結論を出すのをもったいぶっているわけではないのですが，これで終わりにすることはできません。１つだけ留保が必要です。今から申し上げることは決定的に重要なことです。もう少しご辛抱下さい。

刑法は，法益の保護のために存在するのですが，**法益保護のために用いる手段は法益侵害なのです**。何か矛盾したことを申し上げているようですが，こういうことです。刑罰の内容は，すでに述べましたように，犯人の生命や自由や

---

13)　可罰的行為と当罰的行為とは必ずしも一致しません。処罰に値する反社会的行為であっても，現行法に処罰規定がなければ，当罰的行為であるとしても，可罰的行為ではありません。現行法上，犯罪とされていても，処罰に値しない行為もないわけではありません。それは可罰的行為であっても，当罰的行為ではないということになります。

13)　法益は，その利益の主体が個人であるか，社会であるか，それとも国家であるかにより，個人的法益，社会的法益，国家的法益の３つに分類されます。個人の生命や財産は個人的法益であり，公共の安全（不特定または多数の人の生命・身体・重要財産）は社会的法益であり，公務員の職務の適正とそれに対する社会一般の信頼は国家的法益です。

財産という法益の強制的剥奪であり，それは行為者の法益の侵害にほかなりません。刑罰を科すことは国家権力の発動の最たるものであって，犯罪に対する非難として加えられる苦痛としての刑罰は，法が許容する最も厳しい制裁です。刑罰を用いることは，われわれと同じ社会の一員であり仲間である犯人の人生を破壊し，犯人を本格的な犯罪者の道へと追いやってしまう危険をつねにともなっています。刑罰は，**使わないですむのであればそれにこしたことはないの**です。しかも，刑法が法益の保護のために存在するとしても，刑法ひとりですべての法益を保護すべきであると考えてはなりません。刑法は，法益保護のための唯一の手段ではなく，刑法以外の法規範（たとえば，民法や行政法の規範）や，法以外の社会規範（→4頁）も，社会秩序を維持し，法益を保護する働きをしています。法的制裁の中にも，刑罰以外にさまざまなものがあり，法以外の社会規範にともなう制裁にも，いろいろな形態のものが含まれます（→26頁注9））。

　ですから，刑法は，法益保護のためとはいえ「出しゃばる」必要はまったくなく，われわれの社会生活にとってかけがえのない重要な法益のみに注目し，刑罰以外の制裁によってはその保護が不可能であるか，または十分でない場合に出ていけばそれで足りるのです。刑法は，単なる「法益の保護」というのではなく，**最も厳しい制裁である刑罰によって保護することが適当であり，刑罰以外の手段によっては十分に保護できないような法益の保護のために存在する**ということです。このことをしっかりと押さえて下さい（→ Column「**法益概念の機能**」31頁）。

3　刑法の謙抑性

　上に述べたところから，「刑法の適用は控え目なものでなければならない」という原則が導かれます。これを**刑法の謙抑性**（ないし謙抑主義）の原則といいます。「法は些細なことには関わらない」という法の格言がありますが[14]，被害がきわめて軽微な場合に刑を科すことは差し控えるべきであるとすることは謙抑性の内容の1つです。そこで，形式的に処罰規定に該当する行為であっ

14）　「法は些事に関せず」とか「判官（法官）は些事を取り上げず」ともいわれます。

029

ても，被害がきわめて軽微なものについては，犯罪にならないとされます。

〈ケース・一厘事件〉

　被害がきわめて軽微な行為は犯罪にならないとする趣旨を明らかにした判例として，大審院（日本国憲法施行前における最上級裁判所）による一厘事件判決が有名である。これは，たばこ耕作者であった被告人が，収穫したごくわずかな量の葉たばこ（価格にして一厘）を政府に納入せずに消費したという事実につき，当時の煙草専売法 48 条 1 項の罪（政府に納めるべき葉たばこを自分で消費するなどの行為を処罰する）を構成するとして起訴されたケースであった。大審院は，「零細な反法行為は，犯人に危険性があると認めるべき特殊な情況の下に実行されたものでない限り，共同生活上の観念において刑罰の制裁の下に法律の保護を要求すべき法益の侵害と認めることができない以上は，これに対し刑法をもって臨み，刑罰の制裁を加える必要はなく，立法の趣旨もまたこの点にあるものといわざるを得ない」と述べて（ただし，現代文に書き直した）これを無罪とした（大判明治 43・10・11 刑録 16 輯 1620 頁）[15]。

　謙抑性の原則の内容として重要なのは，補充性と断片性です[16]。**刑法の補充性**の原則とは，刑法による法益の保護は，他の手段で十分でないときにはじめて，それを補う形で用いられるべきであるとするものです。民法や行政法による規制が十分な効果を上げうるのであれば，刑法は出て行くべきではありません。刑法は**法益保護のための最後の手段**（ultima ratio）でなければなりません。刑罰を科すことは，重い病気を治すために危険な手術を行うことにたとえられます。手術をしなくても薬を飲むなどして治る病気であれば，お医者さんは，危険で，また患者に負担のかかる手術を行おうとはしないでしょう。

　15）　なお，最高裁判所も，**旅館たばこ買い置き事件**（ただし，一厘事件と異なり，被害の軽微姓が問題となったケースではありません）において，形式的には規定の文言にあたるように見えても，「法の趣旨・目的に反するものではなく，社会共同生活の上において許容さるべき行為である」という理由で犯罪の成立を否定しました。そのケースは，旅館業を営む者が，宿泊客等から煙草の購入方を依頼されるのを予想し，あらかじめ小売人から煙草を購入しておき，客の依頼のあるたびに，これを取り出し，客に小売価格で交付していたというものでしたが，最高裁は，当時のたばこ専売法 29 条 2 項・71 条 5 号所定の販売罪または販売準備罪は成立しないとしたのです（最判昭和 32・3・28 刑集 11 巻 3 号 1275 頁）。——ちなみに，判例を引用する際の略語については，vi 頁，8 頁注 10）を参照して下さい。

　16）　平野龍一先生の論文集『刑法の基礎』（東京大学出版会，1966 年）の 115 頁以下は，刑法の謙抑性の原則の内容として，刑法の補充性，刑法の断片性，刑法の寛容性の 3 つをあげています。

第 2 講　刑法は何のためにあるのか

法益概念の機能

Column

　法益の概念は，2 つの機能を持つといえます。すなわち，①刑法の解釈にあたり，その指針となる働きをすると同時に，②立法機関たる国会が刑罰法規を制定する際にもその基準となる働きをするのです。①は，刑法を解釈しようとする者（特に，裁判所）に対し，解釈の指針を提供し，そのことを通じて刑法解釈を規制する機能です（これを「法益概念の解釈規制機能」と呼ぶことができましょう）。刑法の解釈にあたっては，それぞれの処罰規定が目ざす法益保護の目的が最も適切に達成されるような解釈を選ぶことが基本とされます*。

　②は，立法の際に，およそ国が刑罰を用いることを正当化し，同時にその限界を画する機能のことです（これを「法益概念の立法規制機能」と呼ぶことができるでしょう）。その種の行為が法益を侵害し，または法益を脅かすときにのみ処罰規定を設けることが正当化されるとする**法益保護の原則**（「法益侵害（ないし危険）なければ刑罰なし」の原則）**は，そのルーツはかなり以前に遡るものですが***，第 2 次世界大戦後，刑事立法を正当化する原理としての意味を再認識され，最近まで指針として用いられてきたのです。それは，立法者に対し，とりわけ，道徳・倫理の維持のみを存在理由とする処罰規定を設けることを禁じ，また，法益保護のためだとしても，法益に対する何らの実害も生じていない段階でこれを犯罪とすることを禁じるものでした。

　道徳・倫理に反する行為が行われたことは，それだけで刑罰を科す根拠になりません。それは，現在における通説の承認するところです。殺人や窃盗は犯罪とされるべきですが，それらが道徳・倫理に反するからではなく，重要な法益を侵害する行為だからなのです。単なる道徳・倫理ないし純然たる価値観に反するだけでは処罰の根拠にはならないことの理由としては，次の 3 つのことが指摘されています。まず，①日本国憲法が予定する社会は，価値観の多元性を許容する社会であり，他人に迷惑をかけない限り（つまり法益を侵害しない限り），国民の大多数にとって好ましくない行動に出ることも認めなければならないことです。次に，②道徳・倫理については，人・場所によって考え方が異なり，それは歴史的にも変化するものであり，刑罰による保護の対象としてふさわしいものとはいえないことです。そして，③道徳・倫理は，個人が自らの良心に従って自主的に行うべきものであって，国が強制して行わせるべきものではないことです。

　＊　刑法の解釈については，第 4 講（テーマは「刑罰法規の解釈と適用」）で詳しく論じることにしたいと思います（→ 59 頁以下）。
　＊＊　団藤先生の総論と並んで，戦後の日本刑法学に最も大きな影響を与えた教科書である平野龍一『刑法総論 I』（有斐閣，1972 年）43 頁以下は，「刑法は（未成年者その他自己に対して自己を護ることのできない者を保護するために発動する場合も例外的にはあるが），原則として，他人に，その意思に反して重大な侵害を加え，またはその危険のある行為をした場

031

合に限り，用いられなければならない」とする原則を「法益保護の原則」と呼んでいます。
　＊＊＊　その古典的表現は，ジョン・スチュアート・ミル（塩尻公明＝木村健康訳）『自由論』（岩波文庫版，1971 年）に見られる**侵害原理**です（なお，新しく，より読みやすい翻訳として，ミル〔斉藤悦則訳〕『自由論』〔光文社古典新訳文庫版，2012 年〕もあります）。それは，行動が他人に実害を及ぼすときにのみ，それに対する国家的法規制が正当化されるとする考え方です。

　刑法による法益保護の補充的性格は，刑法が個人の財産的法益をどのように保護しているかを見れば明らかです（ここでは詳しく説明することができませんが，235 条以下を参照して下さい）。単純な契約不履行によっても，契約の相手方に大きな財産的被害が生じることがあるにもかかわらず，刑法は（たとえ，それが故意をもって行われたとしても）契約不履行を一般的に処罰することはしていません。契約関係にある債権者の利益は，原則としては，刑法によってではなく，民法によって保護すれば十分と考えられているのです。

　刑法の断片性の原則によれば，刑法による法益の保護は，完璧で網羅的なものであってはならず，特に一部を選んで処罰するような断片的性格のものでなければなりません。刑法はすべての法益に対するあらゆる態様による侵害を処罰するようなものではなく，**手厚い保護に値する重要な法益を特に違法な態様で侵害する行為**のみを選び出して処罰すれば足りるのです。もちろん，人の生命というような重要な法益については，あらゆる態様の攻撃から保護することが要請されます。これに対し，財産のような法益との関係では，刑法の断片的性格が明らかです[17]。刑法は，故意による財産の侵害のみを罰し，わざとやったのではない，過失による財産侵害は処罰の対象としていませんし，故意による財産侵害であっても，そのすべてを処罰しているわけではありません（なお，このことは，上述したように，**刑法の補充性**の表れでもあります。財産的法益の保護については，ある程度まで，民法を手段としてこれを行うことが可能なのです）。

　刑法による法益の保護が断片的性格のものでなければならないとすれば，導かれる結論が，一見したところ，バランスを欠いた，不公平なものとなること

---

　17)　ここで詳しく論じることはできません。各論の第 5 講（→ 85 頁以下）および第 6 講（→ 107 頁以下）において，刑法による財産的法益の保護について説明しています。

も，ある程度は仕方がありません。1つだけ，例をあげましょう。現行法上，脅迫行為は，被害者またはその親族の法益に対して害を加えることをもって脅す場合にのみ処罰されます（222条1項・2項）。したがって，「お前を殺す」とか「お前のお母さんを傷つける」と脅せば脅迫罪になりますが，「お前の恋人を殺す」とか「お前の親友を傷つける」と脅しても，脅迫罪になりませんし，それを手段として一定の行為を強制しても（たとえば，3回まわってワンと言わせても）強要罪（223条）にあたらないことになります[18]。それは処罰のバランスという点では問題でしょうが，刑法は，この種の態様の自由の侵害が社会においてはありふれたものであることを考慮し，犯罪成立の限界があいまいで無限定なものとならないように処罰の範囲を限定したのでしょう。それは賢明な判断であったように思われます（→ Coffee break「**団藤説 vs. 平野説**」35 頁）。

Ⅳ　終了のチャイムが鳴る前に

　本日の講義では，刑法の根本問題，すなわち，刑罰と犯罪のそれぞれの基礎に関わるテーマを取り上げました。刑法は，過去の犯罪との関係で応報的側面を持つと同時に，将来の犯罪予防に役立つことをその存在理由とすることが明らかとなりました。刑を科すとき，過去を振り返りつつも，未来を展望するのです。刑罰の応報的（回顧的）側面と予防的（展望的）側面とは，一種の緊張関係を形成し，相互に矛盾することもあると申し上げました。このように，**刑法ないし刑罰は，これを1つの原理・原則で割り切ってしまうことができない**ものなのですが，まさにそこに，刑法学の難しさ，そして同時に，その面白さもあるといえましょう。

　他方，刑法は，犯罪という法益侵害を防止するために，刑罰という法益侵害を内容とする制裁を科すもの，いいかえれば，「法益侵害を手段として法益保護をはかろうとするもの」であることも明らかになりました。犯罪という社会の病理現象に対処するために刑罰を用いることは，「毒をもって毒を制する」

　18）　ただ，被害者とその親族以外の第三者であっても，その人を逮捕または監禁した上，これを人質にして，被害者に対し強要行為を行えば，「人質による強要行為等の処罰に関する法律」（昭和53・5・16法律第48号）1条の人質強要罪となります。

試みにほかなりません。うまくいけば効果を上げることができるのですが，下手にそれを使えば，「犯罪という害悪」に「刑罰という害悪」を付け加えるだけに終わってしまい，差し引き勘定をすると，社会にとってはより大きなマイナスになるということが起こりうるのです。

　このように見てくると，刑法は，われわれのごとき平凡な人間がそうであるように，矛盾に悩まされ，内的緊張関係に引き裂かれる思いをすることもしばしばある存在であるといってよいかもしれませんね。刑法を完璧な存在と見なして崇拝するというのではなく，刑法が不完全で矛盾をはらみ，また（第1講〔→7頁以下〕でもお話ししたように）無力でもあることをしっかりと見据えるべきなのです。正義の女神は目隠しをしている（→15頁）としても，正義の女神に仕えるわれわれの方はしっかりと目を見開いていなければならない。ちょっとキザですが，ドイツのある法学入門の教科書の一節です。

　そろそろ時間が来たようです。第3講のテーマは「刑法の基本原則」です。今日の講義の内容の理解が前提となりますので，お話ししたことをしっかりと復習しておいて下さい。

団藤説 vs. 平野説

Coffee break

　私にとっての刑法学との出会いは，もうすでに何度も引用した，団藤重光先生の『刑法綱要総論〔初版〕』（創文社，1957年）との出会いでした。本文を1頁読むと，難解な注が2頁続くといった体裁で，初心者には意味不明の概念がちりばめられ（しかも，何の定義も説明もないことが多いのです），「ヴュルテンベルゲル」とか，まるで怪獣のような名前の外国人学者が頻繁に登場する本です。それでも私は，アカデミックな雰囲気を持った，重厚なこの書物に魅せられたのでした（この本の書名もカッコいいですね。後に，ゼミでこれを「けいほうもうよう」と読んだ学生がいましたが，それではあやしげな雰囲気がただよってしまいます）。この本を何度も何度も読み返し，手あかにまみれ，自分じしんの書き込みが目ざわりになったため，2冊目を購入したころには，私の頭の中には，ミニチュア版の団藤刑法学の体系ができ上がっていたと思います。おかげで，法学部1年生のときの学年末の刑法の試験では，何の迷いもなく，団藤説の立場から首尾一貫した答案を書くことができました。この答案が担当の先生の目にとまり，直接におほめの言葉をいただくということがなければ，私が刑法学の研究の道に進むこともなかったでしょう。

　人生において足もとがふらつくほどの衝撃を受けることは，そう何度もあるものではありません。中学生のころ，グランド・ファンク（Grand Funk Railroad）というロックバンドの「ハートブレイカー」という曲（ライブ録音）をFMで聴いてぶっとび，ハードロック（今は死語かもしれません）の熱狂的ファンとなりました。それがはじめての大きな衝撃だとすれば，2度目の衝撃は，大学2年の夏にやってきました。平野龍一先生の『刑法総論I』（有斐閣，1972年）および『刑法の基礎』（東京大学出版会，1966年）との出会いです。それは，私の頭の中に築かれたばかりの刑法学の体系を揺さぶり，容赦なく突き崩し，そして木っ端みじんにしたのです。その一行・一行は，私が苦労して何とか理解したその考え方を批判するためだけに書かれたのではないかと思わせるほどの，そればかりか今の自分に読ませるために書かれたのではないかと錯覚させるほどの迫力を持っていたのです。無駄がなく簡潔で含蓄深いことばでつづられたその文章，ここぞというときに登場する強烈なフレーズ……。私は打ちのめされ，しばらく立ち上がることができませんでした。刑法学というものがすっかり分からなくなったのです。

　この私の個人的経験が，実は，戦後の日本の刑法学に生じた，団藤説対平野説という「二大思潮のぶつかり合い」を追体験するものであったことを知ったのは，もちろんずっと後のことです。刑法が分かるようになるためには，いちど刑法が分からなくなることが必要です。今の学生の皆さんにも，私の体験した，その同じ衝撃を味わわせてあげたいと思うことがよくあります（それぞれの時代にはそれぞれの時代の刑法学の学び方があることは承知しているつもりですが……）。

ここでは，**ブックガイド**として，団藤先生の本と平野先生の本を，1冊ずつ，紹介することといたしましょう。夏休みのまとまった時間のあるときなどに，ぜひお読み下さい。1冊目は，団藤先生の『死刑廃止論〔第6版〕』（有斐閣，2000年）です。これをひもとけば，誰でもが関心を持たざるをえない死刑の問題から入って刑法（刑事法）の世界をのぞき込むことができます。死刑というテーマは，刑事法のさまざまな問題と深く関連しています。団藤先生の死刑廃止論は，刑罰および刑事責任に関する団藤理論を基礎としつつ，誤判により無実の人を死刑にしてはならないという主張を強い原動力として展開されています。本書を読めば，団藤刑法学の精髄に触れることができるばかりでなく，誤判という，刑事法にとっての永遠のテーマについて考えをめぐらす契機ともなるでしょう。平野先生の本としては，論文集の『刑法の基礎』（前掲30頁注16））をお勧めします。哲学や精神医学や社会学などの方法や知見がどれほど刑法学に実り豊かな成果をもたらすかを見事に証明する本です。たとえ刑法解釈論に関する細かな議論を読みとばしたとしても，本書が当時の学界に強い衝撃を与えたわけが理解できると思います。前半の自由意思をめぐる論文がとっつきにくいとすれば，「現代における刑法の機能」や「安楽死」に関する論文からお読み下さい。読者の皆さんが本書を読みながら「そのとおり」と快哉を叫びたくなったとしても，逆に「そうではない」と反論したくなったとしても，いずれにしてももはや刑法の世界から離れられなくなるに違いありません。

Introductory Lectures
in Criminal Law
General Part

第 **3** 講

刑法の基本原則

I　はじめに

　本講のテーマは，刑法の基本原則です。刑法の基本原則とは，新たな立法に
あたっても，また，既存の法規の解釈・適用にあたっても，それを踏み越える
ことが許されない，根本的なルールのことです。国は，国家権力の1つの内容
として，法に従い犯罪者を処罰する**刑罰権**を持つのですが，これらの基本原則
は，国による刑罰権行使の**制約**ないし**歯止め**をなすものにほかなりません。

　立法とは，新しい法律の規定を設けたり，すでにある法律の規定に変更を加
えることをいいますが（刑事法の分野における立法を「刑事立法」といいます），
それは，立法機関たる国会の仕事です（憲法の41条や59条を参照して下さい）。
これに対し，刑法の存在を前提として，これを解釈し，現実の事件に適用する
ことを任務とするのが，裁判所や検察官，警察官などの**刑事司法機関**[1] です

　1）　刑事司法機関とは，刑罰権の発動と実現に関わる国家機関のことです。それは，犯罪の捜査，
犯人の訴追，犯罪事実の確認，刑罰法規の解釈と適用，刑の執行などの仕事を行います。そのために
複数の機関が設けられ，それぞれの担当する役割が異なっているのは，国家権力を1つの機関に集中
して行使させれば，権力の濫用によって人々の権利と自由が侵害されるおそれがあるからです。そこ
で，権限を複数の機関に分配し，相互に抑制させて行き過ぎが起こらないようにして，人々の権利と
自由が守られるよう配慮しているのです。それは，**権力分立の思想**が，刑事法の分野において表れた
ものといえるでしょう。

037

（法の「適用」と「解釈」については，第1講〔→ 10頁以下〕においても，少し説明しました）。立法機関も，刑事司法機関も，ここで基本原則と呼ぶ根本的ルールを遵守しなければならず，さもなければ，憲法違反の問題が生じるのです。

　私が「刑法の基本原則」として取り上げるのは，行為主義，罪刑法定主義，責任主義という，3つの原則です。読者の皆さんは，今日の講義の中で，これらの原則が，**刑法の存在理由と機能**について論じたところ（→ 17頁以下）と密接に関連しており，主としてそこから直接に導かれるものであることを理解されることでしょう。実は，これら3原則以外にも，法益保護の原則や刑法の謙抑性（謙抑主義）の原則（→ 29頁以下，31頁）のように，ここに含ませてもよいくらい重要な原則があります。しかし，それらの原則と比べても，行為主義，罪刑法定主義，責任主義の3原則は，**より根本的な意味**を持つ原則です。しかも，これら3原則は，相互に関連し合い，依存し合っており，それぞれを他と切り離すことができません。分かりやすくするためあえて喩えを使うとすれば，それは私が大学1年の頃に「年下の男の子」でブレイクしたキャンディーズのミキちゃん，ランちゃん，スーちゃんの3人のような関係にあります（かえって分かりにくいか……）。

Ⅱ　行為主義

　行為主義の原則（または**行為刑法**の原則）からはじめましょう。それは，処罰の対象となるもの（すなわち，犯罪）は，何よりもまず**人の行為**でなくてはならず，人の行為以外のものを処罰の対象とすることは許されない，とする原則です。刑法の規定を見ても，「……行為は，罰しない」（35条など）とか，「……行為は，その刑を減軽する」（39条2項など）とありますね。そこには，刑法が関心を持つのはもっぱら人の行為であることが示されているといえるのです。

　ここで重要なことは，行為主義の原則が**2つの側面**を持つことです。それは，第1に，外部に現れない思想，内心的意思，心情そのものを処罰の対象とすることを禁じます。たとえ，一定の外部的行為がきっかけとして存在するとしても，その背後にある思想や信仰そのものが**処罰の本当の理由**になっているのであれば（たとえば，踏み絵を踏むことを拒むキリスト教信者をその信仰ゆえに処罰

第 3 講　刑法の基本原則

する場合がそれにあたるでしょう），それは行為主義の原則に反するのです。

　このような意味における行為主義の**根拠**としては，次の点を指摘することができましょう。およそ外部に現れない思想，内心的意思，悪い心情そのものを処罰の対象にするのは，何ら外部的実害が生じていない段階で（いいかえれば，何ら保護法益に対する悪影響が生じていない段階で）刑法が出ていくことを認めることになりますので，法益保護という刑法の存在理由に照らして正当化されないこと（ここでピンとこない読者は，第 2 講〔→ 28 頁以下〕を復習して下さい），また，それは，思想・良心の自由や信教の自由という基本的人権（憲 19 条・20条）を侵害し，あるいは侵害しかねないこと，さらに，内心にとどまっているものの存否を確認することは困難であり，そのようなものを処罰の対象とすることにすれば，捜査機関による証拠の収集の過程において自白の強要等の人権侵害が生じかねないことです[2]。

　次に，行為主義の第 2 の側面に目を向けることといたしましょう。それは，たとえある人の身体的態度（動作・不動作）が何らかの外部的実害を生じさせたとしても，**それがおよそ人の意思による支配とコントロールの不可能な身体的態度**である場合には，犯罪とされてはならない，というものです。この意味において行為といえないものの典型例は，睡眠中の動作，単なる反射運動，絶対的強制を受けて行われた身体的動作です（→ Column「**不作為もまた行為である**」41 頁）。

　裁判例の中には，この意味の行為性を欠くことを理由に，被告人を無罪としたものがあります。事案は，被告人が，就寝後，首を絞められて殺されそうになる夢を見て，極度の恐怖感に襲われるまま，半覚半醒の意識状態の下で，相手の男の首を絞めるつもりで，そばに寝ていた妻の首を絞めて死亡させたというものでした。裁判所は，「任意の意思に基く支配可能な行動のみが，刑罰法規の規定された構成要件該当性の有無についての判断の対象とされるべきであって，右の任意の意思を欠く行動は，行為者についてその責任能力の有無を論ずるまでもなく，刑罰法規の対象たる行為そのものに該当しない」として，

---

　2)　なお，刑事裁判における事実の存否の確認は「証拠」によって行われ（刑訴 317 条），自白も証拠の一種ですが，その証拠としての利用については，さまざまな制限があります（憲 38 条，刑訴319 条を参照）。

039

無罪としたのです[3]）。

　なぜ，およそ人の意思により支配・コントロールできない動作・不動作を処罰の対象とすることは許されないのでしょうか。それは，刑法の存在理由と機能そのものから導かれます。刑法は，人々の意思に働きかけ，その行為をやめておこうと思わせる（違法行為を行う意思を捨てさせる）ことにより，犯罪を防止するために存在するのでした（→ 19 頁以下）。行為とはいえない動作・不動作，すなわちその人の意思により左右できない身体的態度に対しては，人の意思への働きかけによる行動統制が不可能であることから（たとえば，睡眠中の寝返りをやめさせることは，たとえ厳しい刑罰をもってしても，最初から無理なことでしょう），刑法がおよそ処罰の対象とすることが不合理かつ無意味なのです。

〈ケース 1・赤ちゃん窒息死事件〉
　母親甲は，生後間もない子 A に添い寝をしながら授乳していたが，うっかり眠り込んでしまい，乳房で A の鼻口の部分を圧迫し，A を窒息死させるに至らせた。このケースについて，大審院は，過失致死罪（210 条）の成立を肯定した（大判昭和 2・10・16 刑集 6 巻 413 頁）。

　行為主義の第 2 の側面について注意すべきことは，かりに，**結果を直接的に生じさせた身体的動作・不動作が行為とはいえないとしても，それに先行する段階に行為が認められるときは，その行為は処罰の対象となりうること**です。

　3）　大阪地判昭和 37・7・24 下刑集 4 巻 7 = 8 号 696 頁。読者の皆さんの中には，第 2 講の中でも触れた刑法 39 条 1 項のことを思い出して（→ 23 頁），この規定の適用により無罪になる場合との違いはどこにあるのか，という疑問を持つ人がいるでしょう。この点については，次のように考えなければなりません。まず，意思により自己の身体的動作・不動作を支配・コントロールできない人の身体的態度は，そもそも行為とはいえません。これに対して，意思による自己の身体的動作・不動作の支配・コントロールは可能であるが，その意思決定を非難できないときには責任が否定されるのです。たとえば，腕を動かそうと思わないのに，勝手に腕が動いてしまい，これを抑制することができない人のその動作は，そもそも行為とはいえません。これに対し，意思により腕の動きを支配・コントロールすることのできる人が，規範意識を働かせて，腕を動かすことが違法な結果を生じさせることを意識し，腕を動かすという意思決定を思い止まるべきであるのに，精神の障害によりそれができない精神状態・心理状態にあるとすれば，その人には責任を問うことができないのです。これが 39 条 1 項の適用される場面です。——とはいえ，このことはまだまだ理解することが難しいと思います。今の段階では気にせず，第 10 講「責任とその阻却」で責任能力について学ぶときに（→ 200 頁以下）もう一度読み直してみて下さい。

040　Introductory Lectures in Criminal Law : **General Part**

第3講　刑法の基本原則

不作為もまた行為である

Column

　「行為」の中には，作為だけでなく，**不作為**も含まれます。行為とは「何か
をする」ことであるとすれば，そこに「何かをしない」ことである不作為を含
ませるのはおかしい，ともいえそうです。しかし，たとえば，親が幼子にいっ
さい食物を与えないという不作為は，その子が衰弱死した場合には，殺人行為
としての評価を受けなければなりません（199条）。そこで，行為は「人の意
思による支配とコントロールの可能な身体的態度」として定義され，そうであ
る限りは，身体的動作，すなわち作為のみならず，身体的不動作（一定の身体
的動作を行わないこと），すなわち不作為もそこに含まれると理解されているの
です。この意味において，**不作為もまた行為**であり，不作為の処罰はただちに
行為主義の原則に反するものではありません。現行刑法典の規定の中にも，数
は多くありませんが，不作為を処罰の対象にすることを正面から認めているも
のがあります。たとえば，不退去罪（130条後段）や保護責任者による不保護
の罪（218条後段）がそうです。不作為が犯罪となる場合のことを**不作為犯**と
いいますが，不作為犯については，第6講（テーマは「構成要件をめぐって」）
の中で触れることにします（→112頁以下）。

　このことが問題となったのは，〈**ケース1**〉でした。このケースでは，赤ちゃ
んの窒息死の直接の原因となったのは，母親の睡眠中の動作であったのですか
ら，行為性が欠如し，犯罪とならないのではないかとも考えられます。これに
対し，大審院は，過失致死罪の成立を肯定しました。しかし，それは，行為と
はいえない睡眠中の動作を処罰の対象としたのではありません。甲が**眠り込む
前の段階（まだ目覚めている時点）**において，Aの生命に生じうる危険を予見
してそれを回避する措置をとらなかったという不作為（という行為）を処罰の
対象としたのです。甲が眠り込む前の時点である限り，その不作為は，「意思
による支配とコントロールの可能な身体的態度」にほかなりませんから，それ
を処罰することは行為主義に反するものではないのです。

　ちなみに，このような形で，法益侵害結果に近い，ある時点では犯罪の要素
が欠けているために，その時点で犯罪の成立を認めることはできないものの，
1歩遡って**それより前のある時点では犯罪の要素がすべてそろっている**ことか
ら，**その時点を処罰の対象とする**ということは，実にしばしば認められるとこ
ろです。法律家にとり，ふつうに認められる理論構成の一方法であり，ありふ

041

れた 1 つのテクニックといってもよいでしょう。

Ⅲ 罪刑法定主義

1 意義と根拠

　罪刑法定主義の原則は,「**法律なければ刑罰なし**」という標語で言い表されます。それは, いかなる行為が犯罪となり, これにどのような刑罰が科されるかは, あらかじめ国会が制定する法律[4]によって定められていなければならないとする原則です（これに対し, 罪刑の法定を原則とせず, 刑罰権の行使を国家機関の裁量・恣意にまかせるものを「**罪刑専断主義**」と呼びます）。このように, 犯罪と刑罰の内容が法律において明記されていなければならないこともまた, 刑法の存在理由と機能から直接に導かれます。すなわち, 刑法が, 人の意思への働きかけによる行動統制を手段として犯罪防止を図るために存在するとすれば, 処罰の対象たる行為（刑法の法益保護目的と矛盾する行為）およびそれに対する刑罰（犯罪に対する刑法的評価を示したもの）の内容があらかじめ刑罰法規の形で一般の人々（その行為につき刑罰法規の適用が予定されている人々）に公示されていることが必要不可欠なのです。

　犯罪予防のうちで, 一般の人々の犯罪を防止することを一般予防と呼びますが（→ 20 頁）, **立法による一般予防**の思想を中核として刑法理論を築いたのが,「近代刑法学の父」と呼ばれるフォイエルバッハでした。「法律なければ刑罰なし」という標語も, 彼がその教科書に掲げたものです（→ Coffee break「**フォイエルバッハと罪刑法定主義**」43 頁）。

　このように, 刑法に関する根本理論を基礎に置き, そこから罪刑法定主義の原則を導くこともできるのですが, 一般的には, **政治的・思想的理由**に基づき, この原則の必要性が説かれています。すなわち, 罪刑法定主義は, **自由主義の要請と民主主義の要請**に根拠を持つものとされるのです[5]。

　4）　憲法 59 条に従い「法律」という名前で制定されるという意味で「形式的意義の法律」と呼ばれます。
　5）　このことを最も明快に説いたのは, この講義でもすでに何度も引用した, 平野龍一『刑法の基礎』（東京大学出版会, 1966 年）228 頁以下および平野Ⅰ 64 頁以下でした。

フォイエルバッハと罪刑法定主義

Coffee break

　フォイエルバッハについては，第2講においてすでに紹介しました（→21頁）。彼は，法律により，一定の権利侵害行為を「犯罪」として定め，これに対する法律効果として，行為者がその行為を行うことから得る快楽を上回る苦痛としての「刑罰」を定めることにより，一般の人々を「威嚇」し，「心理的に強制」して，犯罪を予防するところに刑法の本質的役割を求めました。これが有名な**心理強制説**です。「法律による威嚇」と「心理的強制」が効果を発揮するためには，法律により犯罪と刑罰を規定し，そこに規定された犯罪が行われたとき（そしてそのときに限り），必然的効果として刑罰が科されるようにしなければなりません*。ここから，フォイエルバッハによれば，①刑罰を科す前提として，これを規定する刑罰法規が存在しなければなりません（「**法律なければ刑罰なし**」）。そして，②刑罰は，刑罰法規において不可欠の要件として規定された犯罪があってはじめて科されるものでなければなりません（「**犯罪なければ刑罰なし**」）。さらに，③法律上の犯罪は，その必然的効果として法律上規定された刑罰がなければありえないものです（「**法律上の刑罰なければ犯罪なし**」）。

　ただ，フォイエルバッハが用いる「すべての人々の威嚇」とか「心理的強制」という言葉には，権威的な響きがあります。そこでは，一般市民は，国が（上から）法の規定を差し向ける対象，法による行動規制の単なる客体として捉えられているといえましょう。私は，現代の刑法にとり，その出発点に据えられるべきは，自律的な個人として自ら自由な市民生活を形成する存在としての一般市民でなければならないと考えます。刑法は，「主役」としての一般市民に対し，制定法を通じて犯罪と刑罰に関する「情報提供」を行う役割を担い，それにより一般予防の実現を期待するものとして位置づけられなければなりません。このように考えることにより，フォイエルバッハの学説の権威主義的色彩を払拭しつつ，その**立法による一般予防の思想**を現代に活かすことができるのです。

　＊　なお，フォイエルバッハは，法律に刑を規定することの目的は一般予防（すべての人々の威嚇）にあるとしましたが，しかし，それぞれの犯罪者に対し刑を言い渡しこれを執行することの目的は，人々を威嚇するところにあるのではなく，法律による一般予防効果が失われないようにするところにあるとしました。このように，フォイエルバッハは，その一般予防論を展開するにあたり，立法の段階と，刑の言渡しの段階および刑の執行の段階とを区別し，あくまでも立法を手段とする一般予防論を主張したのです。

　まず，それは，人々の自由を保障するための必要不可欠の原則です。もし犯罪と刑罰の内容が前もってはっきりと決まっておらず，何か行おうとするとき

「こんなことをしたら処罰されるかもしれない」といちいち心配しなければならないようでは，人々が自由な社会的活動を展開することは不可能でしょう。また，何が犯罪であり，それに対しどのような刑が科されるかは，国民の自由と権利に深く関わることですから，民主主義の要請として，国民が自ら（その代表者を通じて）国会で決めなければなりません。刑法の内容については，国会の制定した法律，すなわち**国民が自分自身で定めた（と見なされる）法**によってこれを決定しなければならないのです[6]。

　ただ，罪刑法定主義は，単に政治的・思想的に要求される原則というばかりではありません。この原則は，現行憲法が承認する**実定法上の原則**です。したがって，罪刑法定主義の原則に反する法令や裁判所の判決は，**憲法違反**となることに注意しなければなりません。根拠となる条文は**憲法31条**です。同条には「法律の定める手̇続̇によらなければ」と規定されていますが，刑事の手続法（刑事訴訟法）ばかりでなく，刑事の実体法（すなわち，犯罪と刑罰の内容に関する法）も法定されていることを要求する趣旨と解されているのです（→ Column **「憲法31条の規定内容」**45頁）。31条のほか，次に見るように，遡及処罰の禁止を定めた39条や，法律主義の原則を確認する73条6号も，それぞれ罪刑法定主義の一内容について規定しています[7]。

2　具体的内容

　罪刑法定主義の具体的内容を示すものとして，**4つの個別的な原則**があげられるのがふつうです（それらは，罪刑法定主義の「派生的原則」とも呼ばれます）。すなわち，①法律主義，②遡及処罰の禁止，③類推解釈の禁止，④絶対的不確定刑の禁止の4つです。以下では，それぞれについて，簡単に見ていくことにします。

　6）　一口に「法」といっても，その存在形態にはいろいろなものがあります（一般に，法としての存在形態のことを**法源**といいます）。法は，文章化された成文法とそうでない不文法とに区別され，成文法には，法律，命令（政令，省令等），条例などの種類があり，不文法には判例法や慣習法などがあります。しかし，刑法の法源は，法律でなければなりません。

　7）　さらに，罪刑法定主義の原則は，わが国でも法的拘束力を有する，**人権に関する国際的スタンダードの中核部分**をなしています。すなわち，それは，世界人権宣言にも明記されていますし（11条2項），日本も批准している国際人権規約B規約（市民的及び政治的権利に関する国際規約）にも含まれているのです（15条1項）。

第3講　刑法の基本原則

憲法 31 条の規定内容

Column

　憲法 31 条は簡単な条文ですが，刑事法の全体，したがって，刑法と刑事訴訟法のそれぞれに関する根本的ルールを定めた，きわめて重要な規定です（ここでは触れることができませんが，この規定の射程は，刑事法以外にも及ぶのです）。まず，それは**手続法としての刑事訴訟法**について大きな意味を持っています＊。すなわち，同条は，刑罰権実現の手続は法律により規定されなければならないことを定めており（法定手続の保障），しかも，同条は，アメリカ合衆国憲法の適正手続（デュー・プロセス）条項に由来するものであり，刑事手続の内容が実質的に適正でなければならないことを要求しています（適正手続の保障）。そして，**実体法としての刑法**との関係では，31 条は罪刑法定主義の原則を規定し，さらに，刑罰法規の明確性の原則および内容の適正の原則（→ 48頁以下）をも保障しているのです。ただ，読者の皆さんが，今の段階で，憲法31 条の全容を把握することはとうてい困難なことです。

　＊　法を分類して，法律関係ないし権利義務関係の内容を定めるものを**実体法**，その具体的な実現の手続を定めるものを**手続法**（または訴訟法）といいます。刑法は（民法や商法等とならんで）実体法です（実体とは「内容」のことです）。刑事訴訟法は（民事訴訟法や行政事件訴訟法等とならんで）手続法です。それは，刑法が定めた犯罪となる行為が現実に行われたときに，その犯人の身柄を確保し，証拠を集めて犯罪事実の存否を確認し，認定された事実に刑法の処罰規定をあてはめ，刑の重さを決め，その刑を現実に執行するための具体的な手続（誰が，いつ，どのような手段を用いて行うのか）について定めています。

　(1)　法律主義　　罪刑法定主義は，国会の制定する法律により犯罪と刑罰を規定することを要請します。これを**法律主義**といいます。刑法の法源は法律でなくてはならないことになります。たとえば，地方の慣習を根拠にして，法律に規定のない行為を犯罪としたり，法律に犯罪として定められた行為であっても法律にない刑罰を科すことはできません（これを特に**慣習刑法の排除**といいます）。

　ただし，法律主義は，法律が犯罪と刑罰の内容を決めることを要求しますが，法律のみによって犯罪と刑罰がすべて規定されなければならないとするものではありません。この関係で重要なのは，**憲法 73 条 6 号ただし書**です。それは，内閣の制定する政令においては**法律の委任**がなければ刑罰法規を設けることができないとしていますが，逆にいえば，法律の授権により政令にも罰則を規定することができるとするものであり，法律主義の原則を確認するものにほかなりません。なお，73 条 6 号は，政令についての規定ですが，法律の委任がある

045

限りは，政令より下位の命令（省令など）において刑罰法規を設けることも罪刑法定主義に反するものではなく，したがって憲法違反ではないと解されています（国家行政組織法12条3項・13条2項を参照して下さい）。

　この場合の「法律の委任」は，罪刑法定主義を台無しにするものであってはなりませんから，下位法令への丸投げ（包括的な委任）は許されず，同規定の「特に」の文言に示されているように，罰則を設ける事項を特定して示し，かつ定められる刑の種類や重さもある程度特定することが必要です（**特定委任**）。そこで，科しうる刑の種類や重さの上限のみを示すだけで，処罰の対象とする事項をいっさい特定しないという形の包括的委任が許されないのはいうまでもありませんが，刑を法律において具体的に規定した上で，犯罪行為の要件の全部または一部について，下位法令やさらには行政処分（告示や通知）において定めることとするのも（これを**白地刑罰法規**といいます）[8]，その委任の仕方がいちじるしく特定性を欠くときは罪刑法定主義違反となります。

〈ケース2・猿払事件〉

　国家公務員法102条1項は，国家公務員に対し「人事院規則で定める政治的行為」を禁止し，同110条1項19号は，102条1項の禁止違反の行為に対し一定の刑罰を規定している。これは国家公務員法が，犯罪の具体的要件の確定を人事院規則に委任しているものであるが，それが憲法の許容する委任の限度を超えるものではないかが問題とされた。最高裁判所は，「政治的行為の定めを人事院規則に委任する国公法102条1項が，公務員の政治的中立性を損うおそれのある行動類型に属する政治的行為を具体的に定めることを委任するものであることは，同条項の合理的な解釈により理解しうるところである」として，それは憲法の許容する委任の限度を超えるものではないとした（最大判昭和49・11・6刑集28巻9号393頁）[9]。

　なお，**地方公共団体の条例**（憲94条を参照）により刑罰法規を設けることについては，包括的な委任が認められており，法律主義との関係で疑問とする余地があります。すなわち，**地方自治法14条3項**は，地方公共団体の議会が制

8）　刑法典における具体例としては，中立命令違反罪（94条）があります。

046　Introductory Lectures in Criminal Law : General Part

定する条例において，地方公共団体に認められた事務に関し，刑罰法規を設けて，最高で懲役2年までの刑を科すことを認めているのです。ただ，判例および通説は，このような，かなり包括的な委任も，設けることのできる刑罰法規は地方公共団体に認められた事務に関するものに限られ，また，条例が地方公共団体の議会の議決を経て制定される自治立法であり，**法律に準ずる民主主義的な基礎**を持つところから，罪刑法定主義違反ではないと解しています[10]。

(2) 遡及処罰の禁止　　罪刑法定主義の原則は，遡及処罰を禁じます。遡及処罰とは，その行為を行った当時にはそれは犯罪でなかったのに（または，刑のずっと軽い犯罪であったのに），それが処罰に値する行為（当罰的行為）だということで，後になって刑罰法規を新たに制定し，その効力を遡及させて処罰する（または，刑を重くする法改正を行い，行為時の法律よりも重く処罰する）ことをいいます。**遡及処罰の禁止**（または刑罰法規不遡及）の原則については，**憲法39条**に明文の定めがあります[11]。

(3) 類推解釈の禁止　　事件について直接に適用できる規定がない場合に，類似した事実に適用される刑罰法規を適用して，これにより処罰することを**類推解釈（類推適用）**といいます。罪刑法定主義の原則の下では，刑罰法規の類推解釈は禁止されます。この点については，第4講（テーマは，「刑罰法規の解釈と適用」）で詳しく説明することにします（→59頁以下）。

(4) 絶対的不確定刑の禁止　　罪刑法定主義の一内容として，**絶対的不確定刑（絶対不確定法定刑）**の禁止があります。刑罰法規において，刑の種類も刑の分量もまったく定めないこと（たとえば，「……した者は，裁判所の定める刑に

9）　ただし，本判決には，違憲であるとする4人の裁判官の少数意見が付せられています。その後，最判平成24・12・7刑集66巻12号1337頁（**堀越事件**）は，国家公務員法が国家公務員の政治的行為を一律に禁止していることも合憲であるとする上記・猿払事件判決を前提としつつも，当該罰則規定は，「公務員の職務の遂行の政治的中立性を損なうおそれが実質的に認められるもの」のみを処罰の対象としているという限定的な解釈をとり，社会保険庁の東京社会保険事務局目黒社会保険事務所に年金審査官として勤務していた厚生労働事務官である被告人が，休日に政党の機関誌等を配布したという行為については，罰則規定にあたるものではない，としています。

10）　最大判昭和37・5・30刑集16巻5号577頁。

11）　裁判所が，その**判例を被告人に不利益な方向で変更**しようとするときにも，遡及処罰の禁止の原則が及ぶかどうかが問題となります。最高裁判例は，これを否定し，その行為の当時の最高裁判所の判例の示す法解釈にしたがえば，その行為が無罪となるときに，後に判例を変更してその行為を処罰することも憲法39条に違反しないとしています（最判平成8・11・18刑集50巻10号745頁）。

処する」）も，刑の種類のみを定め刑の分量をまったく定めないこと（たとえば，「……した者は，懲役に処する」）も，いずれも許されません。

　現行刑法の規定を見ますと，それぞれの犯罪について予定された刑を，上限と下限を決めた「枠」の形で示しています（なお，条文に定められた刑を**法定刑**といいます）。たとえば，窃盗罪の処罰規定（235条）を見ますと，懲役については下限が1月（12条1項を参照して下さい），上限が10年の懲役であり，罰金については1万円（15条を参照して下さい）から50万円です。これは，裁判所が刑を決める（刑の量定〔量刑〕を行う）にあたり，裁判所をまったく自由にしているのではなく，その限界を上限と下限により制約しているものです。これを「相対的不確定刑」といいます。裁判所は，法定刑により認められた枠の中で，たとえば2年の懲役というように刑を確定して宣告します（判決の中で言い渡される刑を**宣告刑**といいます)[12]。

3　刑罰法規の明確性と内容の適正

　以上の4つの個別的原則は，伝統的・古典的に，罪刑法定主義の具体的内容として承認されてきたものです。しかし，現在では，これに加え，**罪刑法定主義の新しい内容**として，①刑罰法規の明確性，および，②刑罰法規の内容の適正という，2つの重要な原則があげられるようになっています。これら2つの原則は，伝統的・古典的内容とはルーツが違い，思想的・制度的背景を異にするものです（→ Coffee break「**罪刑法定主義の実質化**」49頁）。

　まず，**刑罰法規の明確性の原則**ですが，それは，刑罰法規の内容（とりわけ，犯罪とされる行為の内容）は具体的かつ明確に規定されなければならないとす

---

12)　条文上の刑の法定が不確定的であることと，裁判所が不確定的な刑を言い渡すこととは区別しなければなりません。裁判所が刑を確定しないで言い渡す制度のことを**不定期刑**の制度といいます。刑罰の目的としての特別予防（再犯の防止）を重視するとき（→ 20頁），判決の時点では，犯人の再犯を防止するためにどの程度の刑が必要かをはっきりと決めることは難しいので，あらかじめ刑の期間（刑期）を確定せず，改善されるまで刑務所に収容すべきだという考え方が出てくるのです。しかし，不定期刑の制度には，刑を受ける者の地位を不安定なものとするというデメリットがあるので，成人についてこの制度を採用しようとする主張はもはや見られなくなっています（現行法は，少年に対して刑を科す際には，一種の不定期刑〔刑の短期と長期を定めて言い渡す**相対的不定期刑**〕を科すことを認めています。少年法の52条を参照して下さい）。いずれにせよ，不定期刑の問題は，罪刑法定主義の問題ではありません。

罪刑法定主義の実質化

Coffee break

　罪刑法定主義の原則は，その古典的形態においては，「議会は信頼できるが，裁判所は当てにならない」とする前提に立ち，議会の制定する法律を手段として裁判所の法判断を枠づけることにより，市民の権利と自由を守ろうとするものであったといえましょう。そのことは，罪刑法定主義に政治的・思想的基礎づけを与えたモンテスキュー（Montesquieu, 1689-1755）やベッカリーア（Cesare Beccaria, 1738-1794）らの思想家が，裁判官に法律を解釈することを許さず，機械的に法律を適用すべきだと主張したところに示されています*。

　しかし，もし議会が「悪法」を制定し，処罰すべきではない行為を犯罪としたり，犯罪に見合わない不相当に重い刑を規定したとすれば，裁判所が法律の条文を正しく適用したとしても，人権は侵害されるでしょう。古典的な罪刑法定主義の原則も，議会がどのような法律を制定してもかまわないとするものではなかったはずです。ただ，議会は信頼に値するものであった（市民の代表者が市民に不利になるような法律を作るはずがなかった）ので，そのようなことを心配する必要はなかったし，また当時は，かりに議会が内容の不適切な法律を制定したとしても，これを正す方法がなかったのです。

　これに対し，20世紀には，司法国家の思想が世界に広まりました。日本国憲法もこれに従い，裁判所に法令審査権を与え，適正でない法律を違憲無効とすることを認めました（憲81条）。憲法は，**立法機関による人権侵害**から人々を守る役割を裁判所に期待しているのです。そこで，同じ制度を持つアメリカ法の影響の下に，新しい罪刑法定主義の内容として，刑罰法規の明確性の原則と，刑罰法規の内容の適正の原則**が承認されるようになりました。この2つの原則が加わることにより，罪刑法定主義は，既存の法律をただそのまま厳格に適用しさえすればそれで足りるとする原則ではなく，**法律そのものの審査を要求する実質的原則**となったのです。

　　*　モンテスキュー（野田良之ほか訳）『法の精神(上)』（岩波文庫版，1989年）163頁以下，291頁以下，ベッカリーア（風早八十二＝五十嵐二葉訳）『犯罪と刑罰』（岩波文庫版，1959年）30頁以下を参照して下さい。
　　**　内容の適正を要求する考え方を実体的デュー・プロセスの理論と呼ぶこともあります。

るものです[13]。明確性の要請は，罪刑法定主義の基本思想から直接に導かれ

---

13) 民法においては，709条のような包括的な規定を根拠として責任（民事責任）を追及することが許されますが，刑法においては，責任（刑事責任）の根拠となる規定は，より個別的に類型化されたものでなければなりません。ここに，民法と刑法の本質的な性格の違いが現れています。

るものといえましょう。といいますのは，罪刑法定主義は，「不意打ち処罰」を避ける（刑法の適用を受ける者に対し「適正な告知」を与える）ことにより人々の自由を守ろうとする原則にほかならないからです。不明確な法律は，いつ刑罰権が発動されるか分からないものとすることにより，刑罰権発動の予測可能性を害するものであり，この原則を台無しにするものです。また，罪刑法定主義は，国家刑罰権の行使を民主主義的に基礎づけ，かつ制約しようとするものですが，不明確な法律は，そのためにも役に立たないのです。

不明確とされる場合の中にも，①その法文がどこまで適用されるか，その限界線の輪郭（外延）がぼやけているとき（狭義の不明確性）と，②限界線はある程度明確であるとしても，それがあまりに（明らかな適法行為をもカバーする形で）広範に及ぶとき（過度の広範性）とがあります。ただ，それら相互の区別はそれ自体，相対的・流動的です。いずれにせよ，明確性の原則に反する法律は，**憲法 31 条に違反**するものとして違憲無効となります。

注意すべきことは，わが国の刑罰法規は，一般に，規定が簡潔かつ包括的に規定されており，そのため内容が必ずしも明確でないものが少なくなく，また，幅広い法定刑が規定されていることが多いということです。厳しい基準を適用すれば，多くの刑罰法規が憲法違反となるおそれもあります。そこで，違憲無効とされるのは，曖昧さ・不明確さの程度が著しいものに限られることにもなります。最高裁判所は，これまでに違憲無効の判断を示したことはなく，最高裁が不明確ではないとしたものの中には，たとえば，**条例**において，デモ行進の際に「交通秩序を維持すること」という遵守事項に違反する行為を処罰する規定[14]，青少年を相手方として「淫行」をした者を処罰する規定[15]，「卑わいな言動」をした者を処罰する規定[16]などがあります。なお，最高裁は，その文言の適用範囲が過度に広範囲にわたるおそれのある刑罰法規について，これを制限的

---

[14]　最大判昭和 50・9・10 刑集 29 巻 8 号 489 頁（**徳島市公安条例事件**）。この大法廷判決は，「ある刑罰法規があいまい不明確のゆえに憲法 31 条に違反するものと認めるべきかどうかは，通常の判断能力を有する一般人の理解において，具体的場合に当該行為がその適用を受けるものかどうかの判断を可能ならしめるような基準が読みとれるかどうかによってこれを決定すべきである」という一般的基準を示しています。

[15]　最大判昭和 60・10・23 刑集 39 巻 6 号 413 頁（**福岡県青少年保護育成条例事件**）。ただし，この大法廷判決には，同規定を憲法 31 条に反し違憲無効と断ずる 3 人の裁判官の反対意見も付せられています。

[16]　最決平成 20・11・10 刑集 62 巻 10 号 2853 頁（**北海道迷惑行為防止条例事件**）。

に解釈し，適用範囲を限定することにより，当該法規の合憲性を肯定すること
があります。こうした解釈のことを**合憲限定解釈**といいます。「淫行」の意義
を制限的に理解したもの[17]や，規制対象としての「暴走族」「集会」を限定的
に解釈したもの[18]などがその例です。

　次に，**刑罰法規の内容の適正の原則**とは，刑罰法規は，処罰する合理的な根
拠のある行為のみを処罰の対象とし，かつ犯罪の重さとバランスのとれた刑を
規定しなければならないとする原則です。この原則に反する法律の規定は，法
令審査権を有する裁判所により，31条に違反することを理由に憲法違反とさ
れるか，または制限的に解釈（合憲限定解釈）されることになります[19]。最高
裁の判例には，内容が適正でないことを理由に31条違反を認めたものは存在
しませんが，刑罰を科すことにより憲法21条1項違反の問題が生じうるケー
スについては，憲法21条1項とあわせて31条違反の有無も検討しており[20]，
内容の適正を欠く刑罰法規が憲法31条に抵触することは判例によっても認め
られているのです。また，〈ケース3〉の判例に見られるように，憲法22条
との関係で，規制の目的に照らして有害性がない行為を処罰の対象とすること
はできない，とする判例の根底には同じ発想があるといえましょう。

〈ケース3・無害な行為を処罰してはならない〉
　最高裁判所大法廷は，旧「あん摩師，はり師，きゅう師及び柔道整復師法」
（現「あん摩マッサージ指圧師，はり師，きゅう師等に関する法律」）12条・14条
が「医業類似行為」を業とすることを禁止処罰しているのは，そのような業務
行為が人の健康に害を及ぼすおそれがあるからであり，禁止処罰の対象は人の
健康に害を及ぼすおそれのある業務行為に制限される趣旨と解さなければなら
ないとし，被告人の行った「HS式無熱高周波療法」が人の健康に害を及ぼす
おそれがあるか否かの点について何ら判断することなく，これを同規定により処
罰することはできない，とした（最大判昭和35・1・27刑集14巻1号33頁）。

---

17)　前掲注15)最大判昭和60・10・23。
18)　最判平成19・9・18刑集61巻6号601頁（**広島市暴走族追放条例事件**）。
19)　なお，ある刑罰法規が，憲法の特定の人権条項に違反するときには，その条項に違反するこ
とを理由に憲法違反となりますが，それは当然のことであり，あえて内容の適正の原則に含めて考え
る必要もないでしょう。
20)　たとえば，前掲注18)最判平成19・9・18，前掲注9)最判平成24・12・7を参照して下さい。

ここで注意すべきことは，刑罰法規の内容の適正の原則には，その内容とし
て，**行為主義**（→ 38 頁以下）**と責任主義も含まれる**ということです。したがっ
て，行為主義や責任主義に反する処罰は，憲法 31 条に抵触すると考えること
ができるのです。

Ⅳ　責任主義

　3 つ目の基本原則は，責任主義の原則です。責任主義の原則によれば，行為
者に責任を問いえない行為，いいかえれば，**違法行為への意思決定につき行為
者を非難できない行為**は，これを処罰することはできません[21]（そこで，この
原則は，「責任なければ刑罰なし」という標語で言い表されることがあります）。そ
して，そればかりでなく，科される刑罰の分量も，行為に対する非難の程度に
見合った重さの刑を超えるものであってはならないのです。

　責任主義の原則については，すでに第 2 講で触れたところです。刑罰が本質
的に応報であり，刑は犯人の意思決定に対する非難としての意味を持つ限度で
正当化されるとする**応報刑論**の立場からは，責任主義はまさに当然の原則なの
です（→ 22 頁以下）。たとえ何人もの被害者を死亡させるような重大な結果を
故意に生じさせたとしても，その違法行為が精神障害に基づく異常な精神状
態・心理状態で行われた場合には，行為者の意思決定を非難することはできま
せん。そのようなケースにおける処罰が認められないことは，**39 条 1 項**に規
定されている通りです。

　とはいえ，刑法学の入口あたりをうろうろしている今の段階で，責任主義の
原則の全体像を把握することは不可能です。行為者に「責任」を問いうるとは
どういうことをいうのか，発生した事態について（完全にまたは部分的に）責任
を問いえないケースとはどういう場合なのかなどを知った上でなければ，この
原則の意味するところを理解することはできないでしょう。もう少し勉強が進

---

21)　責任主義の原則が承認されるまでは，重大な結果を生じさせたときは，本人に主観的な責任
を問いえないような場合でも処罰されたり（これを結果責任といいます），また，他人の犯罪につい
てもこれを理由に処罰されることがありました（これを連座ないし連帯責任といいます）。責任主義
は，これらのことを否定するものです。行為者の意思決定が**主観的かつ個人的に非難可能**な場合でな
ければ処罰することは正当化されないのです。

結果的加重犯と責任主義

ここでは、責任主義の原則との関係で論じられてきた問題を 1 つだけ紹介しておくことにします。犯罪の中には、**結果的加重犯**＊と呼ばれるタイプの犯罪が存在します。その代表例は、傷害致死罪（205 条）です。この犯罪は、人にケガをさせようとして傷害を与えたところ、被害者が死亡するという重い結果が発生したとき、単なる傷害罪（204 条）よりも重く罰しようとするものです（傷害罪の刑の上限は 15 年の懲役ですが、傷害致死罪の刑の上限は 20 年の懲役です。12 条を参照して下さい）。もし行為者が被害者を死亡させることを意図していたのであれば、殺人罪（199 条）になるはずですから、結果的加重犯とは、行為者が意図しない死亡の結果が発生したときに成立するものなのです。

最高裁判所は、被害者の左目を蹴りつけたところ、そのケガそのものはふつう 10 日くらいで治るものであったのに、被害者の脳に病気があったため死亡したというケースについて、行為者が「行為当時その特殊事情のあることを知らずまた予測もできなかったとしても」傷害致死罪が成立するとしました＊＊。このように、判例は、**重い結果の発生につき行為者に落ち度がない（すなわち、過失の責任を問えない）**というときでも、その結果の発生を理由として刑を重くすることができるとしています（いわゆる過失不要説）。しかし、学説の多くは、それは責任主義違反であるとします。この原則によれば、行為者に責任を問いえない事実の発生を理由として刑を重くすることは許されないはずだからです。学説の見解によれば、上のケースでは、傷害罪が成立するだけということになります。

　＊　結果的加重犯の読み方ですが、〈かちょうはん〉と読む人と、〈かじゅうはん〉と読む人がいます。
　＊＊　最判昭和 25・3・31 刑集 4 巻 3 号 469 頁。

んでから、この原則についてきちんと考えることにしたいと思います（→ Column「結果的加重犯と責任主義」53 頁）。

V 終了のチャイムが鳴る前に

本日の講義のはじまりのところで、刑法の 3 つの原則は、相互に関連し合い、依存し合ったものだと述べました。そのことにつき補足的に説明をいたしましょう。

まず，**行為主義と罪刑法定主義**とはどのように関係しているでしょうか。もし刑法が行為とはいえないもの（思想や内心的意思そのもの，または，人の意思により支配・コントロールできない身体的態度）を処罰の対象にしたとしたら，かりに法律を用いて処罰の対象を一般に公示したとしても，人々はそれを警告として役立てることはできません[22]。それにより，人々の自由が保護されることにはならない（むしろそれは逆に自由を侵害するものでしかない）でしょうし，そのような刑罰法規が一般予防機能を持つことはないでしょう。刑法が関心を持ち，刑罰という制裁を手段としてやめさせたいと思うものが「人の行為」であるからこそ，立法による犯罪と刑罰の告知が人々の自由を保障し，同時に，一般予防機能を発揮しうるのです。

　次に，**罪刑法定主義と責任主義**の関係についていえば，罪刑法定主義が原則とされ，法律により犯罪と処罰の内容があらかじめ一般に周知されているからこそ，そこに示されていた行為を行った犯人の意思決定を非難し，責任を問うことが可能となるのです。もし何が犯罪になるかが実行に先立って警告されていなかったとしたら，行為者は当該行為が違法であることを認識してそれを思い止まることもできなかったはずであり，責任を肯定する余地はありません（→ 202 頁以下）。罪刑法定主義がなければ責任主義も意味を持たないはずなのです。

　このように，行為主義がとられるからこそ罪刑法定主義の原則が意味を持ち，罪刑法定主義が原則とされてはじめて犯人の責任を語りうるものとなり，責任主義も存立の基盤を持つことになるのです。刑法の３つの基本原則は，それぞれを「切り売り」することが許されず，いわばワンセットで保障されなければならないものであることが理解できるでしょう。

　次の第４講のテーマは，「刑罰法規の解釈と適用」です。「刑法」や「刑罰法規」の意義を明らかにした上で，刑罰法規の解釈と適用をめぐる諸問題について論じることにします。罪刑法定主義の一内容（１つの派生的原則）である「類推解釈の禁止」についても説明することにいたしましょう。

---

22)　もし，睡眠中に寝返りすることを禁止されたとしても，われわれにはどうすることもできないでしょう。

Introductory Lectures
in Criminal Law
General Part

第 **4** 講

刑罰法規の解釈と適用

I はじめに

　刑法とは，犯罪と刑罰に関する法のことです。六法を開くと，「刑法」という名前の法典が見つかりますね。これは 1907（明治 40）年に公布され（明治40・4・24 法律第 45 号），翌年施行されたものです。この法典のことを特に指し示したいときには，これを**刑法典**と呼びます（もちろん，ふつうは「刑法 25 条」といえば十分で，「刑法典の第 25 条」などという必要はありません）。刑法典には，特に重要な刑法の規定が収められています。

　しかし，刑法典に含まれた規定のほかにも，犯罪と刑罰を定めた法規範は数多く存在しています。「刑法」だけが刑法なのではない，ということです。刑法典の外に存在する刑罰法規をまとめて**特別刑法**といいます[1]。新聞やテレビによる事件報道においてよく登場する犯罪として，酒気帯び運転の罪，特別背

　1）　小型の六法にも，たとえば，「軽犯罪法」,「爆発物取締罰則」,「暴力行為等処罰ニ関スル法律」,「盗犯等ノ防止及処分ニ関スル法律」,「航空機の強取等の処罰に関する法律」,「人質による強要行為等の処罰に関する法律」「自動車の運転により人を死傷させる行為等の処罰に関する法律」などの小さな法律が載っていると思います。これらの法律に含まれた諸規定は，数多く存在する特別刑法の規定の一部にすぎません。「会社法」,「金融商品取引法」,「公職選挙法」,「所得税法」,「道路交通法」,「不正競争防止法」などの大きな法典に含まれる罰則規定も，特別刑法に属するものです。たとえば，道路交通法の 115 条以下を参照して下さい。

055

任罪，インサイダー取引の罪，覚せい剤所持罪・使用罪などがありますね。これらはいずれも特別刑法上の犯罪です（それぞれ，道路交通法，会社法，金融商品取引法，覚せい剤取締法に規定されています）。

そこで，これは概念を整理するためなのですが，「刑法」という名前のついた刑法典のことを**形式的意義における刑法**，犯罪と刑罰について規定する法規範のすべてのことを，したがって特別刑法の規定をも含めて，**実質的意義における刑法**と呼びます。「形式」よりも「実質」，名前よりも中身のほうが大事であるからといって，特別刑法を含めた刑法の全体をすべて勉強しようとしたら，そのうち頭がパンと音を立ててパンクしてしまうでしょう。大丈夫，ご安心下さい。大学の法学部および法科大学院において刑法学を学ぶ過程では，刑法典の規定をきちんと学び，それに加えて，特に重要とされる特別刑法の規定のおおよそのことを知るだけでまったく十分です。しかも，有り難いことに，刑法典の規定をちゃんと勉強すると，**汎用性のある学識・広く応用可能な思考力**が身に付きますので，それにより，はじめて読む特別刑法の規定であっても，ごく短時間で大体のところを把握できるようになるものなのです。

「刑法」とならんで，**刑罰法規**という言葉もよく使われます。それは，刑法を構成する個々の処罰規定のことを指す用語です。刑罰法規は，一定の犯罪に対し何らかの刑罰を科すべきことを定めた法規範であり，「……した者は，……に処する」という形式を持ち，法律要件と法律効果から成っています（→ 5 頁以下）。たとえば，殺人罪に関する 199 条を見ると，法律要件の部分で殺人罪の個別的要件（「人〔他人〕を殺すこと」）が定められ，そして，法律効果の部分でその犯罪に対する刑（法定刑）が定められているのです（→ Column **「刑罰法規とそれを補充するもの」** 57 頁）。

本講では，まず刑罰法規の本質について説明し，その後，刑罰法規の「解釈」と「適用」をめぐる諸問題について順番に見ていくことにしたいと思います。

Ⅱ 刑罰法規の本質

刑法は，法益を保護するために存在するのですが（→ 26 頁以下），そのために用いる手段は**規範**です。ここにいう規範とは，「……してはならない」（禁止）または「……しなければならない」（命令）という内容を持つ，人に向け

第 4 講　刑罰法規の解釈と適用

> **刑罰法規とそれを補充するもの**
>
> 　刑罰法規は，「……した者は，……に処する」という形をしているといいました。ただ，読者の皆さんは，次のような疑問を持つかもしれません。たしかに，殺人罪の規定についてはそうだが，刑法典の前半の方の規定，たとえば，刑法 38 条 1 項本文は，「罪を犯す意思がない行為は，罰しない」と定めていて，そのような形式をとっていないではないか，と。
> 　この点については，次のように考えることができましょう。それらの規定は，それ自体としては不完全・非独立的な刑罰法規であり，殺人罪や窃盗罪などの処罰規定（本来の刑罰法規）を前提とし，それらを補充する役割を持つものなのです。38 条 1 項本文の規定があることにより，殺人罪や窃盗罪などの処罰規定については，外形的に殺人や窃盗にあたる行為があっても，行為者において「罪を犯す意思」（すなわち，故意）がなければ，それらの規定を適用できないものとして解釈しなければならないのです。
> 　なお，刑法典の総則（1 条～72 条）と各則（77 条以下）の関係（したがって，刑法総論と刑法各論の関係）については，第 5 講（テーマは「犯罪論の基本的考え方」）において説明することにします（→ 75 頁以下）。

られた行動準則（行為の基準）のことです[2]。たとえば，個人の生命という法益を保護しようと思えば，とりわけ，「人を殺してはならない」という規範が効力を持ち，一般の人々がこれに従うことが通常である，といえるような状態を維持することが必要になります。

　それでは，そのような「人を殺してはならない」という規範は，殺人罪を処罰する刑罰法規（199 条）の中に書かれているでしょうか。刑法の殺人罪の規定を読むと，そこには，ただ「人を殺した者は，死刑又は無期若しくは 5 年以上の懲役に処する」とあり，殺人罪という犯罪の要件とこれに対する刑の内容が定められているにすぎません。この規定が現実に適用される場面を想像すれば，それは，たとえば，裁判所が，被害者 A を故意をもって殺害した犯人で

　2）　規範が向けられている人のことを**規範の名宛人**と呼ぶことがあります。なお，本文のような「規範」の理解は不当に狭いものであり，人に向けられない規範（一定の事態そのものをただ評価する，その基準という意味での規範〔いわゆる評価規範〕）も存在するのではないかという問題については，ここでは立ち入らないことにします（→ 171 頁以下）。

ある甲に対し有罪判決を言い渡すときです（→ 19頁）。ここでは，刑罰法規は，**裁判所が裁判を行うにあたり従うべき判断の基準**として機能しています。法の規範の持つ，このような側面のことを指して，**裁判規範**と言い表します[3]。刑罰法規は，裁判官（などの刑事司法機関）に対し，いかなる行為を犯罪とし，いかなる刑を科すべきかを示したものであり，裁判官（などの刑事司法機関）に向けられた行動準則たる裁判規範としてこれを理解することができるのです。

　しかし，刑罰法規は，裁判規範というだけにとどまるのでしょうか。刑法199条は，「人を殺してはならない」という，一般の人々に向けられた規範とはまったく無関係だというのでしょうか。

　刑罰法規は一般の人々とはまったく無縁のものである（それは単に国家機関のみに目を向けるものである）と考えるのは，とても不自然です。罪刑法定主義の原則との関連で述べたところですが，刑罰法規は，犯罪と刑罰の内容を一般の人々に向けて提示・告知することにより，人の意思に働きかけて犯罪実行を思い止まらせるという機能を持つものです（→ 42頁以下）。殺人罪の規定においては，「人を殺してはならない」という，一般の人々に向けられた，殺人を禁止する**行為規範が刑罰法規の中に内容として含まれている**と考えることができるのです。刑法は，刑事司法機関に対し判断の基準を示すとともに，一般の人々に対し，殺人行為がやってはならない行為であるとする，法の立場からの評価を明らかにし，かつ殺人行為を行わないよう呼びかけています[4]。刑法が何のために**刑事司法機関に向けた裁判規範**を定めているかといえば，「人を殺してはならない」という，一般の人々に向けられた行為規範に違反する行為が行われたときに，これに対し刑罰をもって厳しく対応することにより，**行為規範の効力を維持・確保するため**なのです。

　ここで，六法を開いて，道路交通法の規定を見て下さい。たとえば，その22条1項は，「車両は，道路標識等によりその最高速度が指定されている道路においてはその最高速度を……こえる速度で進行してはならない」と定めてい

　3）　なお，裁判規範という用語ではなく，**制裁規範**という言葉を使う人もいます。たとえば，高橋・総論4頁以下，山中・総論17頁以下等。当面のところ，そこに内容の違いはなく，単に用語の違いにすぎないものとして理解していただいてかまいません。

　4）　行為に対する法的評価を明らかにする機能のことを刑法の**評価的機能**と呼び，その行為を行わないよう，意思決定を促す機能のことを**意思決定機能**と呼ぶことがあります。

ます。これは一般市民たる自動車運転者に向けられた行為規範にほかなりません。この行為規範に違反した故意行為者に対しては，118条1項（1号）が「6月以下の懲役又は10万円以下の罰金」という刑を科すことを予定しています（過失行為者については同条2項を参照）。これは，22条1項の行為規範を前提としてその効力を維持・確保するための裁判規範にほかなりません。このように，道路交通法においては，**裁判規範と切り離された形で行為規範が独立に明記**されています。道路交通法のような行政法の領域における行為規範の内容は決して明確ではないことから，法がこれを明記しているのです。これに対し，刑法典の犯罪については，法が「人を殺してはならない」などと定めるとすれば，それはあまりにも当然のことを書くことになり，こっけいですらあるでしょう。刑法は，「人を殺してはならない」という行為規範を国家的に承認し，刑罰をもってその効力を維持・確保しようとするものですが，199条のような形で，**刑法が承認した行為規範の内容を一般市民に対して提示している**と考えることができるのです。

　このようにして，刑罰法規は，裁判規範であるとともに，一般の人々に向けられた行為規範でもあります。それは，裁判規範の形で国家刑罰権の発動を制約する機能を持つ（それは「下から上への方向」における刑罰法規の機能です）とともに，行為規範の形で人々の行動を規制し法益を保護する機能（それは，いわば「上から下への方向」における刑罰法規の機能です）を持っているのです（→ Coffee break **「裁判規範と行為規範——そのどちらが本質的か？」**61頁）。

Ⅲ 刑罰法規の解釈

1 意義と種類

　刑罰法規を現実の事件に適用して（あてはめて）行為者の処罰を行うためには，その前に，刑罰法規の持つ意味を明らかにしなければなりません。**刑法を適用**するためには，まず**刑法を解釈**しなければならないのです（→ 10頁）。**刑罰法規の解釈**とは，刑罰法規を事件に適用する前提として，法規の持つ意味内容を理解し，明確にすることをいいます。

　刑事実体法の**立法**，すなわち刑罰法規を定立することは，立法者たる国会の役割です。裁判所や検察官などの刑事司法機関は，刑法の存在を前提とし，こ

れを解釈・適用することを任務としています。どれだけ反社会的な行為であっても，その処罰を予定する刑罰法規がないのにこれを処罰するとすれば，たとえそれが解釈の名の下に行われたとしても，新たな立法にほかならず，罪刑法定主義の原則に反するのです。裁判所の役割は刑法の解釈であり，刑事立法は国会の役割です。**立法論と解釈論とは区別**されなければなりません[5]。

　これからお話しすることは，刑罰法規の解釈のみでなく，およそ法の解釈全体についてあてはまることなのですが，法の解釈にはいくつかの種類があります。まず，解釈にあたっては，規定の文言（その言葉や文章）の日常的なふつうの意味（すなわち，国語辞典に載っている意味）に従って解釈する**文理解釈**がその出発点となります。これに対し，文理解釈によるところ（日常的な意味）よりも少し広げて理解することを**拡張解釈**といい，逆に，それよりも狭く理解することを**縮小解釈**といいます[6]。

　法学入門の教科書によく登場する古典的な設例を出しますと，川に古い木の橋がかかっており，あまり重いものを通すと危険であるところから，「馬を渡らせてはならない」という立て札が立っていたとしたとき，「馬」という言葉を少し広げてそこには「ロバ」も入ると解釈すれば拡張解釈ですが，同じ馬でも「小馬」は入らないと読むならば，それは縮小解釈ということになりましょう。

　さらに，規定の文言を拡張してもカバーできない場合，すなわち，その事件について直接に適用できる規定がない場合に，類似した事例に適用される規定を適用して同じ結論に到達する**類推解釈**があります。また，類推解釈とは反対に，ＡとＢという類似の事実のうち，法律にはＡについてしか規定がない場

　5）　法律学は，伝統的には法の解釈を中心的な内容とするものであり，そこで，**法解釈学**と呼ばれてきました。もちろん，立法が法律学における研究の対象とならないわけではありません。立法を研究対象とする学問領域のことを**立法学**といいます。教科書として，たとえば，大森政輔＝鎌田薫編『立法学講義〔補遺版〕』（商事法務，2011 年），中島誠『立法学——序論・立法過程論〔第 3 版〕』（法律文化社，2014 年）などがあります。

　6）　これは余談ですが，私が学部学生の頃に聴いた「法哲学」の講義の中で，担当の先生が黒板に「縮小解釈」という字を書こうとしてためらい，「縮小」であるか「縮少」であるかがわからなくなったといって学生たちに頭を下げ，各自あとで調べておいてほしいとおっしゃったことがありました。まるで昨日のことのようにはっきりと覚えています。つねづね類い稀な名講義と感じ，大変尊敬していた先生なので，先生がそのようなことで混乱されたことに驚きましたが，同時に，大勢の学生の前で，至らないところを至らないところとしてはっきりと認める，先生のその振る舞いをとても立派なものと感じました。

裁判規範と行為規範──そのどちらが本質的か？
Coffee break

　中野次雄先生の書かれた教科書に『刑法総論概要〔第3版補訂版〕』（成文堂，1997年）があります。中野先生は，私が大学院時代にお教えを受けた先生なのですが，長く裁判官をされていて，大阪高等裁判所長官も務められました。先生の教科書（11頁）には，「刑罰法規……は，裁判官に対し，いかなる行為を犯罪としこれに対していかなる刑罰を科するかという基準を示したものであって，裁判官に対する国の命令にほかならず，したがって裁判規範であることをその本質とする」というくだりがあります。先生は，行為規範は刑罰法規とは別個の存在（刑罰法規に先行して存在する不文の規範）であり，ただ刑罰法規制定の前提となる，と考えたのです。

　しかし，私は，行為規範を刑罰法規から切り離してしまうことには賛成できません。実定法の規定から切り離された行為規範は，どこに・どういう内容で存在しているのか明らかでない「幽霊のようなもの」であり，刑罰法規の解釈にあたって重要な機能を営ませることに躊躇せざるをえないものとなってしまいます。行為規範は刑罰法規に含まれており，刑罰法規がその内容を明らかにしていると理解すべきなのです。刑罰法規の行為規範としての側面と裁判規範としての側面は，**裁判規範は行為規範の保護のためにこそ存在し**，**行為規範は裁判規範なしには効力を失う**ことになるのですから，両方とも同程度に重要であり，それぞれに他を欠いては存在できないものです。

　ちなみに，世界の国々の法をグループ分けすることが行われ，それぞれの法のグループのことを法系（または法圏）といいますが，そのうちの**大陸法系**の法システムの下では，行為規範としての法の側面が強調され，**英米法系**の法システムでは，裁判規範としての側面がより重視される傾向にあることも付言しておきたいと思います*。

　* 大陸法系は，ヨーロッパ大陸の多くの国々がこれに属する法系であり，ローマ法に由来し，成文法主義を基調とし，法的思考方法としては，法（学）の体系を前提としてそこから結論を論理的に導くことを特徴とするのに対し，英米法系（コモンロー法系）は，判例法主義を基調とし，法的思考方法としては，過去の先例との比較において現在の事例を適切に解決することに重点をおきます。日本の法システムは，基本的に前者に属しますが，後者からも相当の影響を受けています。

合に，Bという事実についてはAと逆の結論を引き出すことを**反対解釈**といいます。上の例で，「馬」と書いてあるところを「牛」にも適用するとすれば，それは類推解釈であり，「馬」と書いてある以上，「牛」については別であり，牛は橋を渡らせてもかまわないという結論を出すとすれば反対解釈ということ

061

になるでしょう。

　以上のように，解釈の種類（ないし方法）には5つのものがあるのですが，これらは，言葉や文章がふつうに意味するところに従うか，それよりも広げるか狭めるか，類似の事実にもあてはめるか，逆に，反対の結論を出すかという，**規定の文言との関係で見た形式的分類**にほかなりません。そこで，これだけでは，いつ拡張解釈し，いつ縮小解釈すべきなのか，どのような場合に類推解釈を選び，逆に，反対解釈を行うべきなのかが明らかにならないのです。法の解釈にあたっては，解釈の選択に至るための実質的基準ないし手がかりが必要となります。**解釈の実質的基準となるものによって解釈を分類**するとき，解釈は次の4つに分類することができます。ドイツのある代表的な法哲学の教科書は，「結果から見た解釈の種類」と「手段から見た解釈の種類」とを区別していますが[7]，前者が，ここにいう「規定の文言との関係での形式的分類」であり，後者が「解釈の基準に注目した実質的区別」です。

　解釈の実質的基準により解釈を分類するとき，まず，特段の理由がない限り，条文の日常的なふつうの意味に従った解釈をすべきだということができるでしょう。その意味で，解釈の出発点はやはり**文理解釈**なのです。しかし，立法者ないし起草者が考えていたところを基準として解釈すべきだとする**歴史的解釈**[8]，その規定の置かれている場所や，他の規定との相互関係を解釈の基準とする**論理的・体系的解釈**，規定が果たすべき目的を考慮し，社会生活の要求に照らして妥当な結論を得ようとする**目的論的解釈**も，重要なものとされています。

　ここでは，時間の関係で，それぞれの解釈の実例を紹介する余裕はありません。ぜひご理解いただきたいことは，これらの解釈方法の間に，優先順位ないしランク，たとえば，文理解釈や論理的・体系的解釈より常に目的論的解釈が優先する，というような序列関係が存在するものではないということです。ただ，一般論としていえば，法のような社会的制度を動かしていくときにはその「目的」が重要であり（→6頁），法の解釈にあたっても，規定の目的に沿う解

　7）　アルトゥール・カウフマン（上田健二訳）『法哲学〔第2版〕』（ミネルヴァ書房，2006年）114頁以下を参照して下さい。

　8）　なお，歴史的解釈とは，立法者意思（法の制定にあたり立法者が現実に持っていた意思）を基準とするものです（主観説）。しかし，主観的な立法者の意思ではなく，より客観化された，法律そのものの意思を基準とすることにすれば（客観説），それは目的論的解釈に一致することになります。

062　Introductory Lectures in Criminal Law : **General Part**

釈，したがって**目的論的解釈がしばしば決定的な意味**を持ちます。犯罪は法益の侵害に向けられたものであり，刑罰法規は法益保護のために存在するのですから（→ 26 頁以下），刑法における目的論的解釈とは，法益を最も適切な形で保護するためにはどうすべきか，という見地から法文を解釈すること，すなわち**保護法益を基準とする解釈**のことをいうのです（法益の概念が「解釈規制機能」を持つことについては，すでに 31 頁で触れました）（→ Column **「富士山理論」**65 頁）。

2　目的論的解釈の限界

（1）　**類推解釈の禁止**　　いくら目的論的解釈（すなわち，法益保護を根拠とする実質的解釈）が重要であるといっても，**罪刑法定主義**が刑法の基本原則であるところから，どうしても無視することのできない制約があります。かりに法益保護の見地からはその行為を処罰すべきであることが明白であるとしても，そのような解釈が法律の規定の文言によりカバーできないとき，すなわちそれが**類推解釈**となってしまうときには，ただそれだけの（形式的）理由でその解釈はしりぞけられるのです。

実はここでは，「法益の保護という社会的要請」と「刑罰権発動の予測可能性および反社会的行為を行った者の権利・自由」とを比較衡量し，どちらをいかなる限度で優先させるかが問題となっているといえましょう。通説は，**拡張解釈は許すが，類推解釈は禁止**するという形で，矛盾する要請の間の調和ないし妥協をはかるべきだとするのです[9]。すでに説明したように，類推解釈とは，法規の言葉の意味を広げて拡張解釈しても，それでもその事例をカバーできないにもかかわらず，法規がもともと予定する事実と類似の事実であることを理由として，その法規を適用することをいいます[10]。罪刑法定主義は，「その行為を処罰する規定があらかじめ存在しない限りその行為を処罰できない」とす

9）　ただし，類推解釈の禁止は，主として当該の行為を行った者（または行おうとする者）の権利と自由の保護のために認められる原則ですから，その者に有利な方向での類推解釈，すなわち無罪にする方向または刑を軽くする方向での類推解釈は許されることに注意しなければなりません。

10）　「類推解釈」は，法規の文言を踏み越えることが明らかなところ（したがって，「解釈」ではカバーできないところ）でその法規を適用するものですから，それはもはや法規の「解釈」ではないというべきであり，正しくは，法規の「類推適用」と呼ばれるべきものでありましょう。

る原則なのですから，**適用法規の不存在を前提とする類推解釈**は，どうしても認めることができないのです[11]。刑罰法規の解釈としては，法規を目的論的に解釈し，場合によっては，文言を拡張して理解することは許されても，法規を類推解釈することまでは許されない，ということです（類推解釈の禁止は，罪刑法定主義の具体的内容として，そこから直接に導かれる原則なのです。〔→ 47 頁〕）。

〈ケース・看護師を「医師」に含めることはできるか〉

　刑法 134 条は，医師や弁護士等の秘密漏示行為を処罰している（これにより，医師や弁護士等には，**守秘義務**が課されていることになる）。この処罰規定が「個人の秘密」という法益の保護を意図するものであるとすれば，たとえば，医師が，診察した患者の病気に関する秘密を漏らす場合と，その病院の看護師が同じ秘密を漏らす場合とを比べると，いずれも同じように被害者は傷つくのであり，医師のみを処罰し看護師を処罰しない理由はないはずである。しかし，134 条においては，犯罪の主体が医師らに限定されており，「医師」という文言をいかに拡張しても，これに看護師を含めることはできない。この規定を看護師の秘密漏示行為に適用することは，禁じられた類推解釈にあたる[12]。

　拡張解釈と類推解釈の区別は，法規の言葉の意味を広げて理解したとき，なお言葉の意味として可能な限界内にとどまるかどうかによって決まります。法規の文言をギリギリそこまで拡張できるというのなら，なお拡張解釈にとどまりますし，もうそこまでは広げられない，というのであれば類推解釈となります[13]。

　(2) 解釈の一般化可能性　　類推解釈禁止の原則と同様に，目的論的解釈を外側から枠づける働きをするものとして，解釈の一般化可能性の原則がありま

---

　11)　もし類推解釈が許されるなら，刑罰権発動の予測可能性を害する「不意打ち」処罰が認められることとなり，かつ国会があらかじめ承認していない（民主主義的基礎づけを欠く）刑罰権の発動が行われることになってしまうでしょう。

　12)　なお，2001（平成 13）年の「保健師助産師看護師法」（昭和 23・7・30 法律第 203 号）の改正により，看護師についても守秘義務の規定が設けられ，看護師の秘密漏示行為も，この法律により処罰されることになりました（同法 42 条の 2・44 条の 3 を参照して下さい）。

　13)　とはいえ，法規の文言をどこまで拡張できるかの限界は明確な線を引けるようなものではありませんから，実際には，拡張解釈と類推解釈の限界はそれほどはっきりとしたものではないのです。その解釈が，ある人には拡張解釈であるとされても，別の人にとっては明白な類推解釈である，ということも生じてきます。

064　Introductory Lectures in Criminal Law : **General Part**

> ### 富士山理論
>
> 　目的論的解釈とは，保護法益を基準とする実質的解釈ですが，保護法益が何であり，いかなる内容を持つか自体が解釈により明らかにされるべきもので，必ずしもはっきりしたものではないのです。そこで，目的論的解釈は，客観性を保ち難く，解釈する人ごとにまちまちなものとなりがちだというデメリットを持っています。そうであるとすれば，まずは規定の文理を尊重すべきであり，目的論的見地からその刑罰法規を拡張解釈しようとするときは，それ相応の根拠が必要になるといえるでしょう。あまり強い実質的理由がないときには，文理に忠実な解釈をとるように心がけるべきなのです。
> 　ここで示唆に富むのは，法哲学者の長尾龍一先生が説く「富士山理論」です。それによると，「法は富士山のような形をしている。頂上が法の言葉の中心的意味であり，裾野に近づくにつれて，言葉の中心意味から離れていく。そして，その距離に比例して実質的正当化が要求される」というのです。長尾龍一『法哲学入門』（講談社学術文庫，2007年）171頁以下をご参照下さい。一般的なガイドラインとしては，まさにその通りだといえましょう。

す[14]。すなわち，刑法の解釈は，その場限りの場当たり的なものであってはならず，一般化可能でなければならないのです。その根拠は，法の理念としての正義であり，そこから直接に導かれる平等・公平な扱いの要請です。この原則は大変重要なものなのですが，ここではまだ詳しく説明することができません。各論の第12講「事例の解決の方法論を学ぶ」（233頁以下，特に245頁以下）において事例を用いて説明しています。

　具体的に見ると，刑法の解釈の当否を評価するにあたっては，①その解釈はどのような論理により導き出されたか，②その論理は根拠のあるものであるか，③そのように解釈したとき，問題となっているケース以外に，どのようなケースまで同じ解決がなされることになるか，そして，④それは妥当であるか，という一連の検討が要求されることになります。

3　判例と刑罰法規の解釈

　わが国の裁判所は，類推解釈を許容するものではありませんが，処罰すべき

---

14)　この原則については，平野龍一『犯罪論の諸問題(下)』（有斐閣，1982年）321頁以下を参照。

行為と考えられるものに対しては，刑罰法規をかなり柔軟に解釈することにより犯罪の成立を認め，無罪判決を避ける傾向にあります。裁判所は，立法機関による対応が及ばないところを解釈により補い，社会の変化に刑法を適合させるという態度をとってきたということができましょう。

そこで，処罰の限界を明らかにするにあたり，**判例**[15]の持つ役割がきわめて大きいのです。日本では，刑罰法規が簡潔かつ包括的に規定されているという特殊事情とも相まって，**法の規定と判例とをあわせてはじめて罪刑法定主義の実質的要請が充たされている**といってよいでしょう。現行刑法の内容を知ろうとするとき，法の規定を読んだだけではとうてい十分ではありません。刑罰法規の意味内容を具体的に示し，また補充する判例をもあわせて参照することを要求されるのです。そのことは，**刑法を勉強するとき，条文だけでなく判例を学ぶことが必要不可欠**であることを意味しているのです（→ Column「**判例における解釈の実例**」67 頁）。

Ⅳ 刑罰法規の適用をめぐる諸問題

1 時間的適用範囲

解釈により意味内容を明らかにされた刑罰法規を具体的事実にあてはめることを，**刑罰法規の適用**といいます。それをめぐっては，時間的適用範囲の問題と場所的適用範囲の問題があります。

まず，刑罰法規の時間的適用範囲（適用限界）について見ますと，**憲法39条により遡及処罰は禁止**されていることが重要です（これを「遡及処罰の禁止の原則」とか「刑罰法規不遡及の原則」とかいいますが，すでに，47 頁で触れました）。

15）　**判例**とは，裁判所（特に，最高裁判所）が個々の裁判の理由の中で示した法律判断のうち，以後の事件の解決にあたり拘束力を有するもののことをいいます。犯罪と刑罰は法律によって決められなければならず，**刑法の法源は法律でなければならない**のですが（→ 42 頁以下），一定の拘束力を持つ裁判規範として処罰の内容と限界を定めているという意味では，判例も法にほかならず，それも刑法の法源としての性格を持つのです。ただ，判例には，法律の規定と同じ拘束力が認められるものではありません。裁判所は，法律の規定に反する判断をすることはできませんが（憲76 条 3 項），従来の判例をくつがえすことは可能です。たとえば，裁 10 条 3 号や刑訴 410 条 2 項などは，判例の変更が許されることを当然の前提としています。**判例の拘束力は法的なものではなく，事実上のもの**といわれるのはそのためなのです。

判例における解釈の実例

Column

　判例の中から，主として刑法典の規定の解釈に関する例をいくつかあげますと，池で飼われていた鯉を水門を開いて流失させる行為も「傷害」（261条）にあたるとしたもの（大判明治44・2・27刑録17輯197頁），わいせつな映画フィルムは「図画」にあたり，その映写は「陳列」にあたる（175条）としたもの（大判大正15・6・19刑集5巻267頁），ガソリンカーも「汽車」（129条）であるとしたもの（大判昭和15・8・22刑集19巻540頁）などに見られる解釈は，規定の文言を日常的な用法よりもかなり広げて理解した**拡張解釈**といえるでしょう＊。

　近年の判例に注目すると，**社会の変化にともない新たに生じてきた現象**に対応するために，かなり柔軟な拡張解釈を行ったものとして，公文書のコピーも「公文書」（155条）であるとしたもの（最決昭和51・4・30刑集30巻3号453頁等），コンピュータで用いる磁気ディスクも「公正証書の原本」（157条1項）であるとしたもの（最決昭和58・11・24刑集37巻9号1538頁）＊＊，テレホンカードも「有価証券」（162条・163条）にあたるとしたもの（最決平成3・4・5刑集45巻4号171頁）＊＊＊，パソコン通信を開設し運営していた被告人が，ホストコンピュータのハードディスクにわいせつな画像データを記憶・蔵置させて，不特定多数の会員がこのわいせつな画像を閲覧することのできる状態を設定したというケースにつき，ハードディスクというわいせつ物を公然と陳列したことにあたる（175条）としたもの（最決平成13・7・16刑集55巻5号317頁）＊＊＊＊などがあげられます。

　これ以外に，解釈の限界を踏み越えたものであるかどうかが問題とされた判例として，胎児の段階で傷害を与え，出生後にそれが原因で死亡させた場合にも業務上過失致死罪（211条）が成立するとしたもの（最決昭和63・2・29刑集42巻2号314頁）や，食用とする目的で狩猟鳥獣であるマガモまたはカルガモを狙い，洋弓銃で矢を射かけた行為は，矢が外れても「弓矢を使用する方法による捕獲」にあたるとしたもの（最判平成8・2・8刑集50巻2号221頁）などがあります。

　＊　現行刑法典に関するものではありませんが，「人ノ所有物ヲ窃取シタル者」を処罰していた旧刑法（1880〔明治13〕年公布，1882〔明治15〕年施行）の窃盗罪規定（366条）に関し，電気も客体たる「所有物」にあたるとした大審院判例（大判明治36・5・21刑録9輯874頁〔**電気窃盗事件**〕）は，目的論的解釈の手法をとったものです。なお，現行刑法典は，245条および251条を設けて，電気が窃盗罪・詐欺罪等の客体となりうることを明記しました。ただし，電気が横領罪の客体となるかどうか，電気以外のエネルギーが窃盗罪・詐欺罪等の客体となるかどうかは明らかではなく，現在でも，解釈上の論点となっています。
　＊＊　ただし，その後，1987（昭和62）年の刑法一部改正により，157条1項が改められ，「電磁的記録」も客体に含まれることが明記されました。
　＊＊＊　ただし，その後，2001（平成13）年の刑法一部改正により，支払用カード電磁的

記録不正作出罪（163条の2）が新設されたため、テレホンカードの変造はこれにより処罰されることとなりました。
　＊＊＊＊　なお、刑法175条の規定は、この最高裁判例が出された後、2011（平成23）年の刑法一部改正により、かなり大きく書き改められました。新規定の下では、わいせつな画像データが記憶・蔵置されたハードディスクは、「電磁的記録に係る記録媒体」（175条1項前段）にあたることになります。

刑罰法規は、その施行のとき[16]以後に行われた犯罪に対し適用され、施行前に行われた行為にまで遡って適用されることはありません。その行為が旧法の下ではおよそ犯罪ではなかったという場合だけでなく、その行為がすでに実行の時点で犯罪であったとしても、犯罪が行われた後に、法改正が行われ、刑が重くなったという場合でも同じです。裁判においては、刑の重い新法（**裁判時法**）を適用することはできず、改正前の旧規定（**行為時法**）を適用しなければならないのです（なお、裁判時法とは、検察官による起訴の時点ではなく、裁判所が判決を言い渡す時点において効力を有する法律のことです）。

　次に、**刑法6条**を見て下さい。この規定は、憲法39条の趣旨を補充・拡張するもので、犯罪後の法律により**刑の変更**があったとき、軽い刑罰法規の遡及効を認めています。行為後の法改正により刑が軽くなったときには、行為時法は適用されず、刑罰の軽い裁判時法の遡及適用が認められるのです。「刑」の変更とは、刑法9条に規定された刑に関する変更のことをいい（たとえば、法改正により、当該刑罰法規において規定されていた有期懲役の上限が15年から10年に引き下げられたときがそれにあたります）、「その軽いものによる」とは、軽い刑が定められている法律を適用するということです。刑の軽重は、刑法10条に従って決せられます（たとえば、同条2項により、有期懲役の重さは、その長期〔上限〕が基準となります）。

　16）　刑罰法規は、その施行期日について特別の定めがあるのが一般です。特別の定めがない場合には、公布の日から起算して満20日を経過した日から施行されます（「法の適用に関する通則法」〔平成18・6・21法律第78号〕の2条を参照）。なお、**公布**は、政府によって毎日刊行される**官報**（財務省印刷局発行）によって行われます（ちなみに、インターネット版官報については、https://kanpou.npb.go.jp/index.html を参照して下さい）。**公布の時期**は、その法令を掲載した官報が印刷局から全国の各官報販売所に発送され、これを一般希望者がいずれかの官報販売所または印刷局官報課で閲覧しまたは購入しようとすれば、それをすることができた最初の時点であるとされます（最大判昭和33・10・15刑集12巻14号3313頁）。

犯罪後において当該の刑罰法規が廃止されたとき，それは「刑法6条の極限的な場合」ともいわれますが，それを**刑の廃止**と呼びます。もちろん，行為者を処罰することはできません。刑事裁判においては，裁判所が犯人に対し免訴の言渡しをします（刑訴337条2号を参照）。

ただし，難しいのは，**刑の廃止にあたるかどうかの判断**です。非現実的な想定ですが，かりにあるとき，収賄罪に関する刑法の規定（197条以下）が削除されたとします。それが刑の廃止にあたることは疑うべくもありません。なぜなら，収賄行為を犯罪とする刑法の基本的見解がこれにより変更され，もはやそれは犯罪として評価すべきではない（したがって，それを刑法規範として廃止する）という法的立場への移行が行われたのだからです。これに対し，収賄罪の規定はそのままで，ただある公務所に働く公務員が収賄行為を行った後，裁判の時点までの間に，その公務所が民営化され，そこに働く職員が公務員ではなくなったとしましょう。この場合には，刑の廃止があったとはいえません。このように，刑罰法規そのものが規範として廃止されたのではなく（すなわち，国がその行為に対する法的見解を変更した〔違法であると評価していたのを適法であると考えるに至った〕のではなく），ただ，その**刑罰法規にあたる**事実の面の**変化**があったにすぎない場合には，刑の廃止にはならないと考えられるのです17)。

2　刑罰法規の場所的適用範囲

刑罰法規の場所的適用範囲は，「国際刑法」の問題とも呼ばれますが，それぞれの国の国内法がこれを規定しています18)。日本の刑法については，**刑法典の冒頭の1条以下**に一連の規定があります。国際化の進展とともに，国境を

---

17)　なお，刑罰法規の中には，あらかじめ効力を有する期間を明文で定めて制定されるものがあり，これを**限時法**と呼びます。このような刑罰法規については，期間終了が近くなると，その罪を犯しても（すぐに刑の廃止となり）実際上処罰されないことになりますので，実効性が失われてしまいます。そこで，廃止前に行われた行為につき，経過規定を置いてそれを処罰することを明記していないときでも，廃止後に**追及効**を認めてこれを処罰すべきだとする見解がありました。その後，学説上，有効期間が明記されていなくても，一時的な必要があって，制定された刑罰法規も，この限時法に含まれるとして，その範囲を広げる見解も主張されました。しかし，法規失効後の処罰が必要なのであれば，明文の経過規定を1つ置いて処罰することを明記すれば足ります。現在の通説は，そのような規定がないのに，刑法6条の例外を認めて，追及効を肯定することはできないとして，これらの見解を否定しています。

またいで行われる犯罪（越境犯罪ともいいます）が増加し，これらの規定はますます重要な意味を持つものとなっています。

　現行刑法は，**刑法1条1項**に明らかなように，**属地主義**を基本としています。この規定は，刑法典の罪のことを念頭においていますが，**刑法8条**により，特別刑法の規定にもこの属地主義の原則が及ぼされる結果として，日本の刑罰法規は，日本国民であろうと外国人であろうと，日本国籍の有無を問わず，日本国内で行った行為については適用があることになります。「日本国内」とは，日本国の領域内，すなわちその領土・領海・領空内を意味します（ただ，1条2項にもご注意下さい）（→ Column「**犯罪地決定の基準——遍在説**」71頁）。

　ここまでは，読者の皆さんにも理解しやすいと思います。しかし，刑法2条以下の規定を読むと，アッと驚くタメゴロウ（古い！），ちょっとびっくりするのではないでしょうか。すなわち，これらの規定により，日本の刑罰法規は，日本国の領域外で行われた犯罪，すなわち**国外犯**（その中にも，犯人が日本国民である場合と，外国人である場合とがあります）にも適用されることが認められているのです。お部屋に地球儀か，あるいは世界地図があるとすれば，それを見ながら，日本の刑罰法規が，国境を越えて，世界中の国々へと飛び出していく様子をイメージしてみて下さい。トルコのイスタンブールで行われた犯罪にも日本の刑法が適用されることがあるのですから，これが本当の「飛んでイスタンブール」ですね。

　そんなことはともかく，刑法2条から4条の2までの規定にざっと目を通して下さい。このうち，2条・3条の2・4条の規定は，日本の国や社会や国民個人の法益を保護するために刑法の適用を認めようとするものであり，**保護主義**を採用したものです。3条は，日本国民の国外犯に日本刑法の適用を認めようとするものですから，**属人主義**の原則によるものです。4条の2については，ここで説明することはできませんが，**世界主義**（犯人の国籍を問わず，また犯罪地のいかんを問わず，自国の刑法の適用があるとする考え方）を特殊な局面におい

18）　これとは異なり，国際法の一分野としての国際刑法（**刑事国際法**）は，国際法上の犯罪を扱うものです。そのような犯罪を処罰する機関として，国際刑事裁判所（International Criminal Court）があります。それは，国際条約である「国際刑事裁判所に関するローマ規程」において定められた国際法上の犯罪を行った個人を処罰する刑事裁判所であり，常設の機関としてオランダ・ハーグに置かれています。日本も，2007（平成19）年，ローマ規程に加入し，その加盟国となりました。

第4講　刑罰法規の解釈と適用

犯罪地決定の基準──遍在説

Column

　刑法は,「この法律は,日本国内において罪を犯したすべての者に適用する」と規定し（1条1項），属地主義を基本原則とする旨を明らかにしています。「日本国内において罪を犯した」といいうるかどうかを判断するためには，**犯罪地**の決定に関する基準がなければなりませんが，この点については**遍在説**が通説です（なお，これを「偏在説」と書き誤ってはいけません。意味がまったく違ってきてしまいます）。これによれば，犯罪行為およびその結果に至る過程のごく一部でも日本国内で行われれば，日本が（も）犯罪地となります。もし行為の一部が国内で行われれば，結果が国外で発生しても国内犯であり，逆に，結果が日本で発生すれば，行為が国外で行われても日本が（も）犯罪地となります。さらに，犯罪の中間影響地が日本であった場合（たとえば，被害者がA国で飲まされた毒物の作用により日本で苦しみはじめ，B国で死亡したという場合）でも，日本も犯罪地となります。

　遍在説の基礎にある考え方は，国際化の時代にあって，少しでもその犯罪に関係のある国々の刑法の適用を広く認めることにより，その犯罪についてできるだけ多くの国の刑法が適用されるようにするところにあるといえましょう。そうすれば，その犯人がどこかの国において現実に訴追・処罰を受ける可能性は高まるからです（ある犯罪について5つの国の刑法が適用される，といったことが起こるかもしれませんが，そのことはむしろ望ましいこととともいえるのです）。

て認めたものといえます。

　ここで注意すべきことは，**刑法の場所的適用範囲と刑事訴訟法の場所的適用範囲の問題とは，それぞれまったく別の問題**だということです。日本の刑事訴訟法の適用範囲は，日本の主権の及ぶ日本国領域内に限定されています。刑法は「飛ぶ」ことができても，刑事訴訟法は「飛べない」のです。そこで，たとえ日本の刑罰法規が国外犯に適用される場合，たとえば，2条の適用により，日本国外にいる外国人の行為に日本刑法の規定が適用されるときでも，その犯人が国外にいる限り，逮捕，勾留，起訴等の訴追・処罰のための手続を行うことはできないのです（そのことは，ある人が日本国内で犯罪を行い〔1条1項〕，国外に逃亡したという場合でもまったく同じです）。日本の刑事司法機関が，国外にいる人の訴追・処罰を行おうとするときは，**犯罪人引渡し**の問題となります[19]。

071

Ⅴ 終了のチャイムが鳴る前に

刑罰法規の適用は，刑法が刑事訴訟法と出会う場面でもあります。刑罰法規を適用しようとするとき，一方では刑罰法規の解釈が必要ですが，他方では，刑罰法規の予定するような事実が存在するかどうかを確認しなくてはなりません。そのような事実の確認のことを**事実認定**といいますが，刑事裁判におけるそれは，証拠により行われることになっています（「証拠裁判主義」の原則に関する刑訴 317 条をお読み下さい）。証拠による事実認定の具体的な方法と手続は，刑事訴訟法に規定されているところです。

刑法のような実体法と，刑事訴訟法のような訴訟法は，文字通り「車の両輪」であるはずなのですが（ピンク・レディーのミーちゃんとケイちゃんのような関係です。えっ，そういう喩えはもうたくさんですって？），かつての法学部における教育においては，実体法偏重の傾向があって，実体法のかなり詳しい勉強をした後に，はじめて訴訟法を学ぶというカリキュラム編成になっているのが一般的でした。刑事の実体法としての刑法を勉強するときは，ある事実が現実に存在することを前提とした上で，そのような事実は犯罪を構成するか（そして刑罰権を発生させうるか）という法的評価の面に関心が向けられることになります。刑法から出発して考えると，刑法に基づきすでに観念的には発生している刑罰権[20]を具体的・現実的なものとするための手続を刑事訴訟法が規定しており，「主法」たる刑法の内容の実現を助けるための「助法」として刑事訴訟法が存在するという位置づけをしてしまいがちなのです。

それは，もちろん間違いではありませんが，現実にマッチした見方ではありません。実際に行われる刑事手続においては，証拠により認定されていない事実は存在しない事実なのであり，そのような事実が本当にあったのかどうかが

19）　これについては，条約がある場合もあり（日米・日韓間），個別的な取決め・折衝に基づき，相手国の国内法に従いつつ行われる場合もあります。犯罪人引渡しに関しては，国際法上の慣行として，**政治犯および自国民の不引渡しの原則**があります。日本から外国に引き渡す場合については，「逃亡犯罪人引渡法」（昭和 28・7・21 法律第 68 号）がありますが，これも，政治犯および自国民不引渡しを基本原則としています。

20）　団藤重光先生の教科書には，犯罪により刑罰権が発生しても，それは裁判所の判決により確定されるまでは**観念的刑罰権**にとどまる（裁判所による刑の言渡しの判決の確定後にはじめて**現実的刑罰権**となる）と書かれています。団藤・総論 473 頁以下，514 頁以下，546 頁以下などを参照。

072　Introductory Lectures in Criminal Law : **General Part**

いまだ確認されていないことを前提としつつ，手続が進められるのです。刑事訴訟法から出発して考えると，刑法は，刑事訴訟法に基づき事実の解明を目的として展開される刑事手続という大きな舞台の上で使われる（重要ではあるが）1つの小道具にすぎないということになります。

　読者の皆さんも，遅かれ早かれ刑事訴訟法の勉強を開始することでしょうが，これから刑法を勉強していくにあたっても，刑事手続の中で持つ刑法の機能のことや，刑法と刑事訴訟法のさまざまな交錯のことにもぜひ関心を向けていただきたいと思います。

　今日も，少し時間を超過してお話ししました。次回の第5講からは，いよいよ「犯罪論」に入ります。それは，汗をかきかき学びたい，暑い夏にうってつけのテーマです。まずは，「犯罪論の基本的考え方」についてお話しすることにいたしましょう。

Introductory Lectures
in Criminal Law
General Part

第 **5** 講

犯罪論の基本的考え方

I はじめに

お手元にある六法を開いて，刑法典をご覧下さい。それは，大きく2つの編，すなわち，「第1編 総則」（72条まで）と「第2編 罪」とに分かれています。前半部分の「総則」は，刑法に関する通則（特に，刑法の適用範囲〔→66頁以下〕），刑の種類とその適用，犯罪の成否などに関する規定を含んでいます。**総則**とは，各則において個別的に問題とされることに共通する普遍的なものをまとめて一般的にその扱い方を示した部分のことをいいます（大きな法典には，総則が付いています。民法，会社法，刑事訴訟法などをご覧下さい）。たとえば，「故意」は，傷害罪であれ，文書偽造罪であれ，収賄罪であれ，多くの犯罪において共通して問題となります。そこで，刑法は，総則の38条で，故意につき一般的に規定しているのです。

第2編の「罪」は，刑法の**各則**編であり，殺人罪（199条），窃盗罪（235条），放火罪（108条以下）といった個別の犯罪の内容について規定し，その法律上の要件と，それに対する法律効果として科される刑を明らかにしています。個々の犯罪について定める刑罰法規は，刑法典以外にも数多く存在することについては，すでにお話ししました（→55頁）。刑法典の総則は，これら特別刑法の処罰規定にも適用されるのが原則です（8条）。

読者の皆さんがいま学んでいる**刑法学**とは，刑法，特に刑法典の諸規定の法

075

的意味内容を体系的に明らかにする（なお，「体系的」ということの意味については，81頁の Coffee break「**しつこいのにも理由がある**」で説明します）ことを目ざす法解釈学の一分野なのですが[1]，総則と各則の区別に対応して，刑法総論と刑法各論とに分かれます。

　刑法総論は，犯罪と刑罰の基礎理論（第2講「刑法は何のためにあるのか」〔→17頁以下〕で取り上げたような内容がそれにあたります），犯罪の構成要素ないし成立要件，すべての犯罪に共通して妥当する理論と原理，刑罰の種類と適用などを対象とするものです。たとえば，およそ故意とはどういう心理状態のことをいうのか，それは過失とはどのように区別されるのかは，刑法総論の中心問題の1つであるといえましょう。これに対し，**刑法各論**の内容は，個別の犯罪を規定した各刑罰法規の解釈論です。総論の知識を前提としつつ，それぞれの犯罪の特殊な成立要件を明らかにすることが中心となります。それにより，各犯罪の具体的な内容と成立要件，犯罪類型間の区別と相互関係などが明らかにされるのです。たとえば，窃盗罪とはいかなる犯罪であり，詐欺罪とどのように区別されるのかといった問題が取り上げられることになります。

　各論から総論を分離し（それはよく，「共通するものをカッコの前に括り出す」ことだといわれます），総論においていちだん抽象的なレベルで論理を展開することには，どのような意味があるのでしょうか。それは，法解釈学を「体系的」なものとし，論理的に正確なものとする長所を持つのです。総論は，各論における個別の問題解決相互の「調整役」を演じるのであり，これにより，それぞれの犯罪ごとの問題解決がその場の感情に影響されて場当たり的となり，相互に（論理的に，または価値判断として）矛盾してしまうことを防ぐことができるのです[2]。このことは，抽象的で，難しく聞こえるかもしれませんが，い

　1）　たとえば，曽根・原論7頁においては，「現行刑法の規範的意味を解釈によって体系的に認識することを任務とする」学問分野として刑法学が定義されています。

　2）　ただ，その反面において，総論の議論が過度に抽象的で現実離れしたものとなり，形式論理を追求するあまり，実質的妥当性のない結論を導く嫌いがないとはいえず，また，刑法学を学ぶ人にとっても，その理解がかなり困難なものとなっているのも事実です。統一的な理論によって全体を首尾一貫させるという総論的思考（体系的思考）と，具体的・実質的な結論の妥当性を重視する各論的思考とを調和させることを目ざさなければなりません。刑法学を学ぶ読者の皆さんとしても，総論を学びつつ各論を学ぶようにしたり，または，総論の概要をひと通り学んだ後で，各論を学び，しかる後に，総論にもどってその理解を深めるといった学び方の上での工夫をすべきでしょう。

第 5 講　犯罪論の基本的考え方

まピンとこなくても大丈夫，もう少し読み進めれば，そのうちスッと理解できるようになります。

　ところで，刑法総論の中心は，なんてったってアイドル，おっと間違えた，なんてったって**犯罪論**です。これからの 7 回の講義で犯罪論についてお話しすることにします。本日の講義では，犯罪論の基本的考え方について 1 回で説明することを試みてみます。「何回読んでも難解な講義だなんて抗議」しないで下さい（これがなぜおもしろいかというと，ナンカイとコウギで……。すみません，本論に入ります）。

Ⅱ　犯罪論は何のためにあるのか

1　犯罪論とは

　犯罪論は，各則のそれぞれの犯罪の個別的理解を前提としつつも，**およそ犯罪たるもの**（犯罪一般）を研究の対象とし，個々の犯罪を抽象化して構成された犯罪の一般概念がどういう構成要素から成るかを分析するものです。ただ，「犯罪の概念とその構成要素」というと，いかにも哲学的・観念的だと感じるかもしれません。むしろ，「犯罪の成立と犯罪の成立要件」という捉え方をする方が，分かりやすく，また，より実践的・機能的であるといえましょう。それによれば，犯罪論は，**犯罪は一般的にどういう要件があるときに成立する**のかを明らかにすることを課題とするものです[3]（→ Column「**犯罪の成立と刑罰権の発生はイコールではない**」79 頁）。

　通説によれば，犯罪が成立するためには，人の行為[4]が，構成要件該当性，違法性，有責性という 3 つの要素を順次（この順番にそって）具備することが必要です（いわゆる三分説）。したがって，犯罪を定義すると，**構成要件に該当し，違法かつ有責な行為**ということになります。おっと，見知らぬ言葉がいきなり次々と出てきたので，読むのをやめたくなってしまった人がいるかもしれ

　3）　このような意味で，犯罪論は，「犯罪概念の構成要素」または「犯罪の成立要件」を論じるものなのですが，そこにおいては，すべての犯罪に共通にあてはまる，普遍的・統一的な原理が明らかにされ，また，そういう抽象度の高い理論が構築され，展開されるのです。
　4）　**行為**とは，「人の意思による支配とコントロールの可能な身体的態度」のことです。このことについては，すでに第 3 講において説明しました（→ 38 頁以下）。

ませんね。すぐに（Ⅲの「犯罪論の概要」のところで〔→82頁以下〕）詳しく解説しますので，少しお待ち下さい[5]。

2 犯罪論の目的と機能

犯罪論は何のためにあるのでしょうか。刑法各論に先行して，すべての犯罪に共通してあてはまることを抽象的に論じ，およそ犯罪たるものの要件をまとめて体系的に整理しておくことには，どのような意味があるのでしょうか。この講義の最初の方で，刑法の存在理由をテーマとしたのですが（6頁以下，17頁以下），ここでは，「犯罪論の存在理由」を問うことにしたいと思います。

ある事件が起こり，それが犯罪になるかどうか，また，どの犯罪にあたるかが問題になったといたしましょう。刑罰法規の解釈として許される限度（→63頁以下）を踏み越えないように注意しながら慎重に判断するならば，適切な解決を見つけることができるはずだとも考えられます。いいかえれば，刑法各論さえあれば十分であって，犯罪論のような抽象的な理論の体系は不必要であるようにも思われます。

しかし，目の前の1つの事件だけが適切に解決できればそれでよい，というのではないのです。ある事件に解決を与えようとするとき，その解決が，別の事件の解決と矛盾するものであってはなりません。ひいては，すべての事例の解決が（論理的に，または価値判断として）相互に整合的であり首尾一貫したものでなければならないのです。そのことが実現されるためには，関連するすべての事例にあてはまるような，**普遍的な解決の原理ないし統一的な判断の基準**が必要です。それこそが犯罪論の追求するものにほかなりません。

犯罪論は，そのつどの刑法的判断が，感情に流されて場当たり的なものとなり，結論が相互に不整合で統一のとれないものにならないようにするため，すなわち，判断を首尾一貫した，矛盾のないものにするために必要なのです[6]。

5）法律学の中でも，刑法学を勉強するとき，難解な用語や概念が次々に現れるので，それだけでイヤになってしまうかもしれません。でも，刑法は，犯罪と刑罰に関する法であり，刑罰権の発動・実現の制約ないし歯止めを目ざすものです。人の生命さえ奪うことのできる刑罰権の行使がいい加減なものにならないようにするためには，厳密な用語や概念が必要です。用語や概念の厳密さ・複雑さは，刑法学の宿命であるともいえましょう。そこで，刑法学を勉強しようとするとき，外国語を学ぶときと同じような心がまえを要求されるとさえいえましょう。

犯罪の成立と刑罰権の発生はイコールではない

Column

　犯罪が成立すると，国の側に刑罰権が発生します（→72頁）。これが大原則です。ただ，例外的に，犯罪が成立したときでも，刑罰権を発生させるために，さらに一定の事情の存在が要求される場合があります。このような事情のことを**客観的処罰条件**といいます＊。他方，犯罪が成立しても，一定の事情があることにより，刑罰権の発生を妨げられることもあります。この事由のことを，**（人的または一身的）処罰阻却事由**といいます＊＊。これらについて，ここで詳しく説明することはできません。ずっと先になって，刑法各論を学ぶ過程で分かっていただければ，それで十分です。ここでは，**かりに犯罪が成立したとしても，それが必ずしも刑罰権の発生に直結しないことがある**ということだけを押さえて下さい。

　ちなみに，犯罪が成立し，かつ刑罰権が発生したとしても，刑事手続上，訴追・処罰に一定の制限があるものが存在します。つまり，一定の犯罪については，**告訴**＊＊＊があることが，事件を裁判所に起訴するために必要な条件とされているのです（135条・209条2項・229条・232条・264条などを参照）。これらの犯罪のことを**親告罪**といいます。親告罪とされる根拠は，被害者が望まないのに訴追・処罰する必要はないこと，または被害者が望まないのに裁判を行うのは不適当であることにあります。

　なお，2017（平成29）年の刑法一部改正により，刑法典の中の性犯罪処罰規定（176条以下）がかなり大幅に改正され，かつ，親告罪であったもの（被害者が望まないのに裁判を行うのは不適当であると考えられてきたからです）が非親告罪とされることとなりました。この**性犯罪の非親告罪化**については，各論70頁注13）をお読み下さい。

　＊　客観的処罰条件には，事前収賄罪（197条2項）における「公務員となった場合」の要件のほか，詐欺破産罪における破産手続開始決定の確定（破265条），詐欺更生罪における更生手続開始決定の確定（会更266条）などがあるとされています。
　＊＊　たとえば，刑法244条1項や257条1項に規定する親族関係にあることがこれにあたるとされています。
　＊＊＊　告訴とは，被害者等が犯人の訴追と処罰を求める意思表示のことです（刑訴230条以下・260条・261条を参照）。

6）　団藤先生の教科書のはしがきにある，次の言葉は有名です。「刑罰権といった国家権力の発動がでたらめなものにならないようにするためには，あらゆる恣意を封じなければならない。罪刑法定主義はその立法的なあらわれであるが，微動もしない正確な理論構成への要請も，これとうらはらをなすものだといってよい」（団藤・総論初版のはしがき）。

より厳密にこれを見ますと，犯罪論は**3つの機能**を果たすことが期待されている，といえましょう。まず第1に，犯罪論が，普遍的にあてはまる，合理的な問題解決のための判断基準を提供することができれば，個々の事例の解決は，それぞれに具体的に妥当であるばかりでなく，論理的・価値的観点から見て，相互に整合的で首尾一貫した公平なものとなります。それにより，そのときどきの刑法的判断が，処罰感情に流されてアドホックな（すなわち，そのつどの・その場限りの）不平等な解決となってしまわないことが保障されるのです。

　第2に，犯罪論は，高度の**体系性**を持ちますので（→ Coffee break「**しつこいのにも理由がある**」81頁），個々の認識や知見，価値判断を相互的連関の中に位置づけることにより，それぞれのつながり・結びつきを明らかにできるのです。その際，論理的に調和しない価値判断を排除し，採用可能な価値判断の「許容域」を狭めることが可能となります。たとえば，Aという価値判断とBという価値判断とは相互に整合的であるが，CおよびDという価値判断は，これらと矛盾するので同時には採用できず，他方，Eという価値判断はこれと矛盾せず，採用することが可能である，といったことが明らかになるはずだからです。これらのことを通じて，刑法的価値判断の全体が合理的な，相互に矛盾のないものになるのです。

　第3に，犯罪論は，それなしには発見できない新たな問題および問題へのアプローチを発見することにより，刑法学の議論を豊かなものとすることを期待されています。そして，同時に，価値判断の合理化を通じて，将来の刑法解釈および刑事立法が進むべき方向を示すことも，犯罪論の果たすべき重要な機能です。

　以上が**犯罪論の本質的な機能**と考えられます。ただ，これらの機能を営むことから，犯罪論は同時に，裁判官などの国家機関の刑法的思考を整理し，かつ秩序づけ，これを枠づける機能を果たすことが期待できます。すなわち，実務に携わる法律家たちの行うべき判断の手順と体系的枠組みをあらかじめ明らかにしてこれを示すことにより，現実の事件に含まれる多様な事実とそれぞれに対する評価を全体の中でそれぞれに位置づけることが可能となり，実務における刑法的判断に指針が与えられるのです[7]。また，当該の問題について候補に上る解決案のそれぞれにつき，すでに学説において論理的整合性，価値判断としての整合性および刑事政策的合理性の吟味を経ていることは，実務を助け，それだけ負担を軽減する意味を持つことでしょう。

しつこいのにも理由がある

Coffee break

　この刑法入門講義では，いわゆるクロス・リファレンス（cross-reference）を徹底し，しつこいほど他の部分の参照を求めています。でも，それには理由があります。それは，刑法学が優れて体系的な学問だからです。そのことは，法律学全般についてあてはまることですが，特に刑法学は体系的であり，その中でも犯罪論は，高度の体系性を有することがその顕著な特色となっています。そこで，「犯罪論の体系」という表現もよく用いられます。

　体系とは何でしょう。それは，異なった諸要素が相互に関連し合いつつ，1つにまとまっているとき，その全体のことを指す言葉です。犯罪論においても，犯罪という1個のものが，その諸要素ないし諸要件に分解され，これらが一定の論理的順序に従って配列されており，それぞれの要素の内部に多くの理論が含まれていて，個々の部分は，密接に関連し合いつつ，首尾一貫した論理に貫かれて全体を構成しているのです。これも，全体を論理的に首尾一貫したものとすることにより，刑法的判断が非合理的な考慮によって左右され，いい加減なものにならないようにしようとするためのものなのです＊。

　そこで，読者の皆さんがAという部分を勉強しているとき，それはBという部分，さらにCという部分と密接に関連している，ということになります。B，Cについて何も知らないで，Aだけは完璧に理解する，というわけにはいきません。面倒なことではありますが，1冊の教科書であっても，何度もくり返して読まなければならず，くり返して読むごとに，全体への理解が深まるのです。この講義でも，他の部分を参照するように指示しているときは，ぜひその箇所をのぞいてみてほしいと思います。それをくり返すことにより，刑法学の体系的・立体的理解が可能となるはずなのです。

　＊　とはいえ，体系的思考が重要であるといっても，体系性という点で優れた結論なら具体的な問題解決として不適切なものであってもかまわない，ということにはなりません。**体系的な整合性・首尾一貫性**と**問題解決の具体的妥当性**という，それぞれの要請を調和させることが理想なのです。

　7）　平野先生の教科書には，次のように書かれています。「犯罪がどのような要素から成り立っているかを明らかにし，具体的な事実がどの要素に属するかを検討することによって，具体的事件にまつわる多様な事情のなかから重要なものとそうでないものとを選り分けることができるようになる。さらに諸要素の関係を体系的に考えることによって，その事実の持つ意味は一段と明らかになるであろう。理論的な体系をあらかじめつくっておくことによって，裁判官は個々の事件の処理にあたって，感情や事件の特殊性にとらわれず，適正で斉一な裁判をすることができるようになる」（平野I 87頁）。本文に述べたことは，これと同じことにほかなりません。

Ⅲ 犯罪論の概要

1 可罰的違法・有責行為としての犯罪

前に述べたように，通説によれば，犯罪とは，「構成要件に該当し，違法かつ有責な行為」です。以下では，それが何を意味するかにつき，順序立てて説明していきたいと思います。

犯罪とは，本質的には，**違法な行為**のことです（詳しくは，Ⅳの「犯罪の本質」〔→84頁以下〕のところで説明します）。しかし，ただ違法であればそれでよいというのではありません。民法上の不法行為（民709条）にあたる行為は，違法行為ではありますが，犯罪となるのはその一部にすぎません（他方において，民法の不法行為にならない行為であっても，犯罪となる違法行為はいくらでも存在します）。犯罪となるためには，単なる違法行為というのでなく，（その質と量に鑑みて）**処罰に値する程度に違法な行為**であることが必要なのです。これを**可罰的違法行為**と呼びます。たとえば，結婚している人が配偶者でない誰かと性的関係を持つこと（いわゆる不倫）は，違法行為ではありますが（民770条1項1号），可罰的違法行為ではありません。これに対し，たとえば，何の正当な理由もなく故意で他人にケガをさせる行為は可罰的違法行為です（刑204条。なお，以下において，単に「違法行為」というときには，特に断らない限り，可罰的違法行為のことをいいます）。

違法行為とは，刑法が行われることを阻止したいと考えるところの行為にほかならず，それは，**法益保護の見地から刑法が処罰の対象とする行為**のことです（→26頁以下）。たとえば，正当な理由もなく故意で他人にケガをさせる行為は，身体という重要法益を侵害する行為であり，法益保護の見地からこれを禁止し処罰しないわけにはいかないと考えられますし，現に刑法はこれを処罰の対象としているわけです（「違法性」とは何かについては，Ⅳの「犯罪の本質」のところで説明します〔→84頁以下〕）。

しかし，違法な行為（すなわち，法益保護の見地から，行われてはならないと刑法が考える行為）が行われたとしても，行為者の意思決定に非難を加えることができず，その違法行為につき行為者に責任を問うことができなければ，これに応報刑を科すことは正当化されません（→23頁，52頁以下）。行為者が，精神障害（たとえば，統合失調症）のせいで，規範意識（すなわち，法のルールを守ろう

とする意識〔→193頁注1)〕）による抑制力8)を働かせて違法行為に向かう意思決定を抑えることのできない精神的・心理的状態の下でその行為を実行したのであれば，その行為は有責な行為ではなく，犯罪は成立しません（39条1項を参照）。

　もう少し詳しく申し上げますと，違法な行為が行われたというときには，**処罰の根拠は肯定**されるとしても（すなわち，刑法がやめさせたいと考えている行為が行われたことは確認できたとしても），ただちにそのことについて**それを行った行為者に刑罰という不利益な制裁を加えること**が正当化できるとは限らないのです。なぜなら，犯罪に対して科される刑罰は一般に応報を本質とするものとして理解されており，応報刑とは行為者（の意思決定）に対する**非難**（すなわち，「けしからん」という否定的評価）の意味を含んだ制裁だからなのです（→22頁以下）。

　こうして，犯罪が成立するためには，単に違法行為というばかりでなく，それに加えてそれが**有責行為**でなければなりません。**違法性および有責性という2つの刑法的評価**が下されたときにはじめて犯罪は成立する，ということになります（→ Column **「違法性と有責性の関係」** 85頁）。

2　可罰的違法行為の要件

　以上のことが理解できれば，犯罪の定義，すなわち，「構成要件に該当し，違法かつ有責な行為」の半分が理解できたことになります。残り半分の説明をしたいと思います。

　刑法上の違法行為といいうるためには，**2つの要件**が必要です。まず，刑法各則の個々の刑罰法規において犯罪として予定された行為の「型」に該当する行為でなければなりません。この行為の型のことを**構成要件**といいます。たとえば，「他人を殺す」ことが殺人罪（199条）の構成要件であり，「他人の財物を窃取する」ことが窃盗罪（235条）の構成要件です。**罪刑法定主義の原則**（→42頁以下）があることから，かりに民法上は違法な行為であっても（たとえば，民法709条の不法行為にあたる行為であっても），刑罰法規において犯罪として予定された行為以外の行為を処罰することはできません。構成要件該当性の判断の段階では，

---

　8)　厳密にいいますと，それは，自分がすることの法的な是非ないし当不当を判別して，意思決定やそれに至る動機づけを抑制する精神的・心理的能力のことです。

083

たとえば，傷害罪の場合であれば，他人の身体を傷つけるという，刑罰法規が予定する行為がそもそも存在するかどうかの確認が行われることになります。

　構成要件に該当する行為は，実質的にこれを見れば，法益を侵害し，あるいは危険にさらす行為であり，**原則的には**違法行為です。しかし，たとえ構成要件に該当する行為であっても，例外的にこれを特別に許容し正当化する根拠，すなわち**違法性阻却事由**（正当化事由）が存在する行為は，違法ではありません。たとえば，傷害罪の構成要件に該当する行為であっても，強盗犯人から身を守るための正当防衛行為（36条1項）として行われたとすれば，それは（構成要件には該当するものの）違法な行為ではないのです。違法性阻却事由には，正当防衛のほか，正当行為（35条）や緊急避難（37条）などがあります。

　こうして，違法行為といいうるためには，①構成要件該当行為があり，かつ，②これを法的に許容する特別の正当化根拠である違法性阻却事由にあたる事実が存在しないことが必要となります。このような積極的要件（構成要件に該当すること）と消極的要件（違法性阻却事由が存在しないこと）の2つがともに充足されてはじめて，その行為は，**正当化されない法益侵害行為ないし法益危険行為**として，違法行為という評価を受けることになるのです。

　構成要件に該当する行為は，原則的には違法行為です。人を故意で殺す行為はふつう違法行為でしょう。そこで，構成要件は，通常は違法とされる行為を示した**違法類型**であるといわれるのです。それを実質的に見れば，法益の侵害または法益の危険を内容としています。読書や散歩など，何ら法益侵害に関係のない行為は当然に適法であり，これを正当化する根拠の有無は問われませんが，ある法益を侵害したとき，行為が法秩序に合致するものとして正当化されるためには，違法性阻却事由を必要とします9)。構成要件該当行為は，そのままでは（すなわち，違法性阻却事由がない限り）違法とされる行為です。この意

　9）　図書館で読書をしていた人や，キャンパス内を散歩してきた人に向かって，「なぜあなたは読書をしたのか」とか「なぜあなたは散歩をしたのか」とかと問えば，余計なお世話だといわれることでしょう。これに対して，他人を故意をもって殺害した人に「なぜあなたは人を殺したのか」と問うことは正当な問いかけであって，その人はこれに答えることを義務づけられます。その行為が法秩序に合致するものとして正当化されるためには，それが法令行為（35条前段）である死刑の執行として行われたとか，強盗犯人から身を守るための正当防衛（36条1項）として行われたというような，違法性阻却事由にあたる事情がなければなりません。そうでなければ，その行為は違法とされるのです。

第5講　犯罪論の基本的考え方

違法性と有責性の関係

Column

　違法性を否定される行為も，違法だが有責性を否定される行為も，犯罪とならず処罰されないという点では同じです。しかし，違法でない行為（適法行為）と，違法だが責任がない行為との間には，大きな違いがあります。そうであるからこそ，違法性と有責性とを区別することに意味がある，とされるのです。

　たとえば，①強盗犯人に襲われ，自分の身を守るため，仕方なく強盗犯人に重傷を負わせたという場合には，正当防衛にあたり（36条1項），行為は適法となります。これに対し，②酒を飲んで酔っ払い，極度の酩酊状態で，無関係の通行人に重傷を与えたという場合には，行為は違法ではありますが，責任が否定されます＊。この①と②の行為を比較すると，いずれも，法益侵害行為であり，傷害罪の構成要件に該当しますが，①の行為は，違法行為ではなく，法が許容する，「やってよいこと」です。これに対し，②の行為は，違法ではあるが責任が否定される行為であり，法秩序に反する，「やってはならない」行為です。すなわち，それは**刑法が行われることを阻止したいと考える行為**にほかなりません。ただ，②は，行為者の精神状態のために刑罰的非難を加えることができず，現行法の予定する応報刑を科すことが正当化できない場合なのです。

　＊　ただし，実務上，**病的酩酊**と呼ばれる著しい酩酊状態でなければ，責任能力が否定されることはないとされていることに注意しなければなりません。

味において，構成要件に該当するとき，**違法性が推定される**のです（そこで，構成要件には**違法性推定機能**があるともいわれます）。

Ⅳ　犯罪の本質

1　エンジンとブレーキ

　犯罪とは，「構成要件に該当し，違法かつ有責な行為」と定義され，そこでは，第1段階の構成要件該当性の判断と，第2段階の違法性阻却事由の存否の判断とが区別されています。ただ，上で説明しましたように，いずれも違法性に関わる判断にほかなりませんから，**実質的な刑法的評価**は，**違法性判断と有責性判断の2つ**なのです。

　この2つの評価（**不法と責任の評価**ともいいます）の関係について見ると，違法評価が下されたことを前提にして，次に責任の有無が検討されることになり

085

ます。そこでは，違法性→有責性という判断順序が守られるとともに，違法性
が肯定されることが責任があることの論理的前提とされますから，「適法だが
有責な行為」などというものは存在しないことになります。

　違法性の判断においては，刑法がその実行を阻止したい（したがって，処罰
したい）と考える行為が現実に行われたかどうかが検討されます。違法性の理
論に求められるのは，**処罰の根拠を明らかにし，そこから処罰の対象とは何か
（何を何ゆえに処罰するか）を明らかにすること**にほかなりません。

　これに対し，責任とは，行われたその違法行為につき行為者の意思決定を非
難できることをいいます[10]。この意味において，責任判断は，違法行為と切り
離されて独立に存在するものではありません。これを「責任の不法関連性」また
は「違法性に従属する責任」の原則と呼ぶことができましょう。責任は，違法性
判断とは異なり，**処罰を根拠づけるものではなく，単に限定するもの**なのです。

　違法性の理論においては，処罰の根拠と処罰の対象（したがって，何を何ゆ
えに処罰するか）が明らかにされます。比喩を使えば，それは犯罪論のエンジ
ン部分です。責任は，処罰を単に限定するものにすぎませんから，それはブ
レーキにほかなりません。乗用車を購入しようと考える人は，何よりエンジン
の性能に注目するでしょう。ブレーキが効かなければ論外ですが，ブレーキの
利き具合を自動車購入の際の選択の基準にする人はいません。犯罪論について
も同じです。違法性の実質をどう考えるかは，犯罪論の理論構成にあたり，最
も決定的な意味を持つ問題であり，**犯罪の本質**の問題とも呼ばれます。

2　客観主義と主観主義

　犯罪の本質をめぐっては，客観主義の犯罪理論と主観主義の犯罪理論との間
で根本的な対立がありました。**学派の争い**と呼ばれる大きな論争（→25頁）
の中で，この点をめぐるそれぞれの見解の相違が浮き彫りとなったのです。旧
派の応報刑論の立場からは客観主義が支持され，新派の目的刑論の立場からは

---

　10)　より厳密にいいますと，責任とは，規範意識を働かせて，当該違法行為を行おうとする意思
決定とそれに至る動機づけを抑制・制御すべきだったのにそれをしなかったことについて行為者を非
難しうることです。詳しくは，第10講「責任とその阻却」で説明することにいたします（→193頁
以下）。

主観主義が主張されました（ただし，目的刑論をとりながら，犯罪論においては客観主義を支持する有力な論者もいました）。

応報刑論に立脚する**客観主義**によれば，犯罪の客観面が重要であり，どのような「悪い行為」が行われたか，特に，どのような実害が生じたかが本質的な問題とされます。その行為により実害を生じさせたからこそ，これに対し（そのことについて行為者を非難できる限度で）反動としての刑罰を科すことが必要となるのです。これに対し，**主観主義**は，行為者が将来再び犯罪をくり返す危険性を持っていることを重視する基本的立場から，犯罪を，犯人の性格の危険性の 徴 表 （犯人の性格の外部への表れ），逆からいえば，外から犯人の「悪い性格」を認識するための手段と考えるのです（**犯罪徴表説**)[11]。

客観主義と主観主義のそれぞれの考え方の違いがはっきりとするのは，**犯罪が完成にまで至らず，法益侵害の結果が発生しなかった未遂犯**の場合です。客観主義によれば，未遂の場合には，応報の必要性はないか，少なくとも減少するので，まったく処罰しないことにするか，または既遂の場合よりも刑を軽くすべきことになるでしょう。主観主義の立場からは，すでに行為者の性格の危険性が外部に表れている点で，未遂も既遂と変わりはありませんから，犯罪が完成したかどうか，結果が発生したかどうかで区別する理由はない，ということになります（犯罪とは，行為者の患っている病気が症状として外部に表面化したようなものであるとすれば，症状が外部に表れた以上，その者を治療する必要があることに変わりはありません。また，表に出た症状が軽いからといって病気も軽いとは限らないのです）。

刑法典が主観主義の影響を受けて成立したものであるとしても（→ Column **「旧刑法と現行刑法における未遂犯規定」**89 頁），現行刑法の解釈にあたり主観主義の立場を指針とすることは，刑法は社会の外部的秩序，したがって法益が保護されている事態の維持のためにあるとする基本思想（→ 26 頁以下）と整合的であるかどうか疑問です。また，主観主義は，処罰範囲を広げ，それを無限定なものとする嫌いがあります。現に，旧憲法下においては，主観主義の犯罪理

---

11) たとえば，殺人行為は，客観主義の立場からは，生命侵害を引き起こす「悪い行為」であり，したがって，応報としての刑が科されるべき根拠となるのに対し，主観主義によれば，平気で他人の生命を奪うことのできる「行為者の悪い性格」がそこに表れていることが重要だということになります。

論がかなり有力に主張され，それは処罰範囲を大幅に拡大する傾向を示したのでありました。

　そこで，現在の通説は，刑罰に関する応報刑論の立場を前提として，客観主義の犯罪理論を支持するに至っており，この点については，もはやほとんど異論を見ません。むしろ，現在における，犯罪論をめぐる大きな争点は，客観主義の陣営の中で，**犯罪の客観面といっても何を重視するか（結果か，それとも行為か）**です。結果無価値論と行為無価値論との間で厳しい見解の対立が見られるのです。

　結果無価値論か，それとも行為無価値論かは，犯罪論の最重要の根本問題に関わるものであり，その対立は，簡単に調停できるようなものではありません。どちらをとるかにより，犯罪論の全体も，また各部分も，大きく異なったものとならざるをえないのです。本講義は，入門講義ではありますが，表面的なところにとどまらず，中級レベルまで（部分的には，上級レベルまで）議論を深めたいと思っていますので，この論争について中立的な立場を通すことは不可能です。私は，いわゆる行為無価値論を刑法解釈学の基本に置くべきだと考えておりますので，その立場を前提にお話しすることをお許しいただきたいと思います[12]。読者の皆さんは，1つの考え方に「洗脳」されてしまうのではないかと不安に感じるかもしれませんが，そんなことはありませんので，ご安心下さい。それに，何しろ根本問題なのですから，皆さんが，将来どういう立場をとることになろうとも，自説と対立する考え方をある程度深く理解することがどうしても必要です。もし結果無価値論を支持することになっても，ここで学んだことは無駄になるはずはない（むしろ，その逆に，自説の基礎を固めるにあたり大いに役立つはずである）と確信しています[13]。

V　結果無価値（論）と行為無価値（論）

1　違法行為の構造

　刑罰法規の要件部分には，**人の行為**が記述されています。刑法は，行われる

---

　12)　そして実は，すでにいくつかの論点について，行為無価値論でなければそうは説明できない，という説明をしてきてしまっているのです。そういうところに，学説の「つまみぐい」を許さない，刑法学の体系性が表れています。

第5講　犯罪論の基本的考え方

旧刑法と現行刑法における未遂犯規定

Column

　　現行刑法の43条本文を見ると、「犯罪の実行に着手してこれを遂げなかった者は、その刑を減軽することができる」としており、刑を減軽するかしないかは裁判所の判断に委ねられるという意味で、未遂犯は**刑の任意的減軽事由**とされています＊。これに対し、現在の刑法典が施行されるまで効力を持っていた、いわゆる**旧刑法**（1880〔明治13〕年布告、1882〔明治15〕年施行）は、フランス刑法（学）の影響を強く受け、応報刑論および客観主義の立場を基本としていましたが、そこでは、未遂は、旧刑法の基本的立場に忠実に、**刑の必要的減軽事由**として規定されていたのです。現行刑法典（1907〔明治40〕年公布、1908〔明治41〕年施行）は、当時のヨーロッパで強く主張されていた新派の刑法理論（→25頁）の影響を受けて成立したものであり、必要的減軽事由から任意的減軽事由への変更は、客観主義的立場から主観主義的立場へ向けての軌道修正を意味するものでありました。

　　もっとも、現行刑法は、44条で「未遂を罰する場合は、各本条で定める」として、原則として未遂を処罰しない立場をとっているのですから、この点ではなお客観主義的です。

　＊　「刑の減軽」の意味については、第12講「犯罪論から刑罰論」において詳しく説明します（→249頁以下）。さしあたり、刑法68条をお読み下さい。

ことを阻止したい人の行為を選別した上で、これを個々の刑罰法規において記述しているのです。そこで、違法行為とは、何よりも人の行為です。犬が人をかみ殺しても、地震が尊い人命を奪っても、それは刑法が処罰の対象として予定する事態ではありません。住居侵入罪（130条）の構成要件は、ある人（犬や猫であってはなりません）が、他人の住居等に侵入する行為を予定しています。暴行罪（208条）の構成要件は、ある人が他人の身体に向けて行う暴行行為（有形力の行使）を予定しています。

　刑法は、これらの行為を、刑法の法益保護目的に照らして否定的に評価し、禁止された行為として規範の名宛人たる人々に向けて提示・告知しているので

　13）　ちなみに、次の平野先生の言葉は、この問題との関係でもよくあてはまると思います。すなわち、「唯一の『正しい』体系があるわけではなく、場合によっては違った体系で見ることによって、事物の持つ種々の側面が明らかになることもある」（平野Ⅰ88頁）というのです。

089

す（→ 56 頁以下）。**行為無価値**（行為反価値）とは，その行為が刑法が規定する行動準則（行為規範）に反することを理由として受ける否定的評価のことをいいます[14]が，このように考えてくると，**違法性の本質は行為無価値にある**ということになります。刑法は，行為以外のものを処罰の対象としておらず，行為無価値のない犯罪は存在しないのです（→ 38 頁以下）。

しかし，刑罰法規の中には，ある態様の行為が行われることに加えて，一定の結果の発生を要求しているものがかなりあります。たとえば，傷害罪（204条）の構成要件は，傷害結果の発生を要求しています。他人の身体に向けられた暴行行為が行われても，その結果として，被害者にケガを負わせなければ[15]，傷害罪は成立しないのです。同じように，殺人罪の構成要件についても，被害者が死亡するという結果が現に発生しなければ，その構成要件該当性が認められません（ただし，結果不発生の場合には，殺人未遂罪の構成要件に該当することになります）。

このように，傷害罪や殺人罪の構成要件は，住居侵入罪（130条）や暴行罪とは異なり，**行為と結果**とから成り立っているのです。このような**結果犯**[16]については，行為無価値だけが肯定されても，法の予定する違法は認められず，結果の惹起が否定的な評価を受けるという意味での**結果無価値**（結果反価値）もこれに付け加わらなければならないのです。

要約すれば，次のようにいうことができましょう。可罰的違法行為にとり本質的なことは，行為無価値が認められることです。行為無価値のない違法行為は存在しませんし（結果無価値のみで違法性が肯定されることはないのです），行為無価値があれば違法性を肯定できる場合があります。ただ，犯罪の中には，結果発生が要件とされているものがあり，これについては，行為無価値に結果

---

14)　刑法と道徳・倫理とは区別すべきですから（→ 31 頁），行為無価値を行為の反道徳性・反倫理性として理解すべきではない，と私は考えています。行為無価値は，**刑法の存在理由から導かれる法益関係的な評価**でなければなりません。

15)　なお，「人の身体を傷害する」とは，判例・通説によると，人の生理的機能（生活機能）に障害を与えること，広く健康状態を不良に変更することをいいます（生理的機能障害説）。ただし，最決昭和 32・4・23 刑集 11 巻 4 号 1393 頁は，被害者に疼痛を生じさせれば十分であり，たとえ何らの傷が残らなくても，傷害にあたるとします。

16)　傷害罪や殺人罪は，**結果犯**と呼ばれ，前述の住居侵入罪や暴行罪は，**挙動犯**または単純行為犯と呼ばれます。

第5講　犯罪論の基本的考え方

無価値が付け加わってはじめて可罰的違法性を肯定できるのです。このような考え方のことを，行為無価値と結果無価値の両方が重要だという意味で，**違法二元論**と呼ぶことができます。もっとも，一般には，この種の見解を指して，**単に行為無価値論**と呼ぶことが多いのです。

2　違法二元論（行為無価値論）の理論的基礎

刑罰法規は，たとえば，「他人の住居に許可なく立ち入ってはならない」という形で住居侵入行為を禁止する（規範の名宛人たる人々に向けた）行為規範を含んでいます。刑法は，行為規範を手段として人々の行為を統制することにより，法益の侵害または危険を抑止するために存在しているのです（→19頁以下，42頁以下，56頁以下）。**行為規範を手段とする一般予防**こそが本質的な刑法の目的であり，存在理由です[17]。

刑法規範（行為規範）を差し向けてコントロールすることができないものは，およそ処罰の対象から除かれます。自然現象や，人間以外の動物の動作・不動作や，たとえ人の身体的運動であってもその人の意思により支配・制御できないもの（たとえば，反射的動作）は，そもそも違法評価の対象から除外されます。違法評価は，基本的に，**人の行為**に対する評価であり[18]，本質的に行為無価値の評価だということになります。

ただ，刑法的違法性の内容は，行為無価値に尽きるものではないのです。違法性とは，先ほど説明したように，処罰の根拠が問われる場所であり，犯罪論のエンジン部分です。結果が発生したとき，それが発生しなかったときと比べて，より重い処罰に値すると人は考えるでしょう。窃盗の未遂よりも窃盗の既遂の方が重く処罰されるべきであり，また，殺人未遂よりも殺人既遂の方がより重く処罰されるべきだと人は考えるでしょう。そこには，引き起こされた実害に対する反動として刑罰が科されるべきであるとする**応報的処罰の要求**が，処罰の動力（エンジン）として働いているのです。一定の結果（特に，法益侵害

17）　このような見解のことを「規範論的一般予防論」と呼ぶことができましょう。

18）　**行為不法**という言葉が使われる（**結果不法**に対置される）こともあります。あくまでも人の行為に向けられた評価であるという観点を強調して，**人的不法（人的違法）**という言葉が使われ，**物的不法（物的違法）**に対置されることもあります。

091

の結果）が発生してはじめて，本格的な処罰の要求が生じるし，大きな実害が
生じたときにはそれに応じて重い刑を科すことが求められるということです。

このように，違法行為の評価において，その行為が生じさせた結果（法益侵
害または法益危険の結果），したがって**結果無価値が重要な意味を持つことの根
拠は，刑罰論において応報刑論がとられていること**に求められます[19]。

純然たる行為無価値の観点（行為無価値一元論）からは，たとえば，甲が殺
意をもって仇敵Aの腹部に狙いをつけ，ピストルの引き金を引く行為は，A
がその場で即死しようと，急所に命中したがたまたま（ブラックジャックのよ
うな）天才的な外科医が通りかかって奇跡的にAが救われようと，急所を外
れて運よくすぐに病院に搬送されて一命をとりとめようと，救急車に乗せられ
たところまではよかったが，交通渋滞のためになかなか病院に到着できず，手
遅れで死亡しようと，すべて同一の規範違反行為であり，それぞれの間に違法
性の程度において差があるとはいえない，ということになるでしょう。行為規
範を手段とする一般予防という刑罰目的から見ると，発生結果がどうあれ，甲
の行為は同程度に違法というほかないのです。

しかし，応報刑の思想をあわせ考慮するときには，評価は変わってきます。
生命侵害という法益侵害結果が現実に発生したかどうかは決定的な相違です。
結果が発生した場合については，違法性の程度はより重いと考えられるのです。
そして，このように考えることは，未遂の場合に刑の減軽の可能性を認めてい
る現行刑法の立場（43条本文）にも合致するといえましょう（→ Column「**違法
論と刑罰論**」93頁）。

3 「行為無価値」と「結果無価値」の意義

住居侵入罪の構成要件は，ある人が他人の住居等に侵入する行為を予定して
おり，住居侵入罪は，行為無価値を処罰根拠とする犯罪です。しかし，このよ
うな説明に対しては，犯人が他人の住居に侵入すれば，それにより居住者の住

---

19) 他方において，応報刑の思想は，処罰範囲の限定と，処罰の外形的明確さの保障に役立つと
いうメリットもあります。ちなみに，わが国では，違法性の内容を行為無価値のみにより一元的に決
めようとする行為無価値一元論はほとんど主張されていません。それは，刑罰論において応報刑思想
を基本に置く限りは，およそとりえない見解であるといえましょう。

第5講　犯罪論の基本的考え方

違法論と刑罰論

Column

　違法判断において結果無価値が重要とされることの根拠には，応報刑論があり，行為無価値が重要とされることの根拠には，一般予防論があります。したがって，違法論の二元性（行為無価値と結果無価値の両方が重要であること）は，**刑罰論の二元性の反映**ということができるのです。刑法は，犯罪予防（一般予防）を指導理念とするとともに，応報的処罰の要請（および処罰範囲の限定）にも配慮しなければなりません。この刑罰論内部における二元性をそのまま反映したものが行為無価値論なのです。

　絶対的応報刑論という一元的な刑罰論をとるなら，結果無価値論（結果無価値一元論）が支持されることになるでしょう。**罪刑法定主義と一般予防論を基調とする相対的応報刑論には，行為無価値論（違法二元論）が対応する**ということになるのです。

居権または住居の平穏が害されるのであり，そこでは結果無価値が肯定される，したがって，住居侵入罪の違法性も，結果無価値をその実質とするものだ，と反論することができそうです。

　たしかに，そのようにいうことも可能です。刑法が処罰の対象としているのは，法益侵害行為または法益危険行為であり，その意味では，たしかに違法性の本質は結果無価値なのです（なお，結果無価値にいう「結果」には，法益侵害のみならず法益危険の結果も含まれます）。ただ，これまで，結果無価値は，およそ法にとり好ましくない事態が因果的に惹起されたという事実，したがって，人の行為とは結びつけられない（その意味で「物的」な）一定の事態そのものに対する評価として理解されてきました。いかなる原因によるものであれ，たとえば無過失の人間行為に基づく場合はもちろん，「行為」とはいえない人の身体の動き，さらには自然現象や動物によるものでも，保護法益の侵害またはそれに対する客観的な危険が存在すれば，いいかえれば，一定の生活利益が侵害されたり，侵害されそうになっているという客観的事態が存在すれば，そこでは違法という評価が可能だといわれてきたのです。

　たしかに，人が住居に侵入したときには，行為規範違反を意味する行為無価値が肯定されると同時に，（居住者の住居権または住居の平穏が害されたという意味で）結果無価値も肯定されるでしょう。ただ，ゴリラが住居に侵入してきた

093

ときでも，等しくその意味における結果無価値は肯定されますが，その種の事態を住居侵入罪の構成要件は予定していないのですから，やはり処罰の対象は，行為無価値が認められる行為といわなければならないのです[20]。

Ⅵ 終了のチャイムが鳴る前に

　本講の冒頭で述べたように，犯罪論は刑法総論の中核部分であり，この『入門刑法学・総論』でも，12回の講義のうちの7回が犯罪論にあてられています。犯罪論を理解することが，刑法学をマスターするための大前提なのです。第5講では，その犯罪論の基礎理論に関わる論点を（学問的レベルを落とすことなく）凝縮した形で説明しました。抽象的な議論が多かったので，特に最後のあたりは難しかったかもしれません。もう少し先に進んでから，もう一度ここにもどってきて，読み直して下されば，より理解が深まることでしょう。

　私が留学時代に刑法を教わり，今でも懇意にしている，あるドイツの刑法学者は，その教科書の中で，刑法総論が難しいといっても，その難度は「ピタゴラスの定理の証明以下」であると書いています。私は，高校時代に理数系がまったくダメだったこともあり，大学進学にあたっては法学部を選択したのですが，たしかに，高校時代に頭を悩ました数学と比較すれば，刑法総論ぐらいまったく屁でもない（下品ですみません）という感じを持っています。ですから，読者の皆さん，ここであきらめずに頑張って下さい。

　次の第6講では，「構成要件をめぐって」と題してお話ししたいと思います。構成要件の意義と機能，構成要件要素，構成要件の内容と構造に着目した犯罪の分類等をテーマとして取り上げます。

---

　20)　結果無価値論とは，**因果的違法論**のことです。それは，違法の範囲を無限定なものとします。違法評価の対象が人である必要はなくなり，したがって，刑法の構成要件が人の行為を予定しているのは違法性の要請ではないことになってしまいます。それでも，結果無価値論をとる人は，「構成要件に該当するのは人の行為に限られる」と考えるでしょうが，その場合の行為については「人の意思による支配とコントロールの可能な」という要件を外し，純客観的に「人の身体の動静」として捉えることになるでしょう。そのような立場をとるものに，内藤157頁以下，西田・総論82頁，平野Ⅰ109頁以下，前田・総論76頁等があります。

Introductory Lectures
in Criminal Law
General Part

第**6**講

構成要件をめぐって

I はじめに

　今日の講義では，構成要件に焦点をあてて，いろいろな角度から検討することにいたしましょう。読者の皆さんが最初に「構成要件」という言葉を聞けば，それは犯罪構成要件のことであり，したがって，犯罪を構成する要件の全体である（そこで，構成要件が充足されれば，それで犯罪が成立する）というように理解してしまうかもしれません。しかし，すでに前回の第5講で説明したように，構成要件は，犯罪の成否を検討する際の第1段階で問題となるものであり，構成要件に該当する行為であることは，3つある犯罪成立要件のうちの最初の1つにしかすぎません（→77頁）。構成要件に該当する行為（たとえば，他人の身体を傷つけるという傷害行為〔204条〕）が行われたことが明らかになったからといって，ただちに犯罪が成立してしまうものではなく，それに加えて，その行為が違法評価を受け，さらに有責性を肯定されない限りは，犯罪は成立しないのです[1]。

　ただ，構成要件とは「犯罪構成要件」のことである，とする理解は誤りではありません[2]。といいますのは，「他人を殺す」とか「他人の財物を窃取する」

　1）　なお，犯罪が成立してもただちに刑罰権が発生するとは限りません。もう一度，Column「犯罪の成立と刑罰権の発生はイコールではない」（79頁）を読み，頭の中を整理しておいて下さい。

095

とかの構成要件該当行為は，それぞれの犯罪を構成する本質的部分であり，それは刑法が保護法益目的に照らして行われることを阻止したいと考える行動準則（行為規範）違反行為であって，まさに**処罰の対象**にほかならないからです。犯罪論の3つの段階は，スープ・メインディッシュ・デザートに対応するものではありません。むしろ，第1段階の構成要件論は，もういきなり最初からメインディッシュなのです[3]。

　しかも，構成要件は，**犯罪論の全体に関係する鍵概念**です。もし，読者の皆さんが，机に向かってひーひー悲鳴を上げながら刑法の勉強をしているとき，それを哀れに思った刑法の神様が立ち現れて，何か1つ願いをかなえてやる，といって下さったなら，構成要件が分かるようになりたい，と答えるべきです。それは犯罪論全体の深い理解をもたらすものだからです。構成要件は，犯罪論の多数の問題を解決するにあたり，その基準ないし重要な道具として用いられます。また，前提とされる構成要件概念が異なれば，それぞれの問題の位置づけや解決のためのアプローチまでこれに影響を受けて，まったく違ったものとなりうるのです。ですから，犯罪論の最初から最後まで勉強し，種々の問題が頭に入ってはじめて，構成要件について理解する手はずが整った，とさえいえるかもしれません。本講も，構成要件論の全貌を示すことのできるものではないのです。今からお話しすることの全部が理解できなかったとしても，心配するには及びませんし（ずっと後になって，またここに戻ってくればよいのです），また，今日の講義が分かったというだけで，構成要件の全体像が把握できたなどと決して思わないで下さい（→ Coffee break「**構成要件と『タートベシュタント』**」99頁）。

　2）　現に，構成要件理論に関する小野清一郎先生の研究を集大成した画期的な著書のタイトルは『犯罪構成要件の理論』（有斐閣，1953年）というものでした。なお，構成要件概念を中核とする犯罪論は，小野先生の研究を理論的基礎として，とりわけ団藤重光先生と大塚仁先生の教科書（最新版は，団藤・総論，大塚・総論）において展開され，戦後刑法学の主流を形成したのでした。

　3）　このことは，教科書におけるページ配分にも反映しています。大塚先生の教科書（前掲注2））を見ますと，違法性論に84頁，責任論に51頁があてられているのに対し，構成要件論には234頁が割かれているのです。

構成要件と「タートベシュタント」 Coffee break

「構成要件」の原語は，ドイツ語の Tatbestand（タートベシュタント）です。タートベシュタントは，刑法学に限らず，法律学の全分野で問題となる概念であり，それは法律効果を発生させる前提としての**法律要件**のことをいいます。刑法学の分野でも，もともとタートベシュタントは，**刑罰権を発生させる要件の全体**を指すものだったのです*。現在のような，犯罪の一要素としての構成要件の概念をはじめて犯罪論に導入したのは，ベーリング（Ernst Beling, 1866-1932）の画期的な研究『犯罪の理論』（1906年）でした。ベーリングは，当時は刑法各論で論じられていた，各則の刑罰法規から導かれる各犯罪の類型的特徴を「構成要件」と呼び，刑法総論の犯罪論において，構成要件該当性を犯罪成立の第1要件として論ずべきことを主張したのです。「構成要件に該当する違法で有責な行為」という犯罪の定義はベーリングに由来するものです**。

　＊　今のドイツ刑法学においては，刑罰権を発生させる要件全体を示す言葉として，「全構成要件」とか「広義の構成要件」という用語を用いることがあります。
　＊＊　ベーリングの人と業績については，井田良「ベーリング――構成要件論を生んだ独創的理論家」法教132号（1991年）50頁以下を参照して下さい。

II 構成要件の意義と機能

1 「観念像」としての構成要件

構成要件とは，刑法各則の個々の刑罰法規において犯罪として予定された行為の型のことをいいます。まず，ここで注意すべきことは，**刑罰法規イコール構成要件ではない**ということです。すなわち，刑罰法規の前半部分（個別の犯罪の要件を規定した部分）と構成要件とは同一ではないのです。したがって，たとえば，窃盗罪（235条）の構成要件は，「他人の財物を窃取」することである，という（ふつうに行われる）説明は，実は必ずしも正確ではありません。構成要件とは，刑罰法規を前提として，それに**解釈**という作業を行い（→59頁以下），その結果として，刑罰法規の持つ意味を確定することにより明らかにされる個々の犯罪行為の観念像ないしイメージのことなのです[4]。

このように，**刑罰法規と構成要件とを区別**することは決定的に重要です。それらが区別されるからこそ，刑罰法規に明記されていない要素であっても，**解釈の結果として構成要件の一要素とされるものの存在が認められることになり**

ます。これを記述されない構成要件要素（書かれざる構成要件要素）といいます[5]。逆に，刑罰法規の要件部分に規定された要素であっても，それは必ずしも構成要件要素とされるとは限らないことになります。そのような要素の代表例は，**客観的処罰条件**です（→ 79 頁）[6]。

　また，刑罰法規と構成要件とを区別すれば，1 つの刑罰法規が複数の構成要件を含むと考えることに違和感は生じません[7]。さらに，そのままの形では条文化されていない類型の行為に適用される構成要件を観念することも，文句なく可能になります。たとえば，未遂犯と共犯の構成要件のように，基本的構成要件に対置される「修正された構成要件」がそうです（これについては，後に IV-**4** のところで説明することにします〔→ 113 頁以下〕）。

　刑罰法規と構成要件とを区別するだけでなく，**構成要件と構成要件該当事実も区別**しなければなりません。構成要件は，犯罪行為に関する抽象的イメージ，たとえば，窃盗行為の類型のことをいいますが，構成要件該当事実とは，たとえば，2018 年 2 月 9 日午後 4 時に，痩せた男甲が京王線調布駅近くのマクドナルドでビッグマックを盗り，これを口にくわえて逃走したというような具体的事実のことをいいます。

2　構成要件の機能

　構成要件該当性が犯罪成立のための不可欠の要件とされるのは，何よりも，成文刑法に明記されていない行為の処罰を防ぐためであり，罪刑法定主義の違反が生じないようにするためです。構成要件には，個々の刑罰法規から解釈上

---

　4)　私が大学院生のとき，西原春夫先生の授業を聴講したのですが，先生は，刑罰法規がレストランのメニューに書かれている各料理の名称（たとえば，ピラフ）であるとすれば，構成要件はそこから観念される各料理のイメージ（たとえば，頭の中に思い浮かべられたピラフのイメージ）のことであるという，卓抜した比喩を用いてこのことを説明されました。なお，西原先生の構成要件概念に関する名論文の数々は，西原春夫『犯罪実行行為論』（成文堂，1998 年）に収録されています。

　5)　たとえば，公務執行妨害罪（95 条 1 項）の構成要件要素とされる「職務執行の適法性」がそうです。もし刑罰法規イコール構成要件であるなら，刑罰法規に明記されない構成要件要素の存在する余地は認められないでしょう。

　6)　ただし，客観的処罰条件の存否の検討は，実際的理由から，責任判断の後ではなく，**構成要件該当性判断に引き続いて行う**ことも考えられるでしょう。

　7)　たとえば，刑法 202 条の規定からは，自殺教唆罪，自殺幇助罪，嘱託殺人罪，承諾殺人罪という 4 つの異なった構成要件が導かれるのです。

導かれる犯罪行為の類型にあてはまらない行為の処罰を防いで，国民の自由を保障する機能が期待されているのです。これを構成要件の**保障的機能（罪刑法定主義的機能）**といいます。

それと同時に，構成要件は，犯罪論において種々の**理論的機能**を営みます。まず，構成要件は，犯罪論における違法性および有責性の判断の内容を規制する機能を持つということが重要です。違法評価も，そして責任評価も，構成要件に関連づけられ，これにより制約されるのです。違法性・有責性の判断においては，行為がおよそ違法かどうか，およそ有責かどうかが問われるのではありません。たとえば，傷害罪の違法性を具備するかどうか，文書偽造罪の責任が肯定されるかどうかが問題とされるのです[8]。

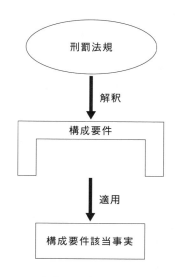

また，第5講で述べたことのくり返しになりますが（→83頁以下），構成要件に該当する行為が行われたとき，行為を特別に正当化する根拠（違法性阻却事由）がない限りその行為は違法とされることから，「構成要件該当性は，違法性を推定させる」といわれます。この意味における構成要件の機能が**違法性推定機能**です。なお，構成要件（の客観面）は，故意における事実認識の内容を決める機能（**故意規制機能**）を持ちますが，この点については，もう少し先に行ってから（→第8講「故意と錯誤」141頁以下）説明することにします。さらに，犯罪論の重要問題，たとえば，因果関係，不真正不作為犯，実行の着手時期，不能犯，正犯と共犯の区別，原因において自由な行為，罪数・犯罪競合などの一連の問題について，構成要件はその解決のための判断基準（または，

---

8) 小野先生は，構成要件概念の理論的基礎を，「特殊的に構成された法律的概念」により，違法性判断と有責性判断の内容が具体化され，相互に関連づけられる（その意味で，構成要件が犯罪論全体の要（かなめ）となる）ところに求められました。そればかりか，構成要件概念と罪刑法定主義の原則との関係は本質的ではないとされたのです。小野・前掲注2)11頁以下，28頁以下，215頁以下等を参照。

099

少なくとも解決のために役立つ重要な道具）を提供するのです[9]。

3 構成要件と違法性・有責性

　構成要件理論の歴史的発展（それは，ベーリングにはじまります〔→97頁〕）の過程においては，つねに**構成要件と違法性の関係**が問題とされました。ただ，ここで読者の皆さんが，この点をめぐる見解の対立に深入りするのは得策ではありません。まずは，現在の通説的見解がどのように考えているかだけをしっかり把握するよう努めて下さい。

　通説によれば，構成要件は，通常は違法とされる行為を類型化した**違法類型**です。構成要件該当行為の実質は，法益侵害行為または法益危険行為[10]であり，ある構成要件に該当する行為を行ったとき，行為が法秩序に合致するものとして正当化されるためには，これを特別に許容し正当化する根拠としての**違法性阻却事由**（正当化事由）を必要とします。構成要件該当行為は，そのままでは（＝違法性阻却事由がない限りは）違法とされる行為です。その意味では，構成要件と違法性阻却事由とは，違法性の検討にあたり，表裏一体の密接な関係にあります。それがあることにより違法性が肯定されるか（構成要件），それがないことにより違法性が肯定されるか（違法性阻却事由）というだけの違いしかなく，犯罪論の体系において，同一の段階に位置づけるべきではないかとも考えられるのです。しかし，違法性阻却事由は，構成要件該当行為という法益侵害行為・法益危険行為の存在があってはじめて（それを論理的な前提として）犯罪論に登場します。構成要件と違法性阻却事由とは，**犯罪論における機能を異にする**ものとして，体系上，別段階に位置づけられ，区別されなければなりません[11]。

　しかも，それぞれの判断の間には，**その内容に大きな相違**があります。すなわち，構成要件該当性の判断は，解釈上，刑罰法規から導かれる行為の型にあてはまるかどうかという類型的判断です。それは，当該の行為によっていかな

　9）　ただし，構成要件に該当するかどうかという形式的な基準のみでは問題解決のために十分ではありません。その際，**実質的判断基準による補充**が不可欠であり，また，その実質的基準の内容の具体的な解明がぜひとも必要となるのです。

　10）　この講義では，一定の法益に対して危険性を持つ行為を広く「法益危険行為」と呼ぶことにします。

100　Introductory Lectures in Criminal Law : General Part

る利益が実現・確保されたかといった，具体的事情の考慮をひとまず度外視した（視野を限定した）判断です。これに対し，構成要件該当行為につき，何らかの違法性阻却事由が存在するかどうかを検討する際には（たとえば，正当防衛が成立するかどうかを検討するときには），個別事情のすべてを考慮した利益衡量等を内容とする，法秩序全体の見地からする具体的・非類型的判断が行われるのです[12]（→ Column「**構成要件と違法性の関係についての異説**」103 頁）。

　次に，**構成要件と有責性との関係**について見ますと，学説上，構成要件は違法類型であるとともに，有責類型でもあるとする見解（**違法・有責類型説**）が多数です。これによれば，構成要件は，違法かつ有責な行為を類型化したものということになります（いいかえれば，**構成要件の要素には違法要素と責任要素の両方が含まれる**ということです）。立法者は，その行為がおよそ責任を問いえないようなタイプの行為であるとすれば，そもそも刑法各則において犯罪としてリストアップしなかったであろうと考えられます。そこで，刑罰法規において予定されている行為は，類型的に違法であり，かつ責任も問いうる行為であるはずだとするのです。現に，刑罰法規の中には，責任非難ができないことを理由に構成要件の範囲が限定されていると理解できるものが存在します[13]。そのことが，違法・有責類型説の有力な根拠となっています。

　11）　具体的には，「蚊を殺すこと」と「正当防衛として人を殺害すること」とはまったく異なるではないか，といわれます。すなわち，前者は法益侵害行為でなく，そもそも構成要件に該当しませんが，後者は構成要件に該当する法益侵害行為でありますが違法性が阻却されます。もし，第 1 段階の構成要件該当性の判断と，第 2 段階の違法性の判断とを区別しないものとすれば，両者は体系上区別されないことになってしまう，というのです。この点につき，ハンス・ヴェルツェル（福田平＝大塚仁訳）『目的的行為論序説〔再版〕』（有斐閣，1965 年）37 頁を参照して下さい。

　12）　いささか抽象的な説明で分かりにくいかもしれません。この点についての，最も分かりやすく正確な説明は，私の知る限り，やはり団藤・総論 98-103 頁にあります。

　13）　その例として，証拠隠滅等罪（104 条）があげられます。そこには，「他人の刑事事件に関する証拠」とあり，事件を起こした犯人自身が犯罪の主体から除かれているのです。犯人自らが証拠を隠滅したり偽造したりしても，同様に刑事手続における適正な証拠の利用は妨げられる（したがって，違法性は肯定できる）と考えられますが，しかし，犯人に対しては，証拠隠滅等を行ったことを非難できない（したがって，責任を肯定できない）ことを考慮して，それは犯罪の主体から除かれている（それだけ構成要件の範囲が限定されている）と理解することが可能なのです。

Ⅲ 構成要件の要素

1 行為（実行行為）と結果

構成要件は，個々の要素に分解することができますが，これらの要素のことを**構成要件要素**といいます。1つの構成要件を成す個々の構成要件要素にあたる事実の存在がすべて認められてはじめて構成要件該当性が肯定されるということになります。

最も重要な構成要件要素は**行為**です。なぜなら，行為が違法判断の対象の中核だからです（→89頁以下）。行為とは，「人の意思による支配とコントロールの可能な身体的態度」のことであり，その中には**作為**と**不作為**とが含まれます（→38頁以下）。作為が犯罪となる場合（作為犯）が原則ですが，不作為が犯罪となる場合（不作為犯）も存在します（後のⅣ-**3**のところでもう少し詳しく説明します〔→112頁以下〕）。構成要件に該当する行為のことを特に**実行行為**と呼びます。それぞれの構成要件は，特定の種類・態様の行為を予定しているのですが，それが実行行為です[14]。

実行行為といいうるためには，行為そのものが実害（たとえば，構成要件の予定する結果）を生じさせる**一定程度の危険性**を備えていることが必要です。まったく無害な薬物を用いて人を殺そうとする行為のように，およそ結果発生の危険性を持たない行為は**不能犯**といわれ，実行行為性を否定され，未遂犯としても処罰されません（不能犯については，次の第7講「未遂犯と既遂犯」で取り上げます〔→132頁以下，135頁〕）。また，社会生活上無視できるような程度の低い危険性しか持たない行為も，実行行為性を欠くことから，たとえそこから奇跡的に結果が発生したとしても構成要件に該当せず，犯罪になりません。たとえば，飛行機が墜落することを願って，ある人に飛行機に乗ることをすすめ，偶然にその飛行機が墜落したとしても，それはおよそ殺人の実行行為といえませんから，殺人既遂罪にも，また殺人未遂罪にもならないのです[15]。

---

14) このように，行為は，構成要件の一要素です。行為は，「構成要件に該当する行為」としてのみ犯罪成立要件となります。ただし，学説の中には，行為を構成要件該当性判断に先立つ独立の犯罪成立要件とし，行為→構成要件該当性→違法性→有責性という4つの犯罪成立要件から犯罪論を構成しようとするものもあります。

102 Introductory Lectures in Criminal Law : **General Part**

第 6 講　構成要件をめぐって

構成要件と違法性の関係についての異説

Column

　通説的理解に対しては，**違法判断と切り離された，価値中立的な構成要件**の理論も主張されています。それによれば，構成要件該当性の判断は違法評価を先取りするものではなく，構成要件は違法類型としての意味を持たないとされます。いきなり価値判断を行うのではなく，それ以前に，形式的な枠として明確な輪郭を持つ構成要件にあてはまるかどうかの確認を行うことにより，構成要件の保障的機能を徹底すべきだとするのです。同時に，犯罪論の第 2 段階における違法性の判断は，違法性阻却事由の不存在という，単なる消極的な判断にとどまらず，積極的な違法性の確認を内容とするものでなくてはならないといわれます。

　このような，価値中立的な構成要件の理論とは反対に，構成要件は違法類型であるとする理解を徹底し，**構成要件該当性の判断と違法性の判断との質的相違を否定**する見解も存在します。「構成要件該当性」も「違法性阻却事由の不存在」も，ともに違法性の要件であるという意味ではまったく同一の刑法的評価の次元に属するのであり，構成要件該当性は違法性の判断の構成部分にすぎないとします。その代表的な主張が，違法性阻却事由の存在も（消極的な）構成要件要素だとする学説です＊。それによれば，たとえば，「正当防衛にあたる事実が存在しないこと」が 1 つの構成要件要素とされ，正当防衛が成立するときは構成要件該当性そのものが否定されることになります。犯罪論は，構成要件該当性（不法）と有責性（責任）という 2 つの段階から構成されることになります（このような見解は，消極的構成要件要素の理論と呼ばれます）。

　　＊　刑罰法規イコール構成要件ではないことから，そのような理解も可能になるのです。

　犯罪によっては，たとえ実行行為が行われても，そこから一定の結果が発生しない限りは構成要件該当性が認められないものがあります。このような犯罪を**結果犯**と呼び，挙動犯と区別します（結果犯と挙動犯については，すでに前回の講義で触れたのですが〔→ 90 頁注 16）〕，またすぐ次に IV-1 のところで取り上げることにします〔→ 108 頁〕）。結果犯の構成要件においては，**結果**が構成要件要

　15）　さらに，実行行為といいうるためには，危険性と並ぶ第 2 の要素として**正犯性**が必要です。つまり，その行為と結果との間に，**他人の新たな意思決定という事情がないこと**が必要なのです。この点については，ここで詳しく説明することができません。さしあたり，井田・各論 25 頁以下をお読み下さい。

103

素となり，同時に行為と結果との間をつなぐ**因果関係**も構成要件要素です。したがって，結果が発生し，実行行為との間に因果関係が認められてはじめて構成要件該当性が肯定されるのです（因果関係についても，第7講「未遂犯と既遂犯」で説明します〔→119頁以下〕）。結果犯については，実行行為と，それが引き起こした結果とをあわせた事実（たとえば，殺人の実行行為および死亡の結果）に対し，違法評価が下されます。ここにおいては，違法性判断において，行為無価値に結果無価値が付け加わることになります（→89頁以下）。

2 主体，行為態様，客体，行為状況

構成要件の中には，**行為の主体（行為者）**に関し，一定の人的な限定があるもの，また，**行為そのものの性質**に関し，それが特定の手段・方法を用いた行為であることを要求するもの，それが特定の客体に向けられた行為であることを要求するもの，それが一定の状況の下に行為が行われることを要求するものなどが存在します。

行為の主体について見ますと，刑法典の犯罪についてはその主体として**自然人**のみが予定されています[16]。自然人である限りは誰でもが犯すことができるのが原則ですが，しかし，構成要件の中には，行為者が一定の身分，地位または属性を持つことを予定したものがあります。たとえば，犯人が公務員でなければならない収賄罪（197条以下）がその例です。このように，犯罪の主体に関し人的限定のある犯罪のことを**身分犯**と呼びます。身分犯には，行為者に身分がなければ何らの犯罪も構成しないもの（たとえば，収賄罪がそうです）と，身分の有無によってただ法定刑が加重または減軽されているにすぎないもの（たとえば，業務者であることによって刑が加重される業務上横領罪〔253条〕，保護

16）　刑法典に規定された各犯罪は，自然人を主体として予定したものであり，法人はそれを犯しえないと考えられているのです。しかし，**特別刑法**（→55頁）においては，数多くの法人処罰規定が存在しています。これら法人処罰規定のほとんどは，当該の違反行為をした自然人（法人の代表者またはその他の従業者）と，事業主としての法人の両方を処罰する**両罰規定**という形式をとっています。すなわち，法人の代表者またはその他の従業者が一定の違反行為をした場合に，直接行為者たるその自然人を罰するほか，事業主たる法人にも罰金刑を科すのです。たとえば，金融商品取引法（207条），著作権法（124条），特定商取引に関する法律（74条），廃棄物の処理及び清掃に関する法律（32条），人の健康に係る公害犯罪の処罰に関する法律（4条），法人税法（163条）などを参照して下さい。

責任者であることによって刑が加重される保護責任者遺棄罪〔218条〕など）とがあります。前者を**真正身分犯**（または構成的身分犯），後者を**不真正身分犯**（または加減的身分犯）と呼びます（判例・通説によれば，65条1項・2項は，この区別に対応した規定です）。

　行為そのものの性質に関しては，まず，それが**特定の手段・方法を用いた行為**であることを要求するものがあります。たとえば，窃盗罪（235条），強盗罪（236条1項），詐欺罪（246条1項），恐喝罪（249条1項），横領罪（252条以下）等について見ますと，いずれも客体として有体財産（財物）を予定した領得行為（所有権侵害行為）を処罰の対象としている点で共通していますが，しかし手段・方法がそれぞれに異なっているのです。

　行為の客体について見ますと，たとえば，暴行罪（208条）における暴行は，「人の身体」に向けられたものでなければなりません。同様に，殺人罪における「人」，窃盗罪における「他人の財物」，放火罪（108条以下）における「建造物」などは，実行行為が向けられる客体として構成要件上特定された対象です。このように，多くの犯罪は（明文上または暗黙のうちに）行為の客体として一定の対象を予定しているのですが，単純逃走罪（97条）のように客体のない犯罪も存在するのです[17]。

　構成要件の中には，**行為の状況**が定められているものがあります。行為が一定の状況下において実行されることが要件とされているのです。典型的なものとして，消火妨害罪（114条）の実行行為は「火災の際」に行われなければなりません。

3　主観的構成要件要素

　ここまで見てきた構成要件要素は，客観面・外形面に関わる構成要件要素（**客観的構成要件要素**）でした。構成要件要素の中には，そのほかに，行為の主観面ないし心理的側面に関わる**主観的構成要件要素**があります。たとえば，**故意**や**過失**がそうです（故意と過失については，第8講「故意と錯誤」で詳しく説明

---

　17)　**行為の客体**と区別されなければならないのは，**保護の客体**，すなわち**法益**です（→26頁以下）。文書偽造罪における行為の客体は「文書」ですが，保護の客体は文書の有する公共的信用性です。放火罪における行為の客体は「建造物」等ですが，保護の客体は公共の安全です。

します〔→ 141 頁以下〕)。

　たとえば，殺人罪（199条），傷害致死罪（205条），過失致死罪（210条・211条）という3種類の犯罪は，客観的・外形的側面のみを見るとき，他人を死亡させるということにおいて（より厳密にいえば，「他人を死亡させる原因となる行為」「死亡結果」「両者の間の因果関係」という3点において）まったく同一なのですが，主観的・心理的側面を考慮することにより，それぞれの構成要件は相互に区別されるのです。すなわち，殺人の事実を実現しようとする故意があれば，殺人罪の構成要件該当性が，傷害（または暴行）の故意しかなければ，傷害致死罪の構成要件該当性が，およそ犯罪的意思がないときは，結果発生につき過失（不注意ないし落ち度）のある限りで，過失致死罪の構成要件該当性のみが肯定されるのです。故意と過失を主観的構成要件要素として位置づけるときにはじめて，これらの犯罪は相互にすでに構成要件段階において区別されることになります（→ Column「構成要件要素としての故意・過失」107頁）。

　構成要件によっては，**故意・過失とは区別された，特別の主観的構成要件要素**が要求されているものがあります。たとえば，文書偽造罪（154条以下）においては，偽造行為が**行使の目的**（すなわち，誰か他人が文書の内容を認識できる状態に置く目的）をもって行われたときにのみ構成要件該当性が肯定されるのです（そこで，この種の犯罪を**目的犯**と呼びます。最後のⅤのところでもう一度取り上げます〔→ 115頁〕)。この場合の行使の目的は，主観的構成要件要素です。

〈ケース1・行使の目的を欠く私文書偽造行為〉
　学生の甲は，単に自己満足のため自分1人でながめる目的で，私立I大学長名義の，オールAの成績証明書を作成した。

　〈ケース1〉のI大学は私立大学ということですので，甲の行為は，事実証明に関する私文書を偽造する行為であり（159条1項），その故意も認められます。しかし，このケースでは，構成要件上要求されている「行使の目的」が欠けることから，私文書偽造罪の構成要件に該当しません[18]。

106　Introductory Lectures in Criminal Law : **General Part**

第 6 講　構成要件をめぐって

構成要件要素としての故意・過失

Column

　もしかりに，故意や過失は構成要件要素ではないとする考え方をとり，客観的要素のみで構成要件の範囲を決めようとすると，殺人罪，傷害致死罪，過失致死罪という，異なった犯罪類型について **1 つの共通した構成要件** を考えることになります（しかも，そこには無過失行為も含まれることになるのです）。先に述べましたように，刑罰法規イコール構成要件ではありませんから，そのような体系構成も十分に可能です。しかし，それは，構成要件を実定法の規定から遊離した，不自然で技巧的な概念とするものではないでしょうか。むしろ，個々の刑罰法規に示された犯罪類型ごとに，**それぞれの犯罪類型を他の犯罪類型と区別して特徴づける要素を含んだ構成要件**＊を観念することこそが，罪刑法定主義の趣旨にかなうものといえるのです。現在の通説が，故意・過失を構成要件要素とするのは，以上のような考え方に基づくものでしょう。

　＊　この意味における構成要件の機能を **犯罪個別化機能** と呼ぶことがあります。

4　規範的構成要件要素

　構成要件要素は，大きく記述的構成要件要素と規範的構成要件要素とに区別されます。**記述的構成要件要素** とは，「人」（たとえば，199 条・204 条）や「自動車」（たとえば，自動車運転致死傷 2 条）のように，裁判官などの刑法を解釈する者の評価ないし価値判断なしにその存否を決することのできる要素のことをいいます。**規範的構成要件要素** とは，「わいせつ」（たとえば，175 条）とか「公共の危険」（たとえば，109 条 2 項・110 条 1 項）とか「文書」とかのように，事実に適用するにあたり評価ないし価値判断が必要となる要素のことをいいます。もちろん，記述的構成要件要素についても，つねに一定の価値判断を伴う **解釈**（→ 59 頁以下）が必要であることはいうまでもありません。その意味では，すべての記述的構成要件要素は，多かれ少なかれ規範的構成要件要素です。ただ，規範的構成要件要素といわれるものは，確定した解釈を前提としても，そ

---

18)　このことを，実質的な観点から説明しますと，行使の目的がないとき，その文書が行使されて保護法益との関係での実害を生じさせる危険性がないことから，甲の行為は構成要件の予定する可罰的違法行為にあたらない，ということになるのです。

107

れでもある事実がそれにあたるかどうかについて解釈者の判断が必要とされる
要素である点に特色があります[19]。

Ⅳ 犯罪の分類

1 結果犯と挙動犯，侵害犯と危険犯

　犯罪は，いろいろな観点からこれを分類することができますが，ここでは，
構成要件の内容や構造に着目した犯罪の分類について説明することにしたいと
思います。まず重要なのは，結果犯と挙動犯という分類，そして，侵害犯と危
険犯という分類です。この2つの分類は類似した側面があり，混同しやすいの
で注意して下さい。

　正確に理解するためには，犯罪の結果に関し，形式的意義の結果と実質的意
義の結果とを区別するところから出発するのがよいでしょう[20]。**形式的意義
の結果**とは，構成要件が行為から発生することを要求している一定の事態のこ
とであり，たとえば，殺人罪における「人の死亡」という事実です。**実質的意
義の結果**とは，処罰規定が保護している法益が侵害され，または危険にさらさ
れたという，刑法の目から見て望ましくない事態のことをいいます。そこには，
侵害結果と危険結果とが存在することになります。

　犯罪は，形式的意義における結果の発生が構成要件要素となっているかどう
かによって**結果犯と挙動犯**（単純行為犯）とに分類されます。殺人罪，傷害罪，
器物損壊罪などが結果犯の例であり，住居侵入罪，偽証罪（169条），暴行罪な
どが挙動犯の例です。結果犯と挙動犯の区別は，構成要件の構造を形式的観点
から見たとき，行為に加えて一定の事態の発生まで要求されているかどうかに
より行われます。それは，犯罪の持つ法益への影響という実質面を考慮するこ
となく行う，形式的な区別であるといえましょう。これに対し，実質的意義に
おける結果に注目したとき，法益の現実的侵害の発生が犯罪の要件となってい
るか，それともその侵害の危険があれば犯罪の成立が認められるかにより，犯

---

　19)　なお，規範的構成要件要素については，特に，行為者が何をどこまで認識していれば，その
要素について**故意**があるといいうるのかが問題となります。
　20)　この区別について詳しくは，野村98頁以下をご参照下さい。

108　Introductory Lectures in Criminal Law : **General Part**

罪は**侵害犯**と**危険犯**とに分類されます。侵害犯と危険犯は，犯罪の法益への影響という実質面を考慮した区別なのです。

　結果犯の多くは，同時に侵害犯なのですが，危険犯であるものの結果犯である犯罪や，侵害犯であるものの挙動犯である犯罪も考えられるのです。たとえば，往来危険罪（125条）は，文字通り危険犯ですが，「往来の危険」の発生が構成要件要素となっていますので，結果犯です。また，住居侵入罪（130条前段）は，居住者の住居権または住居の平穏を保護法益とする侵害犯ですが，住居侵入行為のみで構成要件が充足される挙動犯です。

　危険犯は，さらに抽象的危険犯と具体的危険犯とに分類されます[21]。**抽象的危険犯**は，一定の行為を行うことそれ自体が一般的・類型的に法益に対する危険を伴うとしてただちに禁止・処罰に値するとされ，その行為が具体的事情の下でいかなる意味で（またどの程度に）危険であったかをいちいち考えるまでもないとされるものです。ここに「抽象的」ということの意味は，**一般的ないし類型的**ということです。抽象的危険犯とは，具体的な行為事情を捨象して一般的・類型的に行為の性質を見たとき，それが法益に対する危険を伴うと考えられることが処罰の理由とされている犯罪のことです。

〈ケース２・誰もいない現住建造物への放火〉
　甲は，Ａが夏の間だけ使用しているＡ所有の別荘（木造家屋）に火をつけ，これを全焼させた。この別荘は，人里離れた場所にあり，草木などを含めて付近に燃焼可能な物はまったく存在しなかった。なお，その別荘は，放火当時，Ａにより現に使用されていたが，甲は，人身に害が及ぶことを嫌って，Ａの留守中を狙い，Ａが家屋内にいないことを十分に確かめてから火を放ったのであった。

　〈ケース２〉では，現住建造物放火罪（108条）の成否が問題となります。本罪は抽象的危険犯の代表であり，その重罰の根拠は，行為が（周囲の建造物等に延焼するなどして不特定または多数の人々の生命・身体・財産を侵害する抽象的危険を持つと同時に，それに加えて）建造物の内部にいる人の生命に対する危険を伴う一般的・類型的性質を持つところに求められます。そこで，放火の時点

　21）　危険犯については，各論の第７講（129頁以下）において詳しい説明を行っています。重要なテーマですので，そこにおいてじっくりと勉強していただきたいと思います。

において建造物内に居住者が現在することは必要でなく，その可能性があることも要求されません。〈ケース2〉においても，生命侵害の具体的危険は存在しませんが，他人が現に住居として使用する建造物を焼損したのですから（108条を参照），一般的・類型的に危険な行為を行ったことになり，通説によれば，抽象的危険犯としての現住建造物放火罪が成立するのです。

これに対し，**具体的危険犯**においては，法文上（または解釈上）[22]，行為から現実に法益侵害の危険が発生することが犯罪成立の要件とされます。たとえば，前に触れた往来危険罪（125条）がそうです。また，学説により，自己所有の非現住建造物等放火罪（109条2項）も具体的危険犯として理解されています。そこで，具体的事情の下で，放火行為から「公共の危険」，すなわち，不特定または多数の人の生命・身体・財産の侵害の可能性[23]が生じたことが確認されなければ，構成要件該当性が認められないことになります[24]。

2 即成犯，状態犯，継続犯

犯罪は，**構成要件の内容となっている法益侵害の態様**により，即成犯，状態犯，継続犯の3つに分類されます。**即成犯**（即時犯）とは，法益侵害またはその危険が発生することにより構成要件該当事実が完成し，同時に終了するものです。たとえば，殺人罪がそうです。**状態犯**は，法益侵害・危険が発生することにより構成要件該当事実は完成するが，その後も法益侵害・危険の状態が継続するものをいいます。たとえば，傷害罪や窃盗罪がその代表例です。傷害罪は，行為者が被害者の顔面を殴りつけてケガをさせたとすればただちに成立するのですが，ケガが治るまでの間（たとえば，2週間の間），法益侵害の状態はずっと継続します。窃盗罪についても，行為者がコンビニの商品を万引きしたとすれば，その時点で犯罪は完成しますが，盗品がコンビニに返還されない限

---

22) ある犯罪が抽象的危険犯であるか，それとも具体的危険犯であるかは，法文上明確なこともありますが，最終的には解釈によって決められなければなりません。

23) 108条や109条1項の客体たる建造物に延焼する可能性が認められる場合が代表的ですが，その場合に限られないとされています。

24) これに対し，判例は，109条2項や110条の「公共の危険」を構成要件要素ではなく，犯罪の成否とは無関係な処罰阻却事由ないし処罰条件と解しています（これらの概念については，79頁のColumn「犯罪の成立と刑罰権の発生はイコールではない」の説明を参照して下さい）。

第6講 構成要件をめぐって

いわゆる不可罰的事後行為
Column

　窃盗罪のような状態犯においては，既遂後の違法状態の中で行われることがすでに予定されている行為は**不可罰的事後行為**として別罪を構成せず，窃盗罪の刑を決めるときにその枠内で考慮されるにとどまります。たとえば，窃盗犯人が，盗んできた高級腕時計が気に入らなくなりしばらくしてから壊したというとき，窃盗罪とは別に器物損壊罪（261条）で処罰されることはありませんし，また，その時計を売却したというとき，窃盗罪とは別に占有離脱物横領罪（254条）で処罰されるものではありません。

　ただし，不可罰的事後行為となりますのは，先行する窃盗行為（すなわち，他人の物を自分の物にしてしまおうとする行為）の評価にあたり，あわせて考慮されると考えられ（→244頁），したがって，別罪による処罰を認めると「二重評価」となってしまう場合のことです。そこで，**新たな法益侵害を伴う行為**は，もはや不可罰的事後行為とはなりません。たとえば，窃盗犯人が後に盗品を売却する際に，その買主に盗品であることを知らせなかったときは，買主に対する新たな財産侵害が認められ，窃盗罪とは別に，買主を被害者とする詐欺罪（246条1項）が成立します。

　実は，不可罰的事後行為は，犯罪にならず処罰されない（不問に付される）というのではありません。先行する窃盗罪による刑を決めるにあたり，その事情が刑を重くする方向で考慮されるのですから，窃盗罪の規定により**あわせて処罰される**，といえるのです。したがって，不可罰的事後行為という名称は不正確であり，正確には**共罰的事後行為**と呼ばれるべきだとするのが現在における一般的な見解です。

り，法益侵害の状態は継続するのです。即成犯と状態犯とでは，当該構成要件の予定している法益侵害・危険の発生後には，もはや構成要件該当行為が認められないという点で共通していますが，状態犯では，**構成要件該当事実の終了後も法益侵害・危険の状態が継続**するのです（ただし，それはもはや構成要件に該当する犯罪事実ではありません）（→ Column「**いわゆる不可罰的事後行為**」111頁）。

　継続犯は，法益侵害・危険の事態の継続そのものが構成要件の内容となっているものです。継続犯の典型例は監禁罪（220条）ですが，監禁罪においては，監禁の状態が継続している限り，構成要件該当行為（すなわち，実行行為）が継続しています。そこで，行為者に当初の時点で故意がなくても途中から故意が生じれば，その時点以降は監禁罪が成立することになります。たとえば，人

111

のいる部屋に誤って外から鍵をかけてしまい，1時間後にこれに気づいたが，そのまま放置したとすれば，気づいた時点以降，監禁罪が成立するのです[25]。

継続犯と状態犯の区別は，容易ではありません。一応の解答を示すことにすれば，状態犯においては，傷害罪の場合に明らかなように，法益侵害の事態を生じさせること（傷害のない状態から，傷害のある状態への変更を生じさせること）が構成要件の内容とされており，その結果として生じた法益侵害状態（傷害を負っている状態）の継続は構成要件の内容とはならないという点で継続犯とは区別される，とすることができましょう。

3 作為犯と不作為犯

作為が犯罪を構成するときそれは作為犯と呼ばれ，不作為が犯罪となるときそれは不作為犯と呼ばれます。いいかえれば，前者は構成要件該当行為として作為が予定されている場合であり，後者は構成要件該当行為として不作為（一定の身体的不動作）が予定されている場合です。犯罪の本質は，これを行為規範の違反として把握することができるのですが（→89頁以下），作為犯は規範違反といっても，一定の作為に出ることを禁止する**禁止規範**の違反であり，不作為犯は一定の作為に出ることを命令する**命令規範**の違反なのです。

作為犯が犯罪の通常の形態であり，不作為が犯罪を構成する場合は例外です。まず，刑法各則の刑罰法規の中で，法文そのものが処罰の対象として不作為を記述しているものがあります。たとえば，不退去罪（130条）は，「退去しな」いという不作為を処罰する不作為犯であり，保護責任者遺棄罪（218条後段）は，「生存に必要な保護をしな」いという不作為を処罰する不作為犯（不保護罪）を含んでいます。このように，もともと刑罰法規が処罰の対象として不作為を記述している場合のことを**真正不作為犯**といいます。

進んで，判例と学説は，法の規定の表現の上では作為による実行を予定しているかに見える犯罪が，例外的に，不作為によって実行される場合もあることを認めています。これを**不真正不作為犯**といいます。たとえば，殺人罪の構成

---

25) このことは，気づいた段階で，被害者を解放するための行為を行う義務（作為義務）が生じ，これを行わないことにより監禁罪の罪責を負わされることを意味します。ある犯罪を継続犯と解することは，この種の積極的な法的義務づけを肯定することにほかなりません。

要件は，ナイフで人の胸を突き刺すとか，毒薬を投与するとかの作為によって
ふつう実現されますが，親が赤ちゃんにミルクを与えないで放っておくといっ
た不作為も，構成要件に該当すると考えることができるでしょう。放火罪の構
成要件は，ガソリンをまいてライターで火をつけるというような作為をふつう
予定していますが，煙草を吸おうとして誤って火を出しながら，簡単に消し止
められるのに，建造物が燃えてしまったほうがよいと思って，わざとそのまま
放置したというような不作為が，放火罪の構成要件に該当する場合もあること
を認めてよいでしょう。

　これらのケースを考えるとき，通常は作為で実現される構成要件が不作為に
よって実現されることを認めたとしても，ただちに罪刑法定主義に違反するも
のとはいえません。問題は，**誰の不作為がどのような要件があるとき構成要件
に該当するかです**[26]。その判断が著しく不明確なものであれば，やはり罪刑
法定主義の観点からする疑義をまぬがれることはできないのです。この問いに
対し，学説は，行為者が，結果が発生しないように法的に保証する義務（刑法
上の作為義務）を負う立場（保証者的地位）にあることを，不真正不作為犯特有
の構成要件要素として要求し（いわゆる**保証者説**），作為が容易であるかどうか，
作為による実行と構成要件的に同価値であると評価しうるかどうかをあわせて
検討し，これらを肯定できるときに，構成要件該当性が認められるとします。

4　既遂犯と未遂犯，正犯と共犯

　各則の刑罰法規から導かれる構成要件は，これを完全に実現してはじめて構
成要件該当性を肯定することができます。その意味において，構成要件は**既遂
犯**の場合を予定しています。他人を殺そうとしたが，死亡させることができな
かったという場合のように，犯罪を実現しようとしてそれを果たせなかった場
合のことを**未遂犯**といいますが（43条本文），未遂犯は，基本的構成要件を前
提として，これを修正した構成要件に該当する行為として把握することができ

---

　26)　たとえば，見知らぬ幼児が川に落ちて溺れそうになっているところに遭遇したにもかかわら
ず放置したとしても，人けのない路上で行き倒れの人が助けを求めているのに無視したとしても，道
徳的・倫理的にはとがめられるかもしれませんが，これらが殺人罪にあたるとすることはできないで
しょう。

るのです。たとえば，殺人未遂罪の構成要件は，199条と43条本文の規定するところを組み合わせる形で，「殺人の実行に着手する行為を行ったが，殺害結果は発生しなかった場合」としてこれを理解することができるのです（なお，刑罰法規そのものと構成要件とは区別しなければならないことについてはすでに述べました〔→97頁以下〕）。未遂犯の構成要件は，**修正された構成要件**と呼ばれます（修正の前提となる既遂犯の構成要件を**基本的構成要件**といいます）。もともと刑法各則の各犯罪類型が処罰の対象として予定しているのは，既遂犯だけなのですが，総則規定（43条・44条）により可罰性の範囲が拡張され，未遂犯も処罰の対象となるのです。その意味で，未遂犯は**刑罰拡張事由**とも呼ばれます（未遂犯については，第7講「未遂犯と既遂犯」で取り上げます〔128頁以下〕）。

　また，各則の構成要件は，原則として1人がこれを実行することを予定しています27)。1人が単独で犯罪を実行する場合のことを（共犯と対置する趣旨で）**単独正犯**，あるいは単に**正犯**といいます。これに対し，2人以上の者が犯罪の実現に関与する場合が**共犯**です。共犯には，共同正犯，教唆犯，幇助犯（従犯）があります（60条以下を参照して下さい）。刑法各則の犯罪類型は，原則として単独犯の場合を予定しており，基本的構成要件に該当するのは単独正犯の行為のみなのです。60条以下の総則規定により，それぞれの基本的構成要件に修正を加えたものが，共犯の構成要件です。その意味において，共犯の構成要件もまた，修正された構成要件であり，もともとの処罰範囲が総則規定により拡張されているという意味で，共犯も刑罰拡張事由なのです（正犯と共犯については，第11講で詳しく説明します〔→213頁以下〕）。

V　終了のチャイムが鳴る前に

　今日も，終わりの時間が近づきました。まだまだお話ししたいことが多いのですが，仕方がありません。論じることのできなかった点については，読者の

---

　27)　例外的に，構成要件が最初から複数の者の関与を予定している場合があり，これを**必要的共犯**といいます。たとえば，内乱罪（77条）や騒乱罪（106条）のような集合犯（ないし多衆犯）がそれです（→213頁注1)）。これに対し，本文で説明するように，単独犯を予定する構成要件の実現に2人以上の者が関与する場合（60条以下の総則規定が適用される場合）を**任意的共犯**と呼ぶことがあります。

第 6 講　構成要件をめぐって

皆さんが自習して下さることを期待したいと思います。ただ，1つだけ大事なことを補足しておきます。

　犯罪は，**主観的構成要件要素の種類ないし態様**によっても，これを分類することができます。犯罪の成立に故意が必要な犯罪を**故意犯**といい，過失を要件とする犯罪を**過失犯**といいます。さらに，故意犯と過失犯の中間的な存在として**結果的加重犯**が存在するのです（→ 53 頁）。先ほど（Ⅲ-**3** のところで）お話ししたように（→ 105 頁以下），通説によれば，故意・過失は構成要件要素ですから，故意犯については，故意がない限り，構成要件該当性が否定されます。たとえば，他人の傘を自分の傘だと思って間違えて持って帰ってきてしまった者は，故意をもって行為したとはいえませんから，その行為は，窃盗罪の構成要件に該当しないのです。また，殺人罪と傷害致死罪と過失致死罪とは，すでに構成要件のレベルで相互に区別される，ということになります。

　故意と過失以外に，**特別な主観的構成要件要素**が存在することについても，すでに言及しました。その代表例が，各種の偽造罪（148 条〜 168 条）における「行使の目的」や，営利目的等拐取罪（225 条）における「営利の目的」ですが，このような，一定の目的をもって実行行為が行われることが必要とされる犯罪のことを**目的犯**といいます。殺人予備罪（201 条）や強盗予備罪（237 条）などの一連の予備罪も（→ 128 頁以下），規定を見ると明らかなように，目的犯なのです[28]。

　目的犯以外でも，心理的過程または状態の表現を内容とする犯罪である**表現犯**（たとえば，証人が自己の記憶に反する陳述を行うことを処罰する偽証罪〔169 条〕）や，一定の主観的傾向の表出として行為がなされることが必要な犯罪である**傾向犯**（たとえば，強制わいせつ罪〔176 条〕）において，主観的要素を考慮せずに，構成要件該当性の有無を決定することはできないとされてきました[29]。ただ，表現犯と傾向犯については，そのような形での主観的構成要件

---

　28)　実は，**未遂犯**も，犯罪の実現（特に結果発生）を目的とする犯罪として目的犯の構造を持っています。不法領得の意思（目的）を要件とする窃盗罪や詐欺罪なども同じです。

　29)　強制わいせつ罪に関する旧判例は，同罪が成立するためには，故意のほかに，「犯人の性欲を刺激興奮させまたは満足させるという性的意図」が必要だとしましたが（最判昭和 45・1・29 刑集 24 巻 1 号 1 頁），この判例は，最大判平成 29・11・29 刑集 71 巻 9 号 467 頁により変更されるに至りました（詳しくは，各論 75 頁を参照して下さい）。

115

要素を認めるべきかどうかをめぐり，学説の対立があるところです（これに対し，目的犯については，主観的要素の検討なしに構成要件該当性の有無を判断することができないという点に関し，ほとんど異論はありません）。

このように，故意と過失，そして目的犯における目的が主観的構成要件要素であることについてはほぼ見解は一致するのですが，果たしてこれらの要素が**本質的に違法要素なのか，それとも責任要素なのか**をめぐっては（いいかえれば，違法要素であることから違法類型としての構成要件の要素に位置づけられるのか，それとも，責任要素であり，有責類型としての構成要件の要素であるのかについては），考え方が鋭く対立しているのです。その背後には，結果無価値論と行為無価値論の間の論争が存在しています（→88頁以下）。

重要な理論的問題であるにもかかわらず，中途半端な説明に終わってしまいました。読者の皆さんにはお詫びしなければなりません。いつか詳しくお話しする機会を得たいと思っています。第7講では，心機一転，「未遂犯と既遂犯」と題して，未遂犯をめぐる諸問題と，刑法における因果関係の理論を取り上げます。

116　Introductory Lectures in Criminal Law : **General Part**

第 **7** 講

Introductory Lectures
in Criminal Law
General Part

未遂犯と既遂犯

I はじめに

　前回の第6講は構成要件がテーマだったのですが，その中で，構成要件該当性が肯定されるのは，その構成要件を完全に充足する事実が存在するときに限られるということをお話ししました（→113頁）。たとえば，殺人罪（199条）についていえば，被害者たる人を死亡させる危険性を持った正犯行為（殺人の**実行行為**）が行われ（→102頁），かつ，それにより被害者が死亡したときにはじめてその構成要件該当性が肯定されるのです。このような意味で犯罪が完成された場合のことを**既遂**と呼びます。刑法各則のそれぞれの刑罰法規は（したがって，そこから導かれる構成要件も），それ自体としては既遂の場合（のみ）に適用されることが予定されているということになります。

　そして，構成要件の中には，一定の行為が行われるだけで既遂となるもの（**挙動犯の構成要件**）と，それに加えて（いま言及した殺人罪のように）一定の結果が発生してはじめて既遂となるもの（**結果犯の構成要件**）とが存在します（→108頁）。挙動犯である暴行罪（208条）の構成要件は，実行行為たる行為，すなわち，被害者の身体に向けられた有形力の行使（たとえば，殴るとか突き飛ばすとかの行為）があればそれだけでその該当性が認められますが，結果犯である傷害罪（204条）については，暴行行為など[1]の結果として被害者に傷害の結果が発生しなければ，構成要件該当性は肯定されません。このようにして，

117

結果犯においては，①実行行為に加えて，②結果の発生[2]，そして，③実行行為と結果との間をつなぐ**因果関係**も構成要件要素となるのです（→ Column「**挙動犯における因果関係**」119 頁）。

　さて，構成要件を完全に実現しようとしてそれを果たせなかった場合が**未遂**なのですが，これについては，総則の 43 条・44 条に規定があり，未遂行為は「各本条で定める」場合に限り可罰的であり，処罰されるときも「その刑を減軽することができる」とされています。刑法は，あくまでも**既遂犯を犯罪の原則的形態**として予定しつつ，例外的に処罰の範囲を拡張し，未遂行為も対象としていると考えることができましょう。学説は，未遂犯は，既遂犯の構成要件である基本的構成要件を前提として，これに修正を加えた構成要件に該当する行為として把握しています。未遂犯の構成要件は，共犯の構成要件とともに，**修正された構成要件**と呼ばれます（→ 114 頁）。これにより，強盗未遂罪や放火未遂罪といった未遂犯の成立要件も，構成要件該当性→違法性→有責性という 3 段階の体系において整理されることになります。「構成要件に該当し，違法かつ有責な行為」という犯罪の定義は，未遂犯にもあてはまるものとなるのです[3]。

　本講では，まず，犯罪の原則型である既遂犯に目を向け，その構成要件要素として重要な意味を持つ因果関係を取り上げます。次に，犯罪の修正型である未遂犯に目を転じ，刑法が未遂まで処罰する理由（未遂犯の処罰根拠）と，未遂犯の構成要件の重要な要素である「実行の着手」について説明したいと思います。

　1）　傷害罪の実行行為となるのは暴行行為（有形力の行使）に限られません。暴行によらない傷害，すなわち無形的方法による傷害も傷害罪を構成します。たとえば，無言電話をかけ続けることにより被害者において精神障害を引き起こせば，傷害罪となります。この点は大事なところですので，刑法各論を勉強するときには，教科書の該当箇所を注意深く読み，きちんと理解して下さい。いま余裕のある人は，各論 24 頁以下を参照して下さい。

　2）　結果犯における「結果」とは**形式的意義における結果**であり（→ 108 頁），構成要件が行為から発生することを要求している一定の事態のことです。したがって，それは**法益侵害の結果と同じではありません**。形式的意義における結果は，法益との関わりで実質的にこれを見るならば，①法益侵害の結果（たとえば，殺人罪における被害者の死亡という**侵害結果**）の場合もあるし，②法益への危険という結果（たとえば，往来危険罪〔125 条〕における「往来の危険」という**危険結果**）の場合もあるし，さらに，③それ以前の（法益への危険をはらむ）一定の事態（たとえば，現住建造物等放火罪〔108 条〕における「焼損」という結果）のこともあるのです。

　3）　未遂犯と共犯とは構成要件の修正形式であるとし，これらを修正された構成要件に該当する行為として把握するという構想を示したのは，小野清一郎『犯罪構成要件の理論』（有斐閣，1953 年）84 頁以下，245 頁以下でした。今日では，このような考え方が完全に定着したといえるでしょう。

第7講　未遂犯と既遂犯

挙動犯における因果関係
Column

　本講の冒頭で,「因果関係は結果犯における構成要件要素である」と述べました。しかし,厳密にいいますと,因果関係は挙動犯においても問題となります。たとえば,暴行罪（208条）は挙動犯ですが,犯人の行為が原因となって,被害者の身体に対し一定の有形力が加えられるという事態が現実に発生しなければ,構成要件は実現されません。甲が,20メートル先に立っている被害者Aの方向に向けてこぶし大の石を投げつける行為は,判例・通説によれば,その石を命中させるつもりがなくても,石がAの身辺近くを通り過ぎれば暴行罪を構成します（石がAに命中したときには,傷害罪〔204条〕となるでしょう）。しかし,甲が投げそこない,石が甲の1メートル先に落ちたというときには,暴行罪の構成要件該当性は認められません。暴行罪の構成要件も,被害者たる人の身体に対し一定の有形力が加えられるという客観的事態の発生を予定しているのであり,行為とこの種の事態の発生との間には因果関係が存在しなければならないのです＊。実は,同じことは未遂犯についてもいえます。未遂犯の構成要件もまた,法益への危険をはらむ事態が生じることを要求しているのであり,実行行為と危険発生との間に因果関係が必要なのです。

　＊　とはいえ,そのことは,暴行の実行行為とは別に,「被害者の身体に一定の有形力が加えられるという客観的事態の発生」と「実行行為とそのような事態との間の因果関係」とが暴行罪の構成要件要素に加わるということを意味するものではありません。むしろ,そのような客観的事態を生じさせない限り,およそ**構成要件の予定する暴行行為（実行行為）とは**いえないと考えればそれで足りるのです。

Ⅱ　刑法における因果関係

1　構成要件要素としての因果関係

　一定の結果の発生が構成要件要素となっているとき,実行行為（処罰対象とされる行為）とその結果との間にどのような関係があればよいかが問題となります。これを明らかにしようとするのが刑法の因果関係論です。殺人罪においては,実行行為と被害者の死亡の結果との間に因果関係が認められなければ,「人を殺した」とはいえず,殺人罪の構成要件には該当しません（せいぜい殺人未遂罪の構成要件該当性が問題となるにすぎません）。行為と結果との間にどのような関係があるときに「人を殺した」といえるかが問題となるのです。未遂が

119

処罰されていない器物損壊罪（261条）の場合であれば，結果が発生しない限り，犯罪そのものが成立しません。ここでは，因果関係の存否が犯罪の成否に直結することになります[4]。

学説における通説は，刑法上の因果関係の判断は**2つの段階**から成ると考えています。すなわち，行為と結果との間に**条件関係**があることを事実的基礎とし，そして，その結果が法的見地からしてもその行為に帰せられるべきものと評価されるとき，すなわち**法的因果関係**が認められるとき，刑法上の因果関係が肯定されるとするのです。条件関係がないところに刑法上の因果関係を肯定することはできませんし，法的因果関係は，条件関係を前提として，結果を行為に帰する範囲をそれよりも法的に限定するものにほかならないのです。

2　前提としての条件関係

条件関係は，法的因果関係を肯定するための事実的基礎[5]であり，行為と結果との間の**事実的つながり**の関係のことです。たとえば，甲が東京でAに向けてピストルを撃ち，同時に，甲とは面識も何もない乙が大阪でBをピストルで撃ち殺したとしましょう。甲の行為の違法評価にあたり，Bの死亡は「無関係」であることが明白ですが，そのこと（事実的つながりがないこと）を確認する判断がこの条件関係の判断にほかなりません。条件関係が否定されるとき，法的な評価を介さずただちにその結果についての刑事責任が否定されます（つまり，そのような結果の発生の有無は，その行為の違法評価の有無・程度に何ら影響を持たないということです）。

4）　なお，犯罪類型によっては，実行行為と構成要件的結果との間に特別な（＝その犯罪類型に特有の）因果関係の存在が要求されているものもあります。たとえば，強盗罪（236条1項）においては，①犯人が被害者に対し強度の暴行または脅迫を加え，②そのことにより被害者が犯人に対し抵抗できない状態に陥り，③さらにその結果として財物の占有（所持）が被害者から犯人の側に移転することが必要です。このような因果の流れが認められない限り，強盗罪は既遂にならないのです。たとえば，犯人がふつうなら相手方の反抗を抑圧するのに足りる程度の暴行・脅迫を加えたのに，たまたま被害者が気丈な人だったため（または，犯人が示した本物そっくりのモデルガンをたまたま被害者がモデルガンと見破ったため）反抗を抑圧されなかった（したがって，②の事態が生じなかった）が，それでも被害者が（たとえば，犯人に同情して）財物を交付したという場合には，強盗罪は未遂にとどまるのです。

5）　団藤・総論176頁以下は，これを「存在論的基礎」と呼んでいます。

通説によれば，条件関係は，その行為がなかったと仮定したとき，そのような経過をたどってそのような結果が生じることはなかったであろうと考えられるという**仮定的消去法の公式**（conditio sine qua non の公式）により判定されます[6]。ピストルで被害者を撃ち殺したとき，ピストルを撃たなかったならば弾丸による死亡の結果は発生しなかったはずですから，条件関係は肯定されるのです。

〈ケース 1・追い越し追い越される因果関係〉
　　甲は，A を毒によって殺害することを計画し，好機をうかがっていたが，ある日，A の家を訪れた際に，A が飲もうとするコーヒーの中にひそかに致死量を超える毒薬を混入することに成功した。しかし，毒が効果を発揮しはじめる前に，まったく無関係の乙が偶然に部屋に侵入して来て，A を射殺した。

　この〈**ケース 1**〉では，甲の行為（毒入りコーヒーを飲ませる行為）を仮定的に消去したとき，それでも A の死亡結果はやはりまったく同じように生じたであろうと考えられますから，**条件関係は否定**されます。このように，たとえ行為者が被害者に対し確実に死亡をもたらす行為を行ったとしても，死亡結果が発生する前に，別の原因によって死亡結果が生じ，行為が結果発生の一条件とならなかったのであれば（かりに，そのような介在事情がなければ確実に結果が発生していたであろうと考えられる場合であっても）条件関係は否定されるのです。このように，結果に向けられた先行の因果の流れが，それとは独立・無関係の後行の因果の流れによって「追い越される」ことにより条件関係が否定される場合のことを**因果関係の断絶**と呼んでいます[7]（→ Column「**因果関係の証明と択一的競合**」123 頁）。

3　法的因果関係

　殺人未遂と比べて殺人既遂は違法性の程度がより重く，傷害と比べて傷害致死

　6）　最近では，条件関係の存否を判断するための公式として，仮定的消去法の公式に代わり，**合法則的条件公式**が有力になりつつあります。それによると，行為と結果の間をつなぐ事実的経過を1コマ1コマ順次にたどりつつ検討したとき，それぞれが自然法則により説明できる形でつながっている場合に条件関係が肯定されます。通説的な条件関係の公式と合法則的条件公式とは，そこから導かれる結論には変わりがないのですが，後者による判断方法は，より直截・簡明なものといえるでしょう。

は違法性の程度がより重いということに異論の余地はありません。そうであるとすれば，刑法上の因果関係が肯定される場合とは，**結果発生を理由としてその行為に対しより重い違法評価を加えることのできる場合**であるといえましょう。

刑法の存在理由は，行為規範（行動準則）を手段として人々の行為を統制（コントロール）することにより，法益の侵害または危険を抑止するところ（行為規範による一般予防）にありました（→91頁）。刑法が結果発生を理由として重い違法評価を行うのは，将来におけるその種の結果の発生を回避するという一般予防目的のためにほかなりません。そうであるとすれば，結果発生を理由としてその行為に対しより重い違法評価を加えることがふさわしいと考えられるのは，**刑法規範がその種の結果を発生させる危険を持つ行為を禁止することにより回避しようとした当の結果が現実化**したときであり，いいかえれば，禁止された行為の実質としての危険性（すなわち，刑法規範による禁止の根拠となっている，行為の有する結果発生の危険性）が結果の発生によって確証されたときであるといえましょう。このことを具体例に即して説明することにいたします。

〈ケース2・救急車事例〉

　甲がAに対し傷害の故意で腹部に刺傷を与えたところ，Aは救急車で病院に運ばれる途中で交通事故に巻き込まれ，頭部を強く打って死亡した。

この〈ケース2〉では，甲の行為がなければ，Aが病院に向けて搬送され

7）　なお，仮定的消去法の公式を適用するにあたっては，**2つの決まりごとがある**とされています。まず第1に，**行為も結果も具体的・個別的に把握**されなければなりません。かりにその1時間後には病気により必ず死亡していたであろう重病患者を毒殺したというときでも，「毒を与えなかったとしてもやはり死亡していたはずだから，条件関係は否定される」とはいえません。たとえ重病患者が1時間後には必ず死ぬであろうと考えられても，その患者をいま毒殺することは，れっきとした生命侵害です。条件関係の公式の適用にあたっては，結果を抽象的に「およそ死亡」としてではなく，具体化されたその時点・その場所における，そのような態様の死亡として把握しなければならないのです。そして，第2に，仮定的消去法の公式の適用にあたっては，現実に存在した事実をそのまま前提としつつ，実際に行われた，行為者の実行行為のみを取り除いて判断しなければならず，**仮定的事情の付け加えは禁止**されます。行為者が二丁拳銃の右手の銃で被害者を撃ち殺したというとき，右手で撃たなくてもどうせ左手で撃っていたはずであり，そうすれば同じ結果が生じていたであろうという理由で，右手の銃で撃った行為と発生結果との間の条件関係を否定することはできません（山口・探究12頁を参照）。

第7講　未遂犯と既遂犯

因果関係の証明と択一的競合

Column

　実際の刑事裁判の場においては，因果関係があったことを（証拠により）証明しなければなりません。刑事裁判においては，因果関係を含めて犯罪事実を認定しようとする場合，検察官が**挙証責任**を負うのが大原則です。すなわち，法廷において提出された全ての証拠を見ても，その事実があるかないか，いずれとも明らかにならなかったとき，検察官側に不利益に（したがって，被告人側に有利に）事実を認定するのです。しかも，刑事裁判においては，**合理的な疑いを容れない程度**，すなわち，ふつうの人なら誰でも疑いを差し挟まない程度の高度の蓋然性をもって証明がなされなければなりません。被告人に不利な事実（犯罪事実の全部または一部）について，その程度の証明がないときには，その事実は存在しなかったものとして扱われます。これを**疑わしきは被告人の利益に**（in dubio pro reo）の原則といいます＊。

　このような刑事訴訟法の原則に従いますと，非現実的なケースですが，甲と乙が偶然にそれぞれ独立に（すなわち，甲・乙間には共謀の関係がないとします＊＊）殺意をもって被害者Aに対し致死量の毒を与え，その毒の作用で被害者が即時に死亡したが，毒の種類は同一であり，甲と乙のどちらの毒がどの程度に致命的作用を及ぼしたのかが明らかにならなかったという場合，甲の行為についても，乙の行為についても，結果との関係で条件関係は否定されなければなりません。なぜなら，甲の行為がなかったと仮定しても乙の毒により結果は発生していたという無視できない疑いがありますので，甲の行為とAの死亡の結果との間の条件関係の証明はないということになりますし，また，乙の行為がなかったとしても甲の毒によってやはり結果は発生していた疑いがありますので，乙の行為とAの死亡の結果との間の条件関係の証明もないということになるからです＊＊＊。したがって，甲も乙も，それぞれに殺人未遂罪の罪責を負うだけで，死亡結果についての刑事責任は問われないことになるのです＊＊＊＊。このような場合のことを**択一的競合**と呼びます。

　＊　「**刑事裁判における鉄則**」といわれるこの原則は，確立された慣習法であり，刑訴336条はその一表現とされます。田口371頁以下をご覧下さい。
　＊＊　甲と乙の間に合意（共謀）があったケースであれば，両者は共同正犯であり（60条），2人の共同の行為から結果が生じたという関係が認められることから，両者とも殺人既遂罪（の共同正犯）の刑事責任を負います（→229頁以下）。
　＊＊＊　これに対し，両方の毒がともに影響して，死期がそれだけ早められたことが明らかにされたとしましょう（たとえば，それぞれ一方の毒だけでは死亡するまで数日かかるのが通常であるが，両方の毒が相乗的に作用したので即時に死亡したという場合です）。この場合であれば，その早められた死については，いずれの行為も条件となっており，条件関係を肯定することが可能です。真に問題となるのは，**甲か乙か一方の毒のみが効いて死亡した可能性を排除できない場合**です。
　＊＊＊＊　学説の中には，この結論は不当であるとして，条件関係の公式を修正することにより，両者に既遂を認めようとするものもあります。

123

ることはなく，事故に遭うこともなかったはずですから，傷害行為と死亡結果との間に**条件関係**は存在します。しかし，このように，実行行為と発生結果との間に条件関係が肯定されても，その結果発生を理由として実行行為に対しより重い違法評価を加えることが可能であるとはいえないでしょう。交通事故による死亡の結果は，当初の甲の傷害行為の持つ危険性とは無関係であり，偶然に随伴したものにすぎず，刑法が傷害を禁止する規範を設定することにより回避しようとした結果に含まれるものではないと考えられるからです。交通事故による死亡は，たとえば，自宅に友人を招待した際，深夜になったのでタクシーを呼んで帰宅させるといったような，まったく日常的な行動にも同じように偶然に随伴する可能性があります。刑法がその種の結果をも回避したいと欲するのであれば，それらの日常的行為をも禁止せざるをえなくなってしまうでしょう。このように考えますと，条件関係があればそれだけで法的因果関係が認められるとする見解（これが**条件説**と呼ばれる学説です）は正しくないということになるのです。

　そこで，従来の学説においては，**相当因果関係説**が支配的な見解でした。その行為からその結果が発生することが経験上一般的であるとき，いいかえれば，結果に至る因果の流れが行為の時点から見て経験上予測しうるようなものであるときに因果関係を肯定し，逆に，およそ偶然的で稀有・異常な事情のせいで結果が発生したときには因果関係を否定すべきだとされたのです[8]。〈ケース2〉については，被害者が救急車で病院に運ばれる途中で交通事故に遭遇して死亡するというのは経験上ふつうのことではなく，およそ偶然的で稀有な出来事であり，われわれの生活経験の枠から逸脱した因果の流れであることから，因果関係の相当性が否定されることになります。行為の時点から見て経験的に予測可能な範囲内の結果とは，先に述べたような，**刑法規範が行為を禁止することにより回避しようとする結果**のこととして理解できますから，相当因果関係説は誤った見解であったとはいえません（→ Column「**相当性判断の基礎事情**」127頁）。

　ただ，相当因果関係説には，いくつかの難点があることが指摘されました。

　8）　なお，「相当性」を肯定するためには，結果が発生する高い可能性があることまでは要求されません。そのような経路をたどって結果が発生するある程度の可能性があれば足り，むしろ消極的に，結果の発生が「異常」「およそ稀有」「きわめて偶然的」である場合に因果関係が否定されるにすぎないとされたのです。

124　Introductory Lectures in Criminal Law : **General Part**

ここでは，そのうちの1つを取り上げて説明しておくことにいたしましょう[9]。それは，相当性の判断の具体的内容が明確性を欠くという批判です。次のケースについて考えてみて下さい。

〈ケース3・大阪南港事件〉

　甲は，洗面器や皮バンドで被害者Aの頭部等を多数回殴打するなどの暴行を加えた結果，Aに脳出血を発生させて意識消失状態に陥らせた後，Aを自動車で運搬し，深夜の資材置場に放置して立ち去った。うつ伏せの状態で倒れていたAは，生存中さらに何者かによって角材で頭頂部を数回殴打され，翌日未明，死亡するに至った。Aの死因は脳出血であり，それは甲による当初の暴行により形成されたものであり，資材置場での何者かによる暴行は，すでに発生していた脳出血を拡大させ，幾分か死期を早める影響を与えるものであった。この事案につき，最高裁は，「犯人の暴行により被害者の死因となった傷害が形成された場合には，仮にその後第三者により加えられた暴行によって死期が早められたとしても，犯人の暴行と被害者の死亡との間の因果関係を肯定することができ，本件において傷害致死罪の成立を認めた原判断は，正当である」とした（最決平成2・11・20刑集44巻8号837頁）。

　この〈ケース3〉における資材置場での第三者による故意の暴行行為の介入は，いうまでもなく，偶然的で稀有・異常な事態です。したがって，それにより死期が早められたのであれば，その「早められた死亡」との関係では因果経過は「不相当」であるといえましょう。他方で，〈ケース3〉では，甲により致命傷が加えられ，それが死因となってAが死亡したのですから，**甲の行為がAの死亡を生じさせたこと自体**はまったくもって「相当」であるということもできましょう。相当因果関係説からは，因果関係を否定する結論と肯定する結論の両方を引き出すことができそうです（この点について，Coffee break

---

　9）　相当因果関係説に対しては，さらに次のような問題点も指摘されました。まず，それは，実行行為の危険性それ自体を判断することには適していても，現実の因果の流れを具体的・個別的に観察して，結果発生に及ぼした行為の因果的作用ないし因果的寄与の度合いと態様を厳密に分析することには適していないこと（そこから，わが国の実務の考え方と乖離する面を持つこと）です。また，法的因果関係の判断は，単なる統計的確率ないし事実的可能性の程度の判断ではなく，結果を行為に帰することができるかどうか，行為が結果を引き起こしたことを理由に，より重い違法評価を下すことが可能な関係が，行為と結果との間に存在するかどうかという規範的な判断であるのに，相当因果関係説は，その判断の実質・内実を十分に明らかにしているとはいえないということです。

「2つ（3つ？）の相当因果関係説」〔129頁〕を参照して下さい）。ここには，相当性の判断の決定的な不明確性が現れているのです。

こうした事例においては，法的因果関係の本質をめぐる議論（→ 122頁以下）に立ち戻って考えることによりはじめて正しい結論が得られるように思われます。法的因果関係を肯定できるのは，（刑法規範による禁止の根拠となっている）行為の危険が結果において現実化した（結果の発生により行為の危険性が確証された）ときなのです。〈ケース3〉のように，危険な傷害の実行行為により死因となった傷害が形成され，それにより被害者が死亡したというのであれば，予測不可能な事情が介入したとしても，それが当初の行為による傷害の致命的作用を促進したというにとどまるのである限り，当初の行為の高度の危険は具体的結果として直接に実現したと見ることができます。そこでは，結果を行為に帰すことを正当化できる程度に，行為の危険が確証されたといえるのです（→ 129頁以下）[10]。このようにして，私は，もはや相当因果関係説は放棄すべきであり，**危険の現実化**ないし**危険の確証**を基準とする法的因果関係論をとるべきだと考えるに至っています。

ここで，**判例**についても簡単に触れておきましょう。判例において法的因果関係が問われるケースには大きく2つのグループがあります。1つは，被害者側の特殊事情のために結果が発生した場合であり，いま1つは，〈ケース3〉のように，行為後に一定の事情が介入して結果の発生に至った場合です。学説が，因果関係が問題となるすべてのケースを説明できるような一般理論を求めているのに対し，判例は，はっきりとした理論的立場の表明を避け，とりわけ学説の相当因果関係説とは距離を置いてきましたが，現在でははっきりとこれを採用しないとする態度を示しています。判例は，前者のケース，すなわち，被害者に特異体質や特異の疾患があり，これと相まって結果が発生した場合に

---

10) 最高裁は，次のケース（**米兵ひき逃げ事件**）については，甲の行為とAの死亡結果との間の因果関係を否定しました。そのケースは，甲が，不注意な運転により自動車を被害者A運転の自転車に衝突させ，Aはその車の屋根の上にはねあげられたが，甲はそのことに気付かず，数キロメートル走行した後，同乗者乙が，Aをひきずり降ろして路上に転落させ，Aは死亡するに至ったというものでしたが，ただし，死因となった傷害が当初の衝突に基づくものであるかどうかは不明だったのです（最判昭和42・10・24刑集21巻8号1116頁）。このケースでは，甲の行為により死因が形成されたかどうかが明らかでない（同乗者の介入行為により死因が形成された可能性がある）というのですから，法的因果関係を否定したその結論は妥当であったといえましょう。

126　Introductory Lectures in Criminal Law : **General Part**

第7講　未遂犯と既遂犯

相当性判断の基礎事情

Column

　相当因果関係の判断にとって重要なことは，**どの範囲の事情を基礎として経験的通常性を判断するか**です。もし，現に存在し，結果発生に関わったすべての事情を基礎として判断するなら，あらゆる結果の発生は相当だと評価されることになりましょう。相当性の判断に意味を持たせるためには，**現実に存在した事情のうちの一定の事情は考慮しないという操作**が必要となります。たとえば，ある人に運動をさせることが心臓発作による死亡の原因として相当であるかどうかは，「その人が重い心臓病を患っていた」という一事情を判断にあたって考慮するかどうかによって異なるでしょう。被害者の心臓病の事実を含めて考えれば，重い心臓病を持つ人に運動をさせれば，心臓発作による死亡が生じることもありえないことではないですから，相当性が肯定されます。もし被害者の心臓病を度外視すれば，ふつうの人に運動をさせても心臓発作で死亡することは通常ありえませんから相当性が否定されることになるのです。

　この問題をめぐり，学説は，大きく2つに分かれました。行為時において現実には存在したが，一般通常人には認識できなかったであろうという特殊な事情も含めて，客観的に存在したすべての事情を基礎とすべきだとする（したがって，上の事例では必ず相当性を肯定する）見解と，一般通常人に認識できなかったであろうと考えられる特殊な事情は除外して相当性の判断を行うべきだとする（したがって，上の事例では，行為者の立場に置かれた一般通常人が心臓病の事実を認識できなかったという場合であれば，相当性を否定する）見解とが対立したのです。実は，それは，**結果無価値論と行為無価値論の対立の現れ**にほかなりません（→88頁以下）。前者の見解は，人にとっての事態の予測可能性・制御可能性を問題とせずに違法性を肯定する結果無価値論の帰結であり，後者の見解は，刑法規範による人の行為の統制の観点を重視する行為無価値論の帰結なのです。

は，**そのような特殊の事情が行為時に認識可能であったか否かを問わず**，一貫して因果関係を肯定します。後者の，行為後の介在事情による結果発生のケースについては，具体的な事例ごとに射程の狭い理由づけを行い，判断の集積を通じてその基本的考え方を次第に明確にしていくという態度を示しています。判例の特色は，**被告人の行為が結果発生との関係で有する事実的影響力・因果的寄与度**（および介在事情の因果力との比較）に注目し，行為が一定程度の重みを持って結果発生に寄与していれば因果関係を肯定する基本的立場をとるところにあるといえるでしょう。最近の判例は，因果関係の存否の判断に

127

あたり「危険の現実化」という基準を明示して結論を導くようになっています[11]。

因果関係の問題は刑法総論の難問中の難問の1つであり、ほかにも論ずべきことはあるのですが、このぐらいで切り上げようと思います。次に、未遂犯を取り上げ、重要なポイントだけを指摘しておきます。

Ⅲ 未遂犯をめぐる諸問題

1 未遂犯の処罰

まず、**犯罪が実現されるまでの過程**を、時間的流れに沿って分析し、その中に未遂と既遂とを位置づけることにいたしましょう。犯罪実現の過程は、次のような、いくつかの段階に分けることが可能です。すなわち、①行為者が犯行を決意し（あわせて、綿密な計画を立てることもあります）、②犯行のために用いる道具を用意したり、現場に赴くなど、犯罪の実行の（物的）準備に移り、そして、③犯罪の**実行に着手する**（実行を開始する）に至り、④実行行為を終了し、⑤構成要件の要素をすべて実現する（特に、結果を発生させる）という5段階です。⑤の段階に至ったものが既遂であり、③または④の段階にとどまったものが未遂です。

現行刑法は、①の段階ではまだ処罰の対象としませんが（それは、いまだ**行為**〔→38頁以下〕とはいえないでしょう）、ごく例外的に、特に重大な犯罪につき、2人以上の者が一定の犯罪を実行することにつき謀議をすることを**陰謀**として処罰します（刑法典の罪としては、78条・88条・93条の罪があります）。②は、いわゆる**予備**の段階です。予備行為とは、特定の犯罪を実行する目的で行われる、その物的準備行為のことです（ただし、そこには、被害者宅の構造についての情報を入手する行為なども含まれます）。刑法は、一定の重い犯罪については、

---

11) ただし、同じ「危険の現実化」を基準とするにしても、判例の見解と、前述のような本書の考え方との間には基本的な違いがあるように思われます。判例の基礎にあるものは、応報刑論の立場であるといえましょう。応報刑論によれば、行為が結果発生に事実的に寄与していれば、結果発生に対応した重い評価を受けるべきだということになります。そこから導かれる実質的基準は、応報的処罰を正当化する程度に行為が結果発生に事実的に寄与しているかどうかというものとなるでしょう。これに対し、本書のとる危険現実化説は、より重い違法評価が一般予防の見地から意味を持ちうる場合に限って法的因果関係が肯定されると考える立場なのです。

2つ（3つ？）の相当因果関係説

Coffee break

　かつて相当因果関係説をめぐっては，私が尊敬する2人の先生の間でまったく異なった理解が示されており，どう考えてよいものか大変悩まされました。山本リンダの口まねで「こまっちゃうナ」と毎日歌っていたものです（ウソです）。

　中野次雄先生は，当時私が愛読した（これはホントです）平野龍一編『自習刑法35問』（有斐閣，1965年）という本の中で，次のようなケースについて解答を書かれていました（40頁以下）。そのケースとは，「Aは，がけの上の路上でXと口論をしたすえ，その頭部を板きれで殴打したところ，Xは血を流してその場に倒れ，身動きもできなくなった（Aには殺意はなかった）。Aが立ち去ったのちしばらくしてその場に通りかかったBは，かねてからXに恨みを抱いていたので，Xを殺そうと思い，倒れているXの身体をがけ下にけ落した。Xはその数時間後に死亡したが，死体解剖の結果によると，Xの死亡は頭部殴打による脳内の出血によるものだが，本来その危険は徐々に進行するはずであったのに，高所から身体が落下したため出血が助長促進され，死亡を早めたのだという」というものでした。中野先生は，「Aの行為が終了した時点にわれわれ自身を置いてみて判断」すれば，「後になんびとかが現われてXの身体をがけ下にけ落すというようなことが経験上予想できるか」といえば，それは「通常の事態として予想しうることではない」として，相当因果関係は否定され，Aは単なる傷害罪の罪責を負うことになる，としたのです。このような考え方によるならば，〈ケース3〉においても相当因果関係は否定されることになるでしょう。

　ところが，平野龍一先生の『犯罪論の諸問題(上)』（有斐閣，1981年）42頁には，これとはまったく正反対の理解が示されています。当初の行為が十分に危険であれば，介入事情がなかったとすればおよそ同種の結果が確実に発生していた状況にある以上は，因果関係を肯定してよいというのです。この見解によれば，〈ケース3〉や，上記の中野先生のケースにおいても，相当因果関係は肯定されることになりますが，そればかりでなく，平野先生は，たとえば，甲がAを高層ビルの屋上から突き落としたところ，隣のビルの窓から無関係の乙が落下中のAを射殺したというような場合でさえ，甲の行為とAの死亡結果との間に相当因果関係を認めてよいというのです（私は，乙を「ゴルゴ13」とし，この事例を「ゴルゴ13事例」と呼んでいます）。

　いまでは，私は，かつての中野先生の見解と平野先生の見解のいわば中間に，正しい法的因果関係の理解があると考えています。〈ケース3〉や中野先生のケースにおいては，**当初の行為が死因を形成し，それにより被害者が死亡している**のですから，その限りで危険現実化の関係を肯定し，法的因果関係を肯定すべきなのです。これに対し，**ゴルゴ13事例**では，当初の行為ではな

く介入行為により死因が形成されており，結果の発生により行為の危険性が確
証されたとはいえないのですから，法的因果関係を肯定することは不当で
す。同じことは，〈ケース3〉において，かりにその第三者が被害者を射殺し
たとすれば，その場合についてもいえましょう。やはりそこでも，第三者の行
為により死因が形成されており，危険の現実化の関係を肯定することはできな
いのです。

すでにその予備行為を処罰の対象としています。それが**予備罪**です（→ Column
「現行法上の予備罪」 131頁）。

　ただし，予備罪処罰は例外であり，刑法が強い関心を持つのは，**実行の着手**
（実行の開始）**以降の段階**（③以降の段階）なのです。たしかに，規定の上では，
既遂の処罰が原則であり，未遂を処罰する場合は例外です（44条をお読み下さ
い）。しかし，主要な犯罪についてはほとんど未遂が処罰されているのです[12]。

　未遂犯の構成要件（修正された構成要件）の中核的な概念は，**実行の着手**（43
条本文）です。実行の着手が認められれば，未遂犯の構成要件該当行為が認め
られます。未遂犯が構成要件の修正形式と呼ばれるのは，実行の着手さえあれ
ば，既遂犯の構成要件を完全に充足しなくても，未遂犯の構成要件該当性が認
められるからです[13]。

2　未遂処罰の根拠

　未遂犯とは，行為者が犯罪事実の実現を意図したものの，客観的には犯罪の
完成に至らなかった場合のことです。そこで，未遂犯の処罰根拠の問題におい
ては，犯罪の主観面と客観面のどちらを・どの程度に重視するかという**犯罪の
本質**をめぐる立場の相違（→ 84頁以下）がはっきり現れます。

　12）　未遂が処罰されていない刑法典の犯罪のうちで，特に目に付くのは，文書偽造罪（154条以
下），横領罪（252条以下），毀棄・隠匿罪（258条以下）です。傷害罪（204条）についても未遂は
処罰されませんが，暴行を手段とする場合については，暴行さえ行われれば，暴行罪（208条）によ
り処罰されます。

　13）　未遂は，**着手未遂と実行未遂（終了未遂）** とに区別できます。着手未遂とは，着手した実行
行為を終了しなかった場合（③の段階には至ったが，④には至らなかった場合）の未遂であり，実行
未遂とは，実行行為を終了したが結果が発生しなかった場合（④の段階にまで至った場合）の未遂の
ことです。これらの間に法的扱いの点で差異はありません。

130　Introductory Lectures in Criminal Law : **General Part**

第7講　未遂犯と既遂犯

現行法上の予備罪

Column

　刑法典に規定された予備罪には，内乱予備（78条），外患誘致・外患援助予備（88条），私戦予備（93条），放火予備（113条），通貨偽造準備（153条），支払用カード電磁的記録不正作出準備（163条の4），殺人予備（201条），身の代金目的略取等予備（228条の3），強盗予備（237条）があります。これらは，狙いとする犯罪の実現を目的とした**目的犯**として規定されています（→ 115頁）。通説によれば，その目的の内容は，あくまで自分自身が実行する犯罪の実現に限られ，その意味で**自己予備行為**のみが可罰的です。他人の犯罪の準備行為である**他人予備行為**は，予備罪（の正犯）としては処罰されません＊。なお，予備罪にあたる行為は，狙いとした犯罪が実行されるに至れば，その犯罪によりあわせて吸収的に評価され，別個の犯罪としては成立しないことにも注意すべきです。

　＊　ただし，通説は（そして判例も），単なる予備ではなく，「準備罪」という独立の犯罪として規定されている153条の罪および163条の4の罪の場合は，**他人の犯罪のための準備行為**もあわせて処罰されると解しています。

　主観主義の犯罪理論に立脚する**主観説（主観的未遂論）**によれば，行為者の危険な性格を示すものとしての犯罪的意思が外部に表明されれば，犯罪実現（結果発生）の可能性や切迫性の有無を問わず，特別予防のための対応（たとえば，犯人の改善・教育）の必要性がありますから，処罰されるべきことになります。しかし，現在では，主観主義の犯罪理論も，主観説も，ほとんど支持されていません（→ 87頁以下）。

　現在の支配的な見解は，**客観主義の犯罪理論**の立場から主張される**客観説（客観的未遂論）**です。それは，刑罰は「なされたこと」に対しその反動として科される制裁であるとする考え方（**応報刑論**）を理論的基礎とするものです。ただし，客観説の主張者は，主観面（危険な性格とそこから生じる犯罪的意思）ではなく，客観面を重視すべきだとする点で一致するものの，法益に生じた危険という「結果」の側面を重視するか（結果無価値論），それとも現に行われた行為の規範違反性（行動準則違反性）を重視するか（行為無価値論）により，大きく2つの方向に分かれます（→ 88頁以下）。

　未遂行為者もまた，「将来行うかもしれないこと」を理由としてではなく，

131

「現に行ったこと」ないしそこから「引き起こされた害」を理由として，反動としての刑罰を受けるものでなければならないのです。ただ，未遂行為において「引き起こされた害」とは何であるかが問題です。結果無価値論によれば，それは当該の法益に対し切迫した危険が生じたことに求められるのに対し，行為無価値論によれば，それは，当該行為が行われることにより，刑法規範が動揺し，刑法の一般予防効果が減殺されかねないところに（も）求められるのです。

〈ケース 4・空ピストル事件〉

甲は，警察官 A に逮捕されそうになったため，A を殺して逃走しようと思い，A が携行していた拳銃を奪って，A のわき腹にその銃口をあて，2 回にわたり引き金を引いたが，たまたま実弾が装填されていなかったため，何も起こらなかった。福岡高裁は，この事案につき，「制服を着用した警察官が勤務中，右腰に着装している拳銃には，常時たまが装てんされているべきものであることは一般社会に認められていることであるから，勤務中の警察官から右拳銃を奪取し，苟しくも殺害の目的で，これを人に向けて発射するためその引鉄を引く行為は，その殺害の結果を発生する可能性を有するものであって実害を生ずる危険があるので右行為の当時，たまたまその拳銃にたまが装てんされていなかったとしても，殺人未遂罪の成立に影響」しないとした（福岡高判昭和 28・11・10 高裁判特 26 号 58 頁）。

結果無価値論によりますと，法益侵害（または犯罪事実の実現）の現実的・客観的な危険が惹起されたところに未遂を処罰する理由があります。「結果無価値」というときの「結果」には，「侵害結果」ばかりでなく，法益が現実的な危険にさらされたという「危険結果」が含まれます。既遂に至る一歩手前の事態が未遂なのであり，既遂犯と未遂犯とは，いずれも事後的な判断により判定される客観的結果の発生を要件とする**一種の結果犯**として統一的に把握されることになるのです。

この結果無価値論によれば，実行の着手は，法益侵害の現実的・客観的危険が生じた時点（結果発生が切迫した時点）で肯定されます（すぐ次の**3**で説明する「実質的客観説」がとられるのです〔→ 136 頁〕）。また，現実的・客観的危険を生じさせない行為は，未遂犯として処罰する理由がないとされて，いわゆる**不能犯**となり，未遂処罰の対象から外されて不可罰となります。**〈ケース 4〉**は，可罰的な未遂犯か，それとも不可罰的な不能犯かが問題となる事例ですが，

132　Introductory Lectures in Criminal Law : **General Part**

結果無価値論の立場からは，裁判所の判断とは異なり，甲の行為は不能犯であり，殺人未遂としては処罰されないということになるでしょう[14]。

　これに対し，**行為無価値論**は，刑法の任務を行為規範（行動準則）の効力の確保を通じての一般予防に求めます。未遂犯においても，法益保護の見地から否定的に評価され，禁止されるべき規範違反行為が行われたところに処罰の理由があります。既遂犯においては，事後的に確定される結果発生（犯罪の完成）が不可欠の要素とされますが，未遂犯はそのような要素を持ちません。

　行為無価値論によると，実行の着手の判断においては，構成要件該当行為（またはその直前行為）が開始されたかどうかという形式面が重視されます（すぐ次の**3**で説明する「形式的客観説」がとられます〔→ 134 頁以下〕）。また，不能犯の問題については，行為の時点で一般通常人がそう認識するであろう諸事情の下で危険な行為と評価できる行為が行われれば，たとえ客観的には結果発生の可能性を持たなくても，不能犯ではなく，未遂犯として処罰すべきだとされます。〈ケース4〉では，行為の時点では，一般通常人には，外形的事情からそれが空ピストルであったことを見抜くことができなかったはずですから，その行為の状況におかれた一般通常人が認識したであろう事情を前提に考えると，犯人が狙った通りの結果が発生する可能性があったといえ，甲の行為は法益侵害の危険性を有し殺人未遂罪の違法性を備える行為です。それは不能犯ではなく，殺人未遂罪として処罰されるべき行為ということになります[15]（→ Column「**不能犯をめぐって**」135 頁）。

3　実行の着手時期

　すでに触れたように，主要な犯罪については未遂が処罰されます。したがって，未遂処罰の開始時点，すなわち実行の着手の時点が，**刑罰権の発動が本格的に開始**する時点だといえるのです[16]。比喩を用いれば，金田正太郎少年が鉄人28号を出動させるためにリモコンに手を触れるのは，原則として実行の

---

14)　不能犯に関する，このような見解のことを**客観的危険説**と呼びます。

15)　この見解を**具体的危険説**と呼びます。

16)　「実行の着手」（ないし「実行の開始」）という，比較的明確な概念により処罰の限界を画するに至ったのは，とりわけ1810年のフランス刑法典以降であり，このような形で原則的に実行の着手以降だけを処罰の対象とすることは，**近代刑法の特色**の1つとされているところです。

着手の時点以降なのです（え，何のことかさっぱりわからないって？）。

このように，実行行為に注目して刑罰権の発動時点を決することは合理的です。実行の着手以前の予備行為について見ると，それは，客観的・外形的にはまったく日常的で無害な行為であることが多いのです。殺人予備にあたりうる行為の中には，殺人実行の目的をもって行われる限り，たとえば，果物ナイフを買ったり，他人の家を訪問することなども含まれます[17]。したがって，実際問題としては，予備の段階で犯罪として認知されることはほとんどないのです[18]。これに対し，実行行為の段階に移ると事態は一変します。実行行為は，たとえば，ナイフで腹部を刺すとか，ピストルで撃つなど，誰がどう見ても犯罪行為とされるものなのです。

ただ，実行行為の観念が比較的明確なものであるといっても，厳密にいかなる時点で実行の着手を認めるかについては見解の対立があり，その背後には未遂処罰の根拠をめぐる考え方の違いがあります。

実行の着手時期を決める基準をめぐっては，大きく主観説と客観説とが対立します。**主観説**は，（客観的事情により認定可能な）主観的要素をよりどころとするもので，具体的には，「犯意の成立がその遂行的行動によって確定的に認められるとき」，「犯意の飛躍的表動があったとき」，「犯意の存在が二義を許さず一義的に認められる行為があったとき」などの基準により実行の着手に至ったかどうかを判定します[19]。しかし，現在ではほとんど支持者が存在しません。

客観主義の犯罪理論をベースとする**客観説**は，さらに形式的客観説と実質的客観説とに分かれます。**形式的客観説**は，構成要件概念を判断基準に用いて，形式的見地から着手時期を決定する見解であり，具体的には，**実行行為そのものに先行しこれと密接不可分な行為（直前行為）の開始時点**において実行の着

17）　予備罪は**目的犯**の構造を持ち，行為者が抱く目的の有無が行為の違法性を左右します。その場合の目的は，主観的要素でありながら，法益への危険性の有無を決定する**主観的違法要素**なのです（→ 107 頁注 18））。

18）　殺人予備でさえ，2013 年に警察に認知された件数は 24 件，2014 年で 31 件，2015 年で 25 件，2016 年で 22 件にすぎません。ちなみに，これらの数字は，『平成○年の犯罪』として毎年公表される警察庁編の犯罪統計書によるものです。

19）　その理論的基礎になっているのは，行為者の危険な性格が外部からはっきりと認識しうる段階に至れば，それを処罰する理由があるとする主観主義の犯罪理論（→ 87 頁）にほかなりません。

第7講　未遂犯と既遂犯

不能犯をめぐって

Column

　不能犯とは，行為者本人の認識を基準にすれば，すでに実行の着手が肯定される段階にまで至っているのですが，しかし，犯罪の完成に至る可能性がおよそないことを理由として，未遂犯として処罰されない場合のことをいいます。「その行為は不能犯である」というとき，未遂犯として可罰的でないことを意味するのです。したがって，不能犯とされる行為については，**未遂犯としての処罰根拠が備わっていない**ことになります。ある行為が**未遂犯として可罰的**であるか，それとも**不能犯として不可罰的**であるかの基準を明らかにすることは，未遂犯の処罰根拠を明らかにすることにほかならないのです。

　しかも，未遂犯の処罰根拠においては，**およそ犯罪の本質と処罰根拠（したがって，違法性の実質）についてどう考えるか**がダイレクトに問われています（→84頁以下）。ある人が犯罪の本質と違法性の本質についてどう考えているかを知りたければ，その人の不能犯に関する見解を知ればよいということになります。読者の皆さんが，ある刑法総論の教科書がいかなる基本的立場に基づいて書かれているかを知りたいと思えば，その本を開いて不能犯についての記述を読むのがもっとも手っ取り早いということになるのです。

　ごく単純化していえば，結果無価値論に立脚する**客観的危険説**は，その行為が物理的・科学的に結果発生の可能性を持っていたかどうかを事後的に判定する立場です。これに対し，行為無価値論に立脚する**具体的危険説**は，行為の時点においてその場におかれた一般通常人を基準として結果発生の可能な行為に見えたかどうかにより判断しようとする見解です。〈ケース4〉についていえば，前説からは結果発生の可能性（生命という法益が失われる危険性）は否定されて不能犯となり（殺人未遂罪は成立しない），後説からは，その場に居合わせた一般通常人の認識を基準としますから危険と判断され，未遂犯として可罰的とされることになるのです。

　1つだけ補足しますと，いわゆる行為無価値論とは，結果無価値の法的重要性を否定するものではなく，行為無価値と結果無価値の両方を考慮する見解です。そこで違法二元論とも呼ばれます（→90頁以下）。したがって，その立場からは，未遂犯として可罰的な行為の中には，①物理的・科学的にも危険であり，一般通常人の認識を基準としても危険な行為（いわば真に危険な未遂行為）と，②物理的・科学的には結果発生の可能性はないが，一般通常人の認識を基準とすれば危険な行為（〈ケース4〉における甲の行為のように，行為無価値のみが認められる行為）の両方があることになります。①は，結果無価値と行為無価値の両方が肯定される行為，②は，結果無価値はないが，行為無価値はある行為です。

135

手が認められるとします[20]。これに対し，**実質的客観説**は，実質的見地から，法益侵害ないし構成要件の実現に至る現実的危険性が認められるとき実行の着手ありとするのです。

〈ケース5・窃盗罪における実行の着手時期〉
　甲は，夜間，電器店に侵入し，店舗内において，持っていた懐中電燈により真っ暗な店内を照らしたところ，電気器具類が積んであることがわかったが，なるべく現金を盗りたいので，右側の方向にあった煙草売場の方に行きかけた。最高裁は，この時点で，窃盗の実行の着手があるとした（最決昭和40・3・9刑集19巻2号69頁）。

　従来の通説は，形式的客観説であり，それがかつての判例の基本的立場とされていました。たとえば，他人の住居に侵入して窃盗を行う場合であれば，侵入後，金品の物色をはじめた段階で窃盗の実行の着手を肯定してきたのです。しかし，最近の多数説は，実質的客観説をとり，〈ケース5〉の最高裁判例も，目的物の物色以前の段階で実行の着手を認めたものであり，実質的客観説に近づいた（または実質的客観説の基準によった）判例と見られています。ただ，煙草売場の方に行きかける行為は，窃盗の直前行為にあたるとすることも可能であり，そうすれば，この判例は形式的客観説と矛盾するものではありません。

　それでは，この点の見解の対立について，どのように考えるべきでしょうか。まず，形式的客観説と実質的客観説は，どちらかを選択しなければならないという意味で，相互に排他的な形で対立する見解ではありません。ここでは，43条における実行の着手の解釈が問題となっているのですから，罪刑法定主義が刑法解釈にあたっての原則とされる以上（→63頁以下），「実行の着手」という

　20）　形式的客観説は，もともとは，刑罰法規の文言の持つ日常的な意味に従ったときに**構成要件に属する行為の一部を開始する**ことが実行の着手であるとしました。たとえば，窃盗罪については「物を盗る行為」の一部が行われることが必要であり，犯人が目的物を見定めてそれに手を伸ばす行為があってはじめて着手が認められるとされたのです。しかし，夜間に他人の家に侵入し金品を盗む場合を想定すれば明らかなように，それでは着手時期が遅くなりすぎる嫌いがあります。ここから，実行行為の一部とはいえなくても，実行行為の直前行為が行われれば着手が認められるとする見解が支持を集めるに至りました。窃盗罪の場合には，**客体たる財物の物色行為**などの時点にまで遡って着手を認めることができるとされたのです。

136　Introductory Lectures in Criminal Law : **General Part**

文言が言葉として持つ制約を無視することは許されないのです。実行の着手とは，構成要件該当行為への着手を意味するのですから，**最低限の要件**として，犯人が故意をもって構成要件該当行為にまさに接着する**直前行為**ないし**密接行為**を行うことが必要であり，それ以前の段階にまで着手時期を遡らせることは解釈の限界を超えると考えられます。この意味においては，**形式的客観説が基本**とされなければならないのです（→ Column「修正された構成要件としての未遂犯の構成要件」139 頁）。

　ただし，実行行為の直前行為があればつねに必ず着手が認められるべきであるということにはなりません。実行の着手は，未遂犯としての実質的な処罰根拠が備わる段階で肯定されるべきなのです。そこで，はたして**直前行為以降のどの段階**において着手を認めるべきかの判断に際しては，未遂犯としての実質的な処罰理由のある場合にのみ実行の着手を認めるようにするため，実質的客観説のいう**法益侵害ないし構成要件の実現に至る現実的危険性**という限定的基準を援用することは可能であり，また必要であるように思われます。そのように考えれば，**形式的基準と実質的基準とは相互補完的関係**にあることになり，これらを併用して，実行の着手時期が定められることになるのです。

　ここで明らかにされるべきは，「法益侵害ないし構成要件の実現に至る現実的危険性」といわれるものの内容，すなわち，実質的に未遂犯として処罰する理由のある場合であることを示す基準としての「危険性」の内容です。実は，そこには，**2 つの異なった基準**が含まれています。

　それはまず，**結果発生（ないし構成要件実現）の時間的切迫性**です。結果発生が時間的に差し迫っている事態においては，未遂犯として処罰すべき実質的理由がすでに存在するといえましょう。射殺行為の直前行為たる「ピストルを構えて狙いをつける行為」や，斬殺行為の直前行為たる「日本刀をふりかぶる行為」の時点においては，殺人の実行の着手が肯定されなければなりません。他方において，結果発生の時間的切迫性がなくても，**結果発生に至るまでのプロセスにおける障害の不在性**，いいかえれば，**結果発生の自動性**が肯定されるときにも，行為者が結果実現（構成要件実現）のために行うべき行為の重要部分を終えたのですから，未遂処罰は肯定されるべきです。殺人の目的で数日後に爆発する時限爆弾装置を，容易に発見されることのない場所に備え付けたというとき，爆発の直前の時点まで予備にとどまると考えるべきではありません。

同様に，殺害の目的で被害者宛に毒入りの菓子を郵送するというような**離隔犯**[21]の場合，被害者が到着した菓子を食べる直前まで着手を肯定できないとすることには疑問があります（ただし，判例は，菓子が被害者宅に到着して被害者がいつでもこれを食べることのできる段階になってはじめて着手を認める見解であるようです）。これらの事例においては，大きな障害を経ずに結果発生に至りうる行為が行われた時点で，未遂処罰が肯定されるべきでしょう。そうであるとすれば，少なくとも直前行為と認められた上で，**結果発生の時間的切迫性か自動性かのどちらか**があれば実行の着手を認めてよい，ということになります。

〈ケース６・強制性交等罪における実行の着手時期〉

　甲ら２人は，かなり離れた場所まで車を走らせた上で車内で性交を強制する意思で，市内を通行中の女性を無理やりダンプカー内に引きずり込んだ。最高裁は，ダンプカーに引きずり込もうとした時点において，「すでに強姦に至る客観的な危険性が明らかに認められるから」という理由により，当時の強姦罪（現在の強制性交等罪・177 条）の実行の着手を肯定した（最決昭和 45・7・28 刑集 24 巻 7 号 585 頁）。

　この〈ケース６〉では，強制性交等罪における実行の着手が問題となります。同罪については，その手段たる暴行または脅迫の開始時点が，実行の着手の時点です。ただ，この最高裁判例は，強制性交の直接的手段としての暴行・脅迫が行われていない段階で実行の着手を肯定したのです。

　その結論は支持されるべきでしょう。まず，無理やりダンプカー内に引きずり込むという暴行と，強制性交の直接的手段としての暴行との間には**連続性**が認められ，それを同罪の実行行為の**直前行為**と評価することは可能です。また，ダンプカー内において性交を強制することを計画していたケースであり，人目につかない場所まで走ればただちに実行に出ることのできる状況にあったこと，しかも，車内に引きずり込むことに成功すれば，その後は第三者による発見・妨害を容易に回避して実行に移ることが可能であったことからすると，犯罪実

---

21)　離隔犯とは，行為と結果の発生との間に時間的にも場所的にも間隔が存在する場合のことをいいます。

138　Introductory Lectures in Criminal Law : **General Part**

第7講　未遂犯と既遂犯

修正された構成要件としての未遂犯の構成要件

Column

　直前行為ないし密接行為そのものは，実行行為の一部ではありません。実行の着手時期を直前行為の時点にまで遡らせることは，着手を**実行行為以前に遡らせる**ことにほかならないのです。未遂犯の構成要件は，結果の発生まで必要がないという意味で，後半部分を修正するばかりでなく，開始部分において実行行為の一部でなくてもよいというように，**構成要件の射程を前方に向けて修正する**ものであるということになります。

　ただ，直前行為が最低限の要件とされることは，場合により直前行為まで遡ることが許されるということを意味するにとどまり，つねに直前行為の時点で実行の着手が認められるということではありません。たとえば，一般に，強盗罪や詐欺罪については，**手段たる暴行・脅迫ないし欺く行為が開始されなければ，着手ありとはいえない**とされており，さらにその直前行為にまで遡ることは認められていないのです＊。

　＊　ただし，この点に関し，最近の最高裁判例は，詐欺罪（246条1項）についてではありますが，いまだ被害者に対し現金の交付を求める文言を述べるに至っていないケースについて，詐欺罪の実行の着手を肯定できるとするに至りました（最判平成30・3・22刑集72巻1号82頁）。これは，詐欺罪の実行行為である「欺く行為」の直前行為にまで遡って実行の着手を認めたと解することも可能です。

現に至るまでの過程における**障害の不在性**（**構成要件実現の自動性**）も肯定できるのです。

Ⅳ 終了のチャイムが鳴る前に

　最後に，**殺人罪の実行の着手時期**に関する重要な最高裁判例を紹介します。その事案は，次のようなものでした。被告人甲らは，事故死に見せかけてAを殺害し生命保険金を騙し取ろうと考え，クロロホルムを使ってAを昏倒させた上（第1行為），Aを約2キロメートル離れた場所で自動車ごと海中に転落させて沈めた（第2行為）のですが，Aの死因が特定できず，第2行為の行われる前の時点で，第1行為により死亡していた可能性があるというのです。

　最高裁は，「第1行為は第2行為を確実かつ容易に行うために必要不可欠なものであったといえること，第1行為に成功した場合，それ以降の殺害計画を遂行する上で障害となるような特段の事情が存しなかったと認められることや，

139

第1行為と第2行為との間の時間的場所的近接性などに照らすと，第1行為は第2行為に密接な行為であり，……第1行為を開始した時点で既に殺人に至る客観的な危険性が明らかに認められるから，その時点において殺人罪の実行の着手があったものと解するのが相当である」としました（最決平成16・3・22刑集58巻3号187頁〔**クロロホルム事件**〕）。この最高裁判例は，43条の文言上の制約からくる**密接性**の基準と，未遂犯の処罰根拠から導き出される**危険性**の基準の双方を考慮に入れる趣旨のものであるといわれます[22]。そうであるとすれば，それは形式的客観説と実質的客観説を総合する見解をとったものであり，先に示した所説と基本的に一致するのです。

　具体的な結論としては，このケースでは，第1行為から第2行為まで2時間も時間が経過していることからすると，すでに第1行為の時点で実行の着手を認めることに疑問が生じないではありません。しかし，**行為者の計画**の全体を考慮するとき，第1行為そのものがそれ自体として危険な行為であることもあわせ考えると（すなわち，すでに第1行為の時点において被害者に対する身体的攻撃は開始されていると理解することができるのです），**第1行為は第2行為の直前行為であり，両者間に連続性を肯定できる**といえましょう。また，第1行為に成功すれば，第2行為に出ることは容易なものとなる（障害が除かれる）ことから，**結果発生の自動性**を肯定することも可能です。ここから，第1行為の時点で殺人の実行の着手を認めた結論を支持することができると思われるのです[23]。

　本日の講義も，盛りだくさんのものとなりました。わかりにくい話になったのではないかと心配です。第8講のテーマは「恋と錯誤」，おっと違った「故意と錯誤」です。恋に錯誤が付きものというのと同じぐらいに，故意には錯誤が付きものなのです。そろそろくたびれ顔の学生諸君が目につきますが，まだまだ刑法学の「アイガー北壁」は先にあります。ここで挫折するのは早すぎですよ。

---

　22)　平木正洋『最高裁判所判例解説刑事篇平成16年度』162頁をご参照下さい。
　23)　なお，この判例は，実行の着手の判断にあたり，**行為者の計画を判断資料に加えることを正面から認めている点**でも注目に値します。実行の着手時期の確定に際し，行為者の主観的意思をどの程度まで考慮すべきかをめぐり議論があったのですが，行為者の計画まで考慮に入れるべきであるとする見解によることを明らかにしたのです。

第**8**講

Introductory Lectures
in Criminal Law
General Part

故意と錯誤

I はじめに

　刑法典には，故意と錯誤について規定する重要な条文があります。それは，**38 条**です。その第 1 項には，「罪を犯す意思がない行為は，罰しない。ただし，法律に特別の規定がある場合は，この限りでない」とあります。原則として故意のある行為だけが処罰の対象となることを定めたものであり，それは**故意犯処罰の原則**とも呼ばれます。刑法各則の刑罰法規の解釈にあたっては，反対の解釈を許すための「特別の規定」がない限り，故意行為のみの処罰を予定するものとこれを理解しなければなりません[1]（なお，故意犯処罰の原則の適用範囲は，刑法 8 条により，特別刑法の刑罰法規にも及びます）[2]。

---

　1)　ただ，たとえ「特別の規定」を設けたとしても，無過失の行為まで処罰の対象とすることは許されません。学説の理解によれば，行為者に責任を問うためには最低限必要とされる過失がないのに，これを処罰することは，**責任主義の原則**（→ 52 頁）に反するのです。38 条 1 項にいう「特別の規定」の例としては，①「過失により」とか「業務上必要な注意を怠り」という文言が見られる過失犯処罰規定（209 条以下など），②重い結果発生につき「よって」という文言が見られる結果的加重犯の規定（181 条や 205 条など），③刑罰法規に規定された一定の要素が客観的処罰条件または処罰阻却事由と解される場合（→ 79 頁）をあげることができます。

　2)　特別刑法の中でも，特に行政刑法と呼ばれる領域では，明文の規定がなくても，法律の目的ないし規制の趣旨から過失行為も処罰することが合目的的であると解されるとき，過失処罰を肯定してよいかどうかが問題とされています。

141

なぜ刑法は故意犯の処罰を原則としたのでしょうか。それは，刑法が法益保護の目的を達成するために，**法益の侵害・危険に向けられた意思的行為である故意行為**（それは，「刑法が，行われることを阻止したいと考えるところのもの」を実現しようとする意思で行われる行為にほかなりません）を原則的な処罰の対象とすることが合理的であるからです。すなわち，刑法と刑罰の存在理由と機能に照らして，故意行為に対しては，（より）重い規範的評価を加え，（より）重い刑を科すことにより，一般市民に向けて強い警告を発することが要請されると考えられるのです。

　刑法が防止したいのは，すべての違法行為ではありません。量と質の双方から見て処罰に値する違法行為，すなわち**可罰的違法行為**に限られるのです（→ 82頁）。刑罰法規において処罰の対象として類型化されていない法益侵害行為・法益危険行為を理由として刑法的違法性を肯定することは罪刑法定主義の原則に反しますが，条文化されていない違法行為に向けられた実現意思があることを理由にして行為に（より）重い違法評価を加えるとすれば，それはやはり罪刑法定主義の原則と矛盾するのです（そもそも刑法は，法律により処罰の対象として類型化した違法行為の実行を阻止するために存在するのですから，条文化されていない法益侵害・危険を実現しようとする意思を重く評価しても無意味なのです）。したがって，故意行為とは，構成要件該当行為の実行を意思内容とする行為のことと考えなくてはなりません。

　ここから，故意ありといえるためには，何よりも行為者が**構成要件に該当する客観的事実を認識**していなければならないということになります。構成要件（の客観面）は故意における事実認識の内容を決める機能（**故意規制機能**）を持つといわれますが（→ 99頁），それは罪刑法定主義の原則および刑法規範を手段とする一般予防の要請を理論的基礎とするものにほかなりません（→ Column **「故意の体系的位置づけ──違法要素説と責任要素説」** 143頁）。

故意の体系的位置づけ──違法要素説と責任要素説

　現在の通説は，故意と過失を構成要件要素として把握し，殺人罪と傷害致死罪と過失致死罪とは，すでに構成要件該当性の段階において相互に区別されるとする見解をとります（→106頁以下）。この入門講義では，故意・過失はもっぱら違法要素であるとする考え方（**違法要素説**）を前提として，それらを違法類型としての構成要件の要素として位置づけています。故意であるか過失であるかは，民法上の不法行為を考える上では本質的な重要性はないのですが，本講の冒頭で述べましたように，刑法においては，もともと故意行為こそが，刑法がその実行を抑止しようとする本来的な可罰的違法行為なのであり，**故意は刑法的違法性の中核的要素**なのです。刑法は，法益侵害・危険を現実化しようとする意思に働きかけ，これを放棄させることにより法益を保護しようとするものだからです。

　これに対し，故意は，伝統的には責任要素とされてきましたし，現在でも，そのような理解が有力です（**責任要素説**）。結果無価値論（→93頁，132頁）によれば，故意による人の死亡結果の招来と，過失による人の死亡結果の惹起とは（さらにいえば，無過失で人を死亡させることもまた），法益侵害という点ではまったく同一であり，したがって違法性の程度は変わりません。殺人罪と傷害致死罪と過失致死罪と無過失致死行為は，違法性のレベルでは同一であって，相互に区別されないことになります。責任の段階では，結果発生につき故意のある場合には，行為者に対しより重い非難が可能であり，過失しかない場合には軽い程度の非難しか加えることができず，無過失の場合にはおよそ責任を問いえないという相違があります。こうして，故意（そして過失）は，もっぱら責任非難に影響を持つにすぎない心理的要素であり，責任要素として把握されることになるのです＊。

　＊　以上のように，故意・過失が違法要素か，それとも責任要素かが，学説の対立の根本にあるところなのですが，議論を複雑なものとしているのは，いわばバリエーションとして，次の2つの学説が存在することです。すなわち，まず，①責任要素説によりつつ，構成要件を有責類型として捉え（→101頁），構成要件要素の中には責任要素も含まれると解することにより，故意を構成要件要素として位置づける学説が存在します。そして，②故意は違法要素であるとともに責任要素でもあるとし，犯罪論体系において二重の地位ないし二重の機能を認める見解が存在します。この②の見解によりますと，まず故意は主観的構成要件要素とされますが，さらに，責任要素として責任段階においても考慮されることになるのです。

Ⅱ 故意について

1 事実認識の対象

　故意における事実認識の対象は，**構成要件の客観的要素にあたる事実のすべて**です。構成要件の客観的要素は，行為の主体，手段・方法（行為態様），行為の客体，行為状況などに分類できますが，これに加えて，行為の有する一定の危険性（および正犯性）を含めた行為の要素すべてについて認識が必要です（構成要件の客観的要素につき，102 頁以下を参照）。結果犯においては，結果の発生も構成要件要素となりますので，それが予見されていなければなりません[3]。もし行為者の認識した事実をスクリーンに投影することができたとすれば，それが当該犯罪の構成要件に該当する客観的事実であることが必要なのです。

　さらに，判例・通説によりますと，**違法性阻却事由**にあたる事実も，消極的な意味で認識の対象となります。すなわち，故意があるといえるためには，構成要件に該当する客観的事実（たとえば，他人の生命を奪うこと）の認識があるだけでなく，それが違法性阻却事由を具備しない事実（たとえば，正当な理由なく他人の生命を奪うこと）として認識されなければならないのです。したがって，行為者が正当防衛や緊急避難等の違法性阻却事由（→ 182 頁以下）にあたる事実を認識していたときには故意が阻却されます。

　このように，故意が認められるためには，構成要件に該当する違法な事実の認識が必要ですが，**認識**さえあればよいのか（認識説），認識に加えて，**意思（ないし意欲）**がそれに向けられていることが必要であるのか（意思説）は，故意の本質に関わる重要な問題です。この点については，後の **4** のところで説明します（→ 147 頁以下）。

　3）　構成要件要素の中で，実行行為（構成要件該当行為）と発生結果とをつなぐ**因果関係**も，故意における認識対象に属するかどうかをめぐっては見解が対立しています。通説は，認識必要説です。ただし，現実の因果経過の詳細まで認識する必要はなく，その大筋ないし基本的部分についての認識があればそれで足りるとします。たとえば，行為者において，被害者の腹部深くまで鋭利なナイフを刺すことにより被害者は死亡するであろうという認識があれば，それで十分であり，被害者が出血多量で死亡するか，傷口からばい菌が入って死亡するかなどの詳細について認識していなければならない（したがって，その点の思い違いがあれば故意が否定される）というものではありません。

2 事実認識の程度

　故意が認められるためには，事実を法的概念に正確にあてはめて認識することまでは要求されません。甲が A 私立大学の成績証明書を偽造したというとき，私文書偽造罪（159条 1 項）の成立を認めるためには，甲が大学の成績証明書が刑法上の「文書」という概念にあたることまで知っている必要はないのです。行為者が法的概念に正確にあてはめて事実を認識することまで要求されるとすれば，刑罰法規を事実に適用するために一定の法的知識が必要とされる場合，法律家しか故意犯を犯しえないことになってしまい不当でしょう。故意の成否の判断にあたり，行為者が事実を法的概念に正確にあてはめて認識したかどうかは重要でないとすれば，かりにその点について誤解があったとしても，それは故意の成否に影響しないということになります。行為者が，法解釈のレベルにおける誤解の結果，自己の行為が刑罰法規のある条項には該当しないと思い込んだ場合のことを**あてはめの錯誤（包摂の錯誤）**といいますが，それにより故意は否定（阻却）されません[4]。行為者が，あてはめの錯誤の結果，自分の行為は法的に許されていると信じたとしても，それは（後のⅢ-**2**のところで触れますように〔→ 152 頁以下〕）38 条 3 項に規定された違法性の錯誤（法律の錯誤）にすぎないのです。

　故意の成立を認めるために決定的なことは，構成要件該当事実の意味ないし性質に関する素人的理解としての**意味の認識**があることです。上の私文書偽造の例についていえば，「ニセの証明書を作る」という程度の意味の認識があれば，文書偽造罪の故意としては十分であり，行為者がその客体を刑罰法規にいう「文書」にはあたらない物と信じ込んでいたとしても，それはあてはめの錯誤にすぎず，故意の成否に影響しません。また，たとえば，甲が「わいせつな図画」にあたる写真集を販売（有償頒布）目的で所持していたとして（175 条 2 項），故意を認めるためには，甲がただその写真集の物理的存在を知覚していたことだけでは足りませんが，その内容がいわゆる「エロ本」「ポルノ写真集」の類であることまで認識していれば，それで十分なのです[5]。さらに，薬物犯罪の場合でも，故意を認めるためには，何らかの違法な物質と認識しているだ

　4）　この趣旨を明らかにした判例として，最大判昭和 32・3・13 刑集 11 巻 3 号 997 頁（**チャタレイ事件**）があります。

けでは十分ではありませんが，「ヘロイン」とか「覚せい剤」とかいう正確な名称まで知っている必要はなく，「依存性の有害な薬理作用を有する薬物」という程度の認識があればそれで足りると解すべきでしょう（→ Column「なぜ意味の認識なのか」147頁）。

3　故意の種類

　故意は，確定的故意と不確定的故意とに分類されます。このうちの**確定的故意**は，さらに2つの類型に分けることができます。第1類型は，構成要件実現を意図し目的とする心理状態です。たとえば，50メートル先に立つ仇敵の殺害を望み，それを標的としてライフルを発砲する場合には，この意味における確定的故意が認められます。第2類型は，構成要件の実現を目的として追求しているのではないのですが，その事実の発生を確実なものと認識している場合です。たとえば，保険金を得ようと思い，住居として用いられている建造物に放火する際に，住居内で寝たきりとなっているお年寄りが死ぬことを確実なものとして認識しているという事例においては，殺人罪との関係で，この意味における確定的故意を肯定することができます[6]。

　不確定的故意の種類としては，未必の故意（未必的故意），択一的故意，概括的故意があり，いずれについても，客観的に生じた事実との関係で故意の成立が肯定されます。つまり，すべての侵害された客体および危険にさらされた客体との関係で故意犯が成立するのです。不確定的故意のうち，**未必の故意**はいわば基本形であり，択一的故意と概括的故意はそのバリエーションとして理解することも可能です[7]。未必の故意については，次の**4**のところで詳しくお話ししますが（→147頁以下），判例・通説によれば，構成要件該当事実の実現の可能性を認識し，かつその実現を認容する（すなわち，「かまわない」「やむを

　5）「文書」や「わいせつ」や「他人の財物」のように，事実に適用するにあたり解釈者の評価ないし価値判断が必要となる要素のことを**規範的構成要件要素**と呼びます（→107頁）。特に規範的構成要件要素については，故意の成否を検討する際に，意味の認識という考え方が重要な意味を持ちます。

　6）　ドイツの学説は，前者の類型の確定的故意を「第1レベルの確定的故意」と呼び，後者の類型の確定的故意を「第2レベルの確定的故意」と呼んで区別しています。

　7）　ただ，このうちの概括的故意の場合は，それぞれの個別の客体との関係では，**未必の故意の要件が厳密には充足されていない**（少なくとも，それが各別には証明されていない）という点に特色があるように思われます。

> ### なぜ意味の認識なのか
>
>
> 　故意の成立を認めるにあたり，意味の認識こそが決定的な意味を持つことの理論的根拠はどこにあるのでしょうか。私の考えでは，刑罰法規には裁判規範としての側面と，行為規範としての側面とがあり（→56頁以下），**故意は行為規範違反の要素**として要求されるところにその理由があります。行為者が法的概念にあてはめて事実を認識する必要がないのは，刑罰法規はまず裁判規範であり，それは直接には裁判官らの国家機関に向けられており，そのまま一般市民に向けられたものではないからです。裁判規範としての刑罰法規において用いられた概念と，われわれがふつうに用いる日常的概念との間にはギャップがあります。したがって，故意の成否を判断するとき，**刑罰法規の概念の日常的概念への翻訳**が必要となります。もし行為者が，裁判規範としての刑罰法規の概念に正確にあてはめて事実を認識していなくても，それに対応する日常的概念にあてはめて事実を認識していれば，それで故意の成立は認められるのです。行為規範（たとえば，「人を殺してはならない」）は，裁判規範を日常用語に翻訳したものとして（人々にも理解される形において）一般市民に向けられたものと考えられます。刑法は，行為規範として故意に働きかけ，これを放棄させることにより法益を保護しようとします。故意の成立を認めるためには，意味の認識が必要で，かつそれで十分とされる理由は，故意の問題がこのような行為規範のレベルでの問題だからだと理解することができるのです。

えない」「仕方ない」と肯定的に是認する）心理状態のことをいいます。**択一的故意**とは，客体が2つ（以上）で択一的な侵害意思がある場合です。目の前に立つAとBのうち，どちらかに命中させて死亡させようと思い，ピストルを撃つ場合がその一例です。これに対し，**概括的故意**とは，客体の数が2つ以上あり，行為者において結果の生じるべき客体とその個数の特定がない場合のことです。人混みの中に爆弾を投げ込むケースのように，どの人が，また何人が被害を受けて死のうがかまわないという意思で行為する場合がその典型例です。択一的故意と概括的故意の場合においては，いずれも，およそ結果が実現すること自体についての認識は確定的であるとしても，それぞれ個別の客体の侵害との関係では，やはり未必的な認識しか存在しないのです[8]。

4　未必の故意と認識ある過失の区別

　今日の講義のはじめのところでお話ししたように，刑法は故意犯の処罰を原

則としており，過失犯が処罰される場合でもその法定刑は軽いので（たとえば，210条の過失致死罪を参照して下さい），故意か過失かの区別は実際上重要です。故意は，未必の故意において，過失（厳密には，そのうちの**認識ある過失**[9]）と境を接するのです。

故意の成立を認めるためには，構成要件該当事実の認識さえあればよいとするのが**認識説**ですが，それによれば，未必の故意と認識ある過失とを区別できないでしょう（人にケガをさせるかもしれないという考えがひとたび頭をよぎればただちに故意がある，とすることはできないのです）。ただ，行為に出るときには，犯罪の発生・不発生に関し最終的にどちらかの結論に傾くことが多いでしょうから，行為者が「結局においては結果が発生すると思ったかどうか」で区別することは可能です。しかし，可能性が頭をよぎったが，「判断停止」のまま行為したとか，成り行きにまったく無関心であった場合，故意か過失かの判断ができないということにもなりかねません（この場合，常に故意が成立すると考えることもできるかもしれませんが，それでは緩やかすぎるでしょう）。

そこで，通説は，**認容説**をとり，認識的要素に加えて**意思的要素**をも考慮し，可能と認識した犯罪事実の実現について少なくとも「認容」があれば故意が認められるとします（はっきりとした意思ないし意欲までは要求しないという点で，認容説は意思説を**修正**したものということになります）。これによれば，犯罪事実が実現しうることにつき認識があることを前提として，さらに，それでも「かまわない」「やむをえない」「仕方がない」という心理状態（**弱い意思的要素と**

8）　なお，不確定的故意は，1つの客体が持ちうる複数の属性との関係でも問題となるでしょう。たとえば，甲が電車の網棚の上に載せられたＡのかばんをわが物とするために持ち去ろうとするとき，それがＡの占有下にある物であるか（そのときには，窃盗罪〔235条〕となります），それともＡの占有を離れた遺失物であるか（そのときには，遺失物横領罪〔254条〕となります）につき，甲において不確定的な心理状態が考えられるのです。このような場合の故意を，**客体の属性に関する不確定的故意**と呼ぶことができましょう（この事例では，犯罪の成立は択一的ですので，客体の属性に関する択一的故意ということになるでしょう）。もし現実には，かばんはＡの占有を離れた遺失物となっており，客観的に遺失物横領罪の事実が実現されたとしても，同罪の既遂に加えて，窃盗罪の未遂も成立しうるであろうと考えられます。

9）　過失は，構成要件該当事実の実現の可能性についての認識があったかどうかにより，認識なき過失と認識ある過失とに区別されます。**認識なき過失**は，行為者がその行為を行うにあたり構成要件該当事実実現の可能性にまったく思い至らなかった場合のことです。これに対し，認識ある過失は，構成要件該当事実実現の可能性を認識した場合の過失のことです。

しての認容）が認められるときが未必の故意であり，これを欠く場合が認識ある過失ということになります。これに対しては，認容説のように意思的要素を加味することなく，純粋に**認識的要素のみを考慮する認識説**を基礎におきつつ，これを修正し，結果発生の蓋然性（単なる可能性ではなく，ある程度の高さの可能性）を認識した場合に故意ありとする**蓋然性説**も主張されています（蓋然性説は，**認識説を修正**したものです）。

　判例は，認容説によっているといわれます。かつて最高裁は，臓物故買罪（現在の盗品有償譲受け罪〔256条2項〕）に関し，「故意が成立する為めには必ずしも買受くべき物が臓物であることを確定的に知って居ることを必要」とせず「或は臓物であるかも知れないと思いながらしかも敢てこれを買受ける意思（いわゆる未必の故意）があれば足りる」としました[10]。この判決は，認容説をとったものと一般に理解されていますが，買受人たる被告人が，売渡人から盗品であることを明らかに告げられた事実がなくても，買受物品の性質，数量，売渡人の属性，態度等諸般の事情から「あるいは盗品ではないか」との疑いを持ちながらこれを買い受けた事実が認められれば，未必の故意が認定できるとしているのです。そこで，これらの列挙された外部的事情は，その客体が盗品であることの蓋然性の程度を示すものであると理解すれば，蓋然性説の立場からこの判例を説明することも不可能ではありません。なお，たとえば，殺人罪の故意に関する高裁判例を見ても，基本的に認容説に立ちつつも，結果発生の危険性・蓋然性をあわせ考慮しているものが目立ちます[11]。

　それでは，認容説をとりつつ，行為者が認識した結果発生の蓋然性を考慮す

---

10)　最判昭和23・3・16刑集2巻3号227頁。

11)　殺人罪に関する東京高判昭和41・4・18判タ193号181頁，殺人罪と傷害罪に関する福岡高判昭和45・5・16判時621号106頁等がその例です。また，広島高判平成17・3・17判タ1200号297頁は，第1審裁判所が傷害致死としたのを，未必的殺意があるとして破棄し，事件を原審に差し戻しました。原審裁判所は「認容」という言葉を使っていますが，高裁はこれをいっさい使わず，蓋然性の認識のみを問題としています。とはいえ，全体として見たとき，判例が認容説の立場を基本としていることは否定できないように思われます。そのことは，判例が，故意の成否との関係でしばしば「認容」という表現を用いるところに示されています。たとえば，最高裁は，近時のある判例の中で，次のように述べています。「かかるソフトの提供行為について，幇助犯が成立するためには，一般的可能性を超える具体的な侵害利用状況が必要であり，また，そのことを提供者においても認識，認容していることを要するというべきである」（最決平成23・12・19刑集65巻9号1380頁〔**ウィニー事件**〕）。

149

ることは矛盾したことなのでしょうか。実は，そうではないのです。刑事裁判
の場における証拠による故意の認定という実践的な局面においては，認容とい
う心理状態とは，結果発生（構成要件実現）の危険性・蓋然性を認識しつつ行
為するときの心理状態なのであり，後者が証拠により認定されることにより，
前者の「認容」が認定されるのです。このように考えれば，**認容説と結果発生
の蓋然性の考慮は何ら矛盾するものではないのです**[12]（→ Column **「故意の成否の
判断——意思的要素と認識的要素の相関関係」** 151 頁）。

III 錯誤について

1 刑法における錯誤論

　錯誤とは，行為者が主観的に認識したところと客観的な事態との間の不一致
のことをいいます。日常生活の場面で，勘違いとか，思い誤りとか，誤解とか
と呼ばれるもののことであり，要するに，それは「思ったこと」と「現実の事
態」との間のくい違いにほかなりません。刑法の分野で錯誤が論じられるのは，
主観面と客観面の間にくい違いがみられる場合のすべてではなく，そのような
くい違い（齟齬ということもあります）により**故意の成否に疑いが生じる場面**に
限られます。錯誤が問題となるのは，犯罪の原則的形態である故意犯において，
錯誤が故意の成否に影響する可能性があるからなのです。どのような場合に錯
誤により故意が阻却されるかという錯誤論の問題は，故意の成立のためにいか
なる事態の認識が必要とされるかという**故意論の問題と表裏**をなしています。
そこで，しばしば「錯誤論は故意論の裏面である」といわれるのです[13]。

　行為者が犯罪の実行にあたり日時や場所などについて誤解していたというと
き，もし真実がわかっていたら犯行に出なかったであろうという場合（たとえ
ば，その日が「13 日の金曜」と気づいていたら，不吉だから犯行を差し控えていた
であろうという場合）であっても，故意が阻却されることはありません。そこ

---

　12)　刑事手続において，いかなる事実から行為者に故意があったことを推認するかは，刑事訴訟
法上の事実認定の問題です。本文に述べたことは，**故意と呼ばれる心理状態を認定するための間接事
実**（情況証拠）として，行為の危険性の大きさに関わる事実が用いられているということにほかなり
ません。なお，故意認定のための間接事実の中には，動機とか犯行後の行動など，行為の危険性に直
接には関わらないものも含まれます。

150　Introductory Lectures in Criminal Law : **General Part**

第8講　故意と錯誤

故意の成否の判断──意思的要素と認識的要素の相関関係
Column

　学説上，認容説も，蓋然性説も，鋭い批判の対象となっています。認容説に対しては，それは法に反する事態を内心において是認する人格態度の有無を基準とするものであり，故意を非難すべき心理状態（ないし悪い心情）と同一視する立場にほかならず，**故意を違法要素として位置づけることと矛盾する**という批判が可能です。また，認容には，「よい」，「かまわない」という積極的認容ないし肯定的是認の場合もあれば，「やむをえない」，「仕方がない」というこれに準ずる場合（消極的認容と呼ぶこともできましょう）もあり，さらに，「意に介さない」，「投げやり」，「無関心」等の場合があり，**「認容」の意味するところが曖昧である**という批判も重要です。他方，蓋然性説に対しては，結果発生の可能性は低いことを知りつつ，結果を積極的に意図して行為した場合（すなわち，前述の第1類型の確定的故意が認められる場合〔→146頁〕）に，故意が認められないことになってしまうという批判が加えられています。

　むしろ次のように考えるべきでしょう。故意の有無は，**意思の強さと，認識された事実実現の確実度との相関関係**の中で判断されるべきものなのです。まず，①当該構成要件該当事実の実現を意図し目的としていたときには，故意が認められます（第1類型の確定的故意）。また，②構成要件該当事実が実現されることを確実なものと認識しつつ，その行為に出た場合にも，故意は認められます（第2類型の確定的故意）。さらに，③構成要件該当事実が実現する蓋然性（すなわち，結果の不発生を当てにすることが不合理な程度の可能性）を認識したときには，回避措置がとられない限り，故意が認められるべきです。たとえば，酒に酔って自動車を適切に運転できない状態で，誰か人にぶつかる可能性は大きいと認識しつつ，かなり高速で運転する行為については，傷害（場合によっては殺人）の未必の故意を肯定できるでしょう。これに対し，④低い程度の可能性の認識は，その事実の実現がかなり強い意思をもって追求されるのでない限り，故意とはいえないと考えられます。最近，有力に主張されている**実現意思説**や**動機説**は，このように，意思の強さと認識された事実実現の確実度との相関関係の中で故意の成否を検討する見解だといってよいでしょう。

で，どのような種類・内容の錯誤があったとき，故意が阻却される（故意不成立の結論が導かれる）のかが問題となります。すでに何度も申し上げたので耳にタコができたかもしれませんが，判例・通説によると，故意があるといえるためには，少なくとも行為者が「構成要件に該当する違法な事実」を認識して

151

いることが必要です。したがって，錯誤のゆえに，構成要件に該当し違法とされる事実の認識を欠如するに至った場合（すなわち，行為者の認識事実をスクリーンに投影したとき，それが構成要件に該当する違法な事実にあたらないという場合）には，たとえそれがいかに軽率な間違いであったとしても，ただちに故意は阻却されます。他方，構成要件該当事実にも，違法性阻却事由にあたる事実にも関わらない錯誤があっても，故意の成否には影響がないのです。

2　錯誤の種類

　錯誤は，大きく事実の錯誤と違法性の錯誤（法律の錯誤）とに区別されますが，この区別が最も重要です。刑法 38 条 2 項は，（一読しただけではわかりにくいかもしれませんが）事実の錯誤の一場合に関する規定であり（後の **4** のところをお読み下さい〔→ 157 頁〕），同条 3 項は，違法性の錯誤に関する規定として理解されています。

　事実の錯誤，すなわち事実面に関わる誤信により，構成要件に該当する違法な事実の認識を欠くに至った場合，たとえそれがいかに軽率な誤信であったとしても，ただちに故意は阻却され，せいぜい過失犯による処罰の可能性が残るにすぎません。たとえば，不注意で他人の傘を自分の傘と勘違いして持って帰って来てしまった者は，窃盗罪の刑事責任を負いません。それは，38 条 1 項にいう「罪を犯す意思」がない行為です（なお，窃盗罪については過失処罰の規定もありません）。

　これに対し，行為者が，行為の違法評価に関わる誤信により，刑法が違法とする行為を「法的に許されている」と思った場合が**違法性の錯誤**です。たとえば，大学の授業を妨害することは，一定の場合には業務妨害罪にあたりますが（233 条以下を参照して下さい），行為者がこれを知らず，それは法により禁止された行為ではないと誤信していた場合がそれです。**刑法 38 条 3 項**には，「法律

13）　ここで注意すべきことは，犯罪の成否の検討が**客観面から主観面へ**という順序をたどることです。錯誤論は，客観面における一定の事実の確認を前提とし，主観面においてそれに対応する故意を認めうるかどうかという形で論じられるのです。客観面において何か重大な出来事が起こり（たとえば，人の死亡の結果が発生し），主観面において一定の事態の認識があるとき，主観面におけるその認識が，その客観的事実に対応する故意（たとえば，殺人罪の故意）と考えられてよいかどうかが刑法における錯誤論の問題です。一定の犯罪の客観的要件を充たす事実（もちろん，それは未遂犯にあたる客観的事実であってもかまいません）が存在しなければ，錯誤は問題にならないのです。たとえば，もし行為と結果との間に因果関係を肯定できないのであれば，その結果について故意があったかどうかを問題とすることは無意味です。

152　Introductory Lectures in Criminal Law : General Part

を知らなかったとしても，そのことによって，罪を犯す意思がなかったとすることはできない。ただし，情状により，その刑を減軽することができる」とあります。これは，違法性の錯誤により故意は阻却されないことを規定したものと解するのが判例・通説です。ただし，通説は，違法性の意識を欠いたことにつき「相当の理由」があるとき（したがって，違法性の錯誤が回避不能であったとき）には，行為者を非難できず，責任主義の原則から刑事責任は否定されるとします（違法性の錯誤については，第10講「責任とその阻却」で詳しく説明します〔→ 202頁以下〕）。

　こうして，故意成立のために必要な事実の認識を欠いた場合については，たとえそれがいかに軽はずみな誤解であったとしてもただちに故意が否定されるのに対し，違法性の錯誤については（相当の理由がある場合を別として）免責は認められないというのですから，刑法は「事実認識の誤り」に対しては寛容であり，「違法評価の誤り」に対しては厳しく対処するという態度をとっていることになります。このことはとても難しいことのようにも見えますが，実は，私たちの生活経験に照らしてもすぐに納得できることではないでしょうか。たとえば，次のような出来事があったと仮定してみて下さい。仲の良い友人のＡ君またはＢさんが，授業の後で，皆さんの六法を間違えて家に持って帰ってしまったとするのです。翌日，「ゴメンね，間違えちゃった」と言って返してくれれば，「ドンマイ，ドンマイ，気にしないで」ということになるでしょう。これに対し，Ａ君やＢさんが他人の六法とわかっていて意図的に盗ったとしましょう。そうしたら，友人関係の見直しを含め，相当に深刻な問題が生じることになるのではないでしょうか。もしＡ君が「ゴメン，他人の六法を盗んでもいいと思ってたんだ」と述べたとしたら，「ドンマイ，ドンマイ，気にしないで」とはならないでしょう。それは有効な弁解にはならないはずなのです。以上のことは，刑法は規範についてはこれを教えることが（したがって，誤解を正すことも）できるが，事実の不知については無力であるという刑法の本質的性格に対応しています。刑法は，「人殺し」や「ドロボウ」をしてはならないことを教えること（そして，「人殺し」や「ドロボウ」をしてもよいと考えている人の誤解を正すこと）はできますし，まさにそれが本質的任務なのですが，しかし，そこに立っているのが「熊」ではなく「人」であること，そこにあるのが自分の六法ではなく他人の六法であることに気づかせることはできないのです[14]。

153

事実の錯誤は，さらに，**構成要件的錯誤**と**違法性阻却事由に関する事実の錯誤**とに区別されます。構成要件的錯誤とは，構成要件該当事実に関する錯誤のことです。違法性阻却事由に関する事実の錯誤とは，正当防衛（36 条 1 項）や緊急避難（37 条 1 項本文）等の違法性阻却事由にあたる事実が存在しないのに，それが存在すると行為者が誤信して構成要件該当行為を行う場合のことです。判例・通説によれば，違法性阻却事由に関する事実の錯誤は，構成要件該当事実の錯誤と同じく，違法な事実の認識を欠如させるものであり（たとえば，行為者の認識事情が正当防衛にあたる事実であるとき，行為者は適法とされる事実を認識しているのであり，故意は欠けるのです），事実の錯誤としてただちに（たとえ，その誤信がどれだけ軽はずみなものであったとしても）故意を阻却します。

　本講では，これらのうち，**構成要件該当性の検討段階で問題となる構成要件的錯誤のみを取り上げる**ことにします。違法性阻却事由に関する事実の錯誤は，違法性阻却事由が存在しないことが確認された後に（通説によれば，責任の段階においてはじめて）論じられる問題です（→ 209 頁以下）。また，違法性の錯誤は，行為の刑法的違法性が肯定された後の，責任の段階における問題であることにつき学説上異論はありません（→ 202 頁以下）。

3　具体的事実の錯誤

(1)　意　義

　いま申し上げたように，事実の錯誤のせいで構成要件該当事実の認識が欠け

---

　14)　刑法が事実の錯誤に対し寛容であり，違法性の錯誤に対し厳格であることは，私の考えでは，次の理由に基づくものです。すなわち，刑法は行為規範を用いて法益保護を行おうとするのですが（→ 88 頁以下），たとえば，「他人の物を盗んではならない」という規範の効力は，他人の物をそれと知って盗む行為の実行があってはじめて動揺させられるものであり，事実の錯誤に陥って，うっかり自分の傘だと思って他人の傘を持ち帰る行為により，窃盗の行為規範の効力が動揺させられることはありません。それだからこそ，刑法は事実の錯誤に対して寛容であるほかはないのです。他方，規範にあたる事実を知って行為するときには，行為者が業務妨害罪の処罰規定のことをまったく知らなかった場合のように，かりに行為者が規範の存在と内容につきまったくこれを知らなかったとしても（すなわち，違法評価のレベルの誤りがあったとしても），規範の動揺は生じます。そこで，行為規範の保護という見地からは処罰の理由があるのです。要するに，事実認識ある行為があってはじめて行為規範は動揺させられるので，事実認識は本質的な違法要素であり，事実の錯誤は可罰的違法性を欠落させるのです。そして，刑法は規範を教え，規範に関する誤解を正すために存在することから，違法性の錯誤に対し寛容であることはできず，違法性の錯誤はただちには免責の理由とならないのです。

るに至れば，故意は否定されます。事実の錯誤のケースのうちで解決が難しいのは，行為者が何らかの構成要件該当事実を認識し，これを実現しようとして行動している事例なのです。ここでは2つの場合が考えられます。まず1つは，行為者がP罪にあたる事実を実現しようとして行為し，同じP罪にあたる事実が実現したが，しかし同罪の構成要件該当事実に関して錯誤がある場合であり，そしてもう1つは，行為者がP罪にあたる事実を実現しようとして行為し，現実にはQ罪にあたる事実が実現した場合です。前者を**具体的事実の錯誤（同一構成要件内の錯誤）**，後者を**抽象的事実の錯誤（異なった構成要件にまたがる錯誤）**と呼びます。いずれの場合にも，主観面におけるその認識が，客観的事実に対応する故意と評価されてよいかどうかが問題となるのです[15]。

　具体的事実の錯誤の事例としては，①甲がAを殺害しようと思ってピストルで撃ち，弾丸が命中して倒れたその人を確認したところ，AではなくBであったという「人違い」の場合と，②甲がAを殺害しようとして発砲したが，弾丸はAには命中せず，たまたま背後を通りかかったBにあたってBが死亡したという「打撃のはずれ」の場合が代表的です。前者の錯誤を**客体の錯誤**，後者の錯誤を**方法の錯誤（または打撃の錯誤）**といいます。さらに，③行為者が予想したのとは異なった因果経過をたどって結果が発生した場合，たとえば，人を溺死させようとして高い橋の上から落としたところ，被害者が橋脚に頭を打ちつけて即死したという事例（橋脚事例）や，被害者を断崖絶壁に追い詰め，ピストルで撃ち殺そうとしたところ，弾丸は外れたが，足を踏み外した被害者が崖の下に落下して死亡した事例（断崖事例）のように，因果経過をめぐり主観面と客観面に齟齬（くい違い）が見られる場合を**因果関係の錯誤**といいます。

　(2)　法定的符合説と具体的符合説

　具体的事実の錯誤の場合につき，判例・多数説は，行為と発生事実との間に**法的因果関係（→ 119頁以下）が認められることを前提**とした上で，発生事実について故意が阻却されることはないとします（したがって，上記①から③のすべてのケースにつき殺人既遂罪の成立を肯定するのです）。その理由は，いずれの

---

　15)　なお，いずれの場合も，実際上，発生結果について**未必の故意を認定できない場合**にのみ，錯誤の問題となります。錯誤論は，未必の故意が認定できないことを論理的な前提としているのです。

場合も「人を殺すつもりで人を殺した」といえるところに求められます。殺人罪の構成要件は「人を殺すこと」であり，ＡかＢかという客体の相違および結果に至る因果経過の相違は，法的に重要でありません。「およそ人」を殺すつもりで「およそ人」を殺した以上，構成要件を完全に充たす事実が存在します。このように，**主観的認識と客観的事実とが同一の構成要件の範囲内で一致ないし符合すれば足りる**という理由で故意の成立を認める見解を**法定的符合説**といいます（それは，まさに「およそ人」符合説にほかなりません）。

〈ケース 1・びょう打ち銃事件〉

甲は，巡査Ａから拳銃を強取するため，公道上で，周囲に人影が見えなくなったと見て，未必的殺意をもって建設用びょう打ち銃を改造した手製装薬銃を発砲してＡに傷害を負わせ，さらに，Ａの身体を貫通したびょうを通行人Ｂにも命中させ，同人にも傷害を負わせた。最高裁は，「犯罪の故意があるとするには，罪となるべき事実の認識を必要とするものであるが，犯人が認識した罪となるべき事実と現実に発生した事実とが必ずしも具体的に一致することを要するものではなく，両者が法定の範囲内において一致することをもって足りるものと解すべきである」とする一般論を展開し，「人を殺す意思のもとに殺害行為に出た以上，犯人の認識しなかった人に対してその結果が発生した場合にも，右の結果について殺人の故意があるものというべきである」として，Ａの負傷との関係だけでなく，因果関係のあるＢの負傷との関係でも殺人の故意が認められるとした（結論として，2 つの強盗殺人未遂罪〔243 条・240 条後段〕が成立するとした）。これは，法定的符合説の立場をとったものとして理解されている（最判昭和 53・7・28 刑集 32 巻 5 号 1068 頁）。

反対説は，認識と事実との間のより具体的な合致を要求します。上記①の客体の錯誤と，③の因果関係の錯誤については，そこに立っている「その人」を殺そうとする意思が行為者にあったことから故意の成立が認められるとしますが，②の方法の錯誤の場合には，「その人」Ａを殺そうとしたのであり，現実に結果が発生した「あの人」Ｂを狙うつもりはなかったことから，発生結果についての故意は阻却されるとします。これを**具体的符合説**と呼びます。行為者が特定した「その人」ごとに独立に構成要件の実現を論じるべきであり，方法の錯誤においては，「その人」か「あの人」かの相違は構成要件的に重要な相違であって，Ａに対する故意とＢに対する故意とを同列に論じることはでき

156　Introductory Lectures in Criminal Law : **General Part**

ないとするのです（それは，「その人」符合説といえましょう）[16]。

　具体的符合説が「その人」のレベルでの具体的な符合を要求するのは，構成要件が他の客体と独立に保護している限りでその客体ごとに構成要件の実現が考えられなければならないとするからです。殺人罪の規定は，「その人」たるAの生命と，「あの人」たるBの生命を，それぞれ相互に独立に保護しています（→ 240頁）。Aに向けられた構成要件実現と，Bに向けられた構成要件実現とはそれぞれ別個のものであり，各構成要件の範囲内（したがって，「その人」の範囲内）でしか符合は認められないというのです。逆にいえば，1つの構成要件が「ひとまとめ」に保護している範囲内では，錯誤があってもそれは法的に重要でないとします[17]。こうして，法定的符合説と具体的符合説の対立は，故意の認識対象をどの程度抽象化して考えるかに関わる対立であり，**構成要件がどの程度の抽象化を許容していると解するかについての見解の相違なのです**[18]（→ Column「**法定的符合説 vs. 具体的符合説**」159頁）。

4　抽象的事実の錯誤

(1)　意　義

　行為者が，犯罪Pにあたる事実を実現しようとして行為し，現実には犯罪Qにあたる事実を実現したとき（ここでも行為と発生事実との間に法的因果関係が認められることが前提です），そこには異なる構成要件にまたがる錯誤が認められ，これを抽象的事実の錯誤と呼びます[19]。**刑法38条2項**は，「重い罪に当たるべき行為をしたのに，行為の時にその重い罪に当たることとなる事実を知らなかった者は，その重い罪によって処断することはできない」と定めてい

---

16)　具体的符合説によれば，Aを殺そうとしてピストルを撃ち，外れた弾丸が背後を通りかかったBに命中して，そのBが死亡したとき，Aに対する殺人未遂とBに対する過失致死となります。また，駐車中のAのベンツに損傷を与えようとして石を投げつけたところ，外れた石が，隣に停めてあったBのフェラーリに命中したときには，器物損壊罪（261条）については，その未遂は処罰されず，また過失による器物損壊も処罰されないので，結局，行為者は処罰されないことになります。

17)　したがって，具体的符合説によっても，被害者Aの「手の指」にケガをさせようとして，誤ってAの「足」に傷害を与えたとき，204条は身体の部位に応じて独立の保護を与えていないことから，その錯誤は故意を阻却しないのです。

18)　平野 I 175頁は，法定的符合説のことを**抽象的法定符合説**，具体的符合説のことを**具体的法定符合説**と呼びましたが，これは理由のあることといえましょう。

ますが，これは抽象的事実の錯誤の一場合（すなわち，Ｐ罪よりもＱ罪の方が重い場合）について規定するものです。

　Ｐ罪を実現しようとして，Ｑ罪にあたる事実を発生させたとき，狙ったＰ罪の未遂犯と過失によるＱ罪の成立を認めうることは当然です。ただ，Ｐ罪の未遂が犯罪とならない場合があり，Ｑ罪についての過失犯の処罰規定が存在しない（あっても刑がきわめて軽い）ことがあります。そこで，**38 条 2 項**の制約の中で，しかも理論的に無理を生じさせない限りで，故意既遂犯を認めることができないかが問題となるのです。

　故意における事実認識とは本質的に意味の認識でした（→ 145 頁）。刑罰法規そのものは裁判規範なのですが，それを一般市民にも理解できるように「翻訳」したものが行為規範です。そこで，行為者が「翻訳された言葉」で構成要件の意味内容を認識していれば，故意が認められるのです（→ 147 頁）。構成要件要素，すなわち裁判規範のレベルではＰ罪とＱ罪とが相互に排他的な関係にあるとしても，Ｐ罪の故意としての要件を充たす認識内容と，Ｑ罪の故意としての要件を充たす認識内容とが，**意味の認識としては重なり合う**ことが考えられるのです。そのときには，重なり合う限度で軽い故意犯の成立を認めることは可能です。

　たとえば，公文書偽造罪（155 条）と私文書偽造罪（159 条）とは，構成要件が異なり，それらは相互に他を排斥する関係にあると一般的には理解されているといえるでしょう（少なくとも，私文書はその一形態として公文書を含んでいるというような形で，一方が他方を包摂する関係にはありません。ただし，規定の文言だけをみれば，他人名義の文書〔159 条〕の中に，公務員・公務所名義の文書〔154 条以下〕も含まれると解することはできましょう）。しかし，意味の認識としては，私文書は公文書を包摂する関係にあるということができるのです。一般通常人の意識の中では，「他人の作った書類の中でも，役所で作られた特別なもの」が公文書ということになるでしょう。たとえば，行為者が，国立大学法人一橋大学法学部の成績証明書を偽造し（それは，公文書偽造罪の客観的構成要

　19）　客体の相違や因果関係の相違に応じて異なった構成要件が存在しうる以上，抽象的事実の錯誤との関係でも，客体の錯誤，方法の錯誤，因果関係の錯誤といった錯誤の種類はそれぞれ問題となりえます。**3** のところで説明した具体的符合説の立場からは（→ 156 頁以下），方法の錯誤が生じたとき，結果について故意を認めることができないのは，具体的事実の錯誤の場合と同じです。

第 8 講　故意と錯誤

法定的符合説 vs. 具体的符合説

Column

　具体的事実の錯誤に関する法定的符合説は，構成要件的に同種の結果である限りで，故意の成立を肯定しますが，前提とする構成要件の理解が，過度に抽象的なものではないかが問題です。殺人罪の処罰規定は，それぞれの人（たとえば，A）を他の人（たとえば，B）とは独立に保護しています。したがって，方法の錯誤のケースにおいて，A に向けられた殺人行為について 1 つの構成要件該当行為が認められますが，それは B を保護するために認められる構成要件該当行為とは異なり，その差異は**構成要件的に重要**というべきでしょう。「A に向けられた故意」を「B に向けられた故意」として評価することは，同一の構成要件内で符合を認めることではなく，実のところ，1 つの構成要件を越えて別の構成要件のために故意を「流用」することにほかならないのです。さらに，法定的符合説は，構成要件的に同価値のいずれの客体との関係でも故意を認めうるとしますから，1 個の故意しかないときでも，複数の客体との関係で故意犯の成立を肯定せざるをえません。A を殺そうとして撃った弾丸が狙いを外れ，B に命中して B を死亡させたという典型例についても，B に対する殺人既遂のほか，A に対する殺人未遂罪も同時に認められることになります（**数故意犯説**）。〈ケース 1〉の最高裁判例も，1 個の故意しかないケースで，2 つの故意犯の成立を肯定しています＊。

　他方，具体的符合説は，「故意を阻却する錯誤」と「故意を阻却しない錯誤」とを区別するための適切な基準を提示できないところに難点があります。たしかに，客体の錯誤と方法の錯誤の区別は，行為者が客体を目の前に見据えて直接に視覚的に捉えていた場合には可能です。行為者が狙った「その客体」に結果が生じたのであれば客体の錯誤であり，それ以外の客体に結果が生じたのであれば方法の錯誤だからです。しかし，行為者が客体を視覚的に特定していなかった場合，たとえば，甲が A を殺害する目的で A に毒酒を贈与したが，A がこれを飲まず，後に A の妻からその毒酒を贈られた B が飲用して死亡したが，甲は B に結果を生じることを全然予想していなかったというような事例＊＊や，甲が A を殺そうとして，A の自家用車に爆弾をセットしたところ，意外にも翌朝 A の妻 B が買物に行こうとして運転したため，B が死亡したが，甲は A が 1 人暮らしだと思っており，他の人が乗ることはまったく予想していなかったというような事例ではどうでしょうか。具体的符合説の内部でも，これらが客体の錯誤なのか，それとも方法の錯誤なのかをめぐり見解が分かれています＊＊＊。

＊　法定的符合説の主張者の中には，行為者が認識した客体の数以上の数の故意犯の成立を認めることを嫌い，故意の成立を限定しようとするものがあります（**一故意犯説**）。しかし，法定的符合説とは，構成要件的に同価値である限り，いずれの客体との関係でも故意を認めうるとする見解なのですから，そのうちのいずれかの客体のみに故意の成立を限定するための基

159

準をあわせて主張することはできないというべきでしょう。

　＊＊　東京高判昭和30・4・19高刑集8巻4号505頁は，この事例につき，Bとの関係で殺人既遂罪の成立を認めています。

　＊＊＊　なお，因果関係の錯誤については，法定的符合説も具体的符合説も，行為と結果との間に法的因果関係が肯定される限り，発生結果についての故意が阻却されることはないとしています。

件に該当する行為です），その際，行為者としては一橋大学を私立大学と信じ込んでいたというとき，公文書偽造罪の故意は認められませんが，私文書偽造罪との関係では，構成要件該当事実に関する意味の認識があるといえるのです。

　このような形で，2つの犯罪が重なり合うとき，軽い方の故意犯の成立を認めることにすれば，客観的には重い犯罪（公文書偽造罪）の事実があるのに，行為者の故意に応じた軽い犯罪（私文書偽造罪）を成立させることになります。すなわち，その犯罪（私文書偽造罪）にあたる客観的事実が存在しないのに，主観面に故意があることから，その犯罪の成立を認めることになるのです。そのようなことが可能なのでしょうか。38条2項が「重い罪によって処断することはできない」と規定しているとき，場合により「軽い罪の成立を認めることは妨げない」とする趣旨をそこに読み込むことは解釈論として不可能ではないと思われます。それは，38条2項を根拠にして**構成要件の拡張ないし修正**を許容し，重い犯罪の客観的構成要件を，軽い犯罪の客観的構成要件として「代用」することを認めることにほかなりません。

　(2)　厳格な構成要件的符合説と抽象的符合説

　抽象的事実の錯誤の問題についての1つの徹底した立場は，故意の認識対象たる事実を，各構成要件ごとに完全に個別化する見解です。これを厳格な**構成要件的符合説**と呼ぶことができます。これによれば，ほとんどの場合，P罪の未遂犯と過失によるQ罪の成立しか認められないことになります。ただ，たとえば，単純横領罪（252条）の故意をもって業務上横領罪（253条）の事実を実現した場合には，無罪になってしまう（単純横領の未遂も，過失による業務上横領もともに不可罰なのです）のではなく，単純横領罪の成立が認められることになります。このように，意図したP罪と実現されたQ罪との間に，**刑罰法規のレベルでの完全な包摂関係**（一方が他方を包含する関係）が存在するときに限り，軽い罪の故意犯の成立が認められるのです。

> ### 〈ケース2・ねこばば事例〉
> 　甲は，公園のベンチの上に置かれたフランス製の高級バッグを忘れ物だと思い，質に入れて現金に換えるつもりで，これを持ち去った。ところが，そのバッグはベンチのすぐそばの芝生に横たわっていたAの所有物であった。

　所有者の占有を離れた物を「ねこばば」して自己の物にしようとする（不法に領得しようとする）犯罪を遺失物等横領罪（占有離脱物横領罪〔254条〕）といいます。〈ケース2〉の甲は，この犯罪を行うつもりで，現実には，所有者Aの占有（すなわち，事実上の支配）の下にある財物を持ち去った（窃取した）のですから窃盗罪（235条）の客観的事実を実現したことになります。もし意図した犯罪の未遂犯と，実現した事実についての過失犯のみしか認められないとしますと，遺失物等横領罪の未遂は処罰されておらず，過失による窃盗罪というものも存在しないので，甲の行為は何ら犯罪を構成しないことになってしまいます[20]。厳格な構成要件的符合説によるとき，窃盗罪と遺失物等横領罪との間には，後者が前者を包含する関係は存在しませんから（むしろ刑罰法規のレベルでは両罪は相互に排斥し合う関係にあります），軽い故意犯の成立を認めることはできず，したがってまったくの不可罰とならざるをえないでしょう。

　しかしながら，〈ケース2〉の甲は，他人の物を自分の物として領得する意思をもって行為し，結果的にその意思を実現しているのであり，それに加えて，意図せずに被害者の占有を侵害したのです。他人の物を自分の物として領得する行為を禁じる犯罪である遺失物等横領罪の行為規範のレベルでみれば，主観面と客観面は完全に符合します。それにもかかわらず，いわば過失による占有侵害が付加されることにより，にわかに不可罰となってしまうのは理解が困難なことです。

　厳格な構成要件的符合説とは反対に，故意既遂犯の成立を無制限に肯定する見解があり，**抽象的符合説**と呼ばれています（それは，まさに「およそ犯罪」符

---

　20)　実現された窃盗罪により甲を処罰することができないことは明白です。もし処罰するとすれば，窃盗の故意がないのに窃盗罪による処罰を肯定することになりますから，刑法38条1項に違反し，さらに，まさにこのような場合に重い罪で処罰できないと明記する同条2項に正面から衝突することになってしまうでしょう。

合説の立場にほかなりません）。

〈ケース3・六法投げつけ事例〉

甲は，隣のA家の犬がうるさくほえることに腹を立て，犬が大ケガをしてもいいと思い，平成30年版・六法全書（有斐閣）を犬に向けて投げつけた。しかし，近眼の甲が白い犬だと思ったのは，隣家のAさんの白髪であり，六法はAさんの頭に命中して，Aさんは全治2週間の傷害を負った。

〈ケース3〉の事例では，甲は，器物損壊（261条）の事実を実現しようとして傷害（204条）の事実を実現したことになります（犬をケガさせることも，器物損壊罪〔動物傷害罪〕にあたります）。器物損壊の未遂は処罰されていないので，発生結果につき過失犯しか認めることができないとすれば，成立するのは過失傷害罪（209条）だけです。そうすると，意図通りに「物」を損壊したとき（261条の器物損壊罪が成立します）より，客体がさらに価値のある「人」であったときの方がより刑が軽くなるという刑の不均衡が生じるのです[21]。それだからといって，発生事実につき故意の成立を認めて傷害罪で処罰しようとすれば，38条2項に反することになるのは明白です。そこで，抽象的符合説は，38条2項の制約を守りつつ，故意既遂犯の成立を認めようとするのです（→ Column「抽象的符合説の諸見解」163頁）。

(3) 法定的符合説

通説である法定的符合説は，錯誤が異なる構成要件にまたがる場合，原則として実現事実についての故意は認められないとするのですが，例外的に，P罪の構成要件とQ罪の構成要件との間に**実質的な重なり合いの関係**があるときは，重なり合う範囲内で軽い故意既遂犯の成立が認められるとします。たとえ2つの犯罪の構成要件の間に，厳密な意味で一方が他方を包含する関係がなくても，保護法益，客体，行為態様などの共通性・類似性があれば符合を肯定できるとするのです[22]。これによれば，〈ケース2〉では符合が肯定され，〈ケース3〉では否定されることになります。

---

21) 重過失傷害罪（211条後段）の法定刑は，器物損壊罪のそれよりも重くなっていますが，このような場合，ただちに同罪が成立するとは限りません。

第8講 故意と錯誤

抽象的符合説の諸見解

Column

　抽象的符合説の中にも，いろいろなバリエーションがあります。ここでは，そのうちの代表的な2つの見解のみを取り上げます（また，抽象的事実の錯誤の事例のうち，行為者が実現しようとした事実よりも，現実に発生した事実の方がより重いケースのみを問題とします）。第1説は，発生した重い事実が何らかの犯罪事実であり，かつ主観的に何らかの軽い犯罪事実の実現が意図されていれば，**主観的な故意に応じた犯罪の既遂**を認めるものです。〈ケース3〉では，器物損壊罪の既遂が成立することになります。第2説は，重い発生事実につき**故意犯の成立を肯定**しながら，38条2項の制約を守り，処罰にあたっては**軽い犯罪の刑による**とします。〈ケース3〉では，犯罪としては傷害罪が成立しますが，行為者に適用されるべき刑は器物損壊罪のそれ（したがって，3年以下の懲役等）になります。38条2項の制約を守るため，第1説は，現実には存在しなかった犯罪（ここでは器物損壊罪）の構成要件該当性を認め，第2説は，発生事実に対応する故意犯（ここでは傷害罪）の成立を肯定しつつも，ただ，刑は軽い犯罪（ここでは器物損壊罪）からとられるべきだとするのです。

　しかし，主観面において何らかの犯罪の認識があり，客観面において何らかの犯罪事実が実現したというだけで，客観面または主観面に対応する故意既遂犯を成立させることはできません。第1説のように，およそ物が損壊された事実が全然ないのに器物損壊罪の既遂とすることは，罪刑法定主義との関係で疑問です。また，第2説のように，およそ器物損壊の故意しかないところに傷害罪を成立させることは，「犯罪の成立」に独自の法的意味があること（すなわち，刑の重さとは別に，成立する犯罪が傷害罪であるのか，それとも器物損壊罪であるのかは，示される法的評価として重要な相違であること）を否定するものにほかなりません。

　現在では，抽象的符合説は少数説ですが，その問題点は，何よりもこの学説が**犯罪ごとの違法の質的な相違**をいっさい否定するところにあるといえましょう。いいかえれば，抽象的符合説は，刑法の行為規範は「犯罪をするな」という1個のものしかないと考える見解にほかなりません。行為規範は裁判規範と同一のものでないとしても，行為規範の内容は各刑罰法規に即した個別的なものでなければならないのです（→61頁）。

　22）　この点で，法定的符合説は，構成要件の**形式的な重なり合い**まで要求する厳格な構成要件的符合説（→160頁以下）と区別されるのです。

163

判例も，このような意味での法定的符合説をとり，殺人罪（199 条）と嘱託殺人罪（202 条），殺人罪と傷害罪（204 条），窃盗罪（235 条）と強盗罪（236 条），窃盗罪と遺失物等横領罪（254 条），強盗罪と恐喝罪（249 条），公文書偽造罪（155 条）と虚偽公文書作成罪（156 条）等の間で符合を肯定し，重なる限度で故意犯による処罰を認めてきています（もっとも，「構成要件の実質的重なり合い」という基準は，比較的最近になって判例が採用するに至った基準です）。

〈ケース 4・構成要件の実質的重なり合い〉

　最高裁は，覚せい剤を輸入する意思をもって，麻薬（ヘロイン）を輸入したという事案について，麻薬（ヘロイン）輸入罪と覚せい剤輸入罪とは，それぞれ麻薬取締法（現在では，麻薬及び向精神薬取締法）と覚せい剤取締法という異なった法律に規定されているが（両罪の法定刑は等しい），両罪の構成要件は「実質的に全く重なり合っている」[23]という理由で，麻薬（ヘロイン）輸入罪の成立を認めた（最決昭和 54・3・27 刑集 33 巻 2 号 140 頁）。また，最高裁は，麻薬（コカイン）所持の意思をもって，現実には覚せい剤を所持した事案について，麻薬（コカイン）所持罪と覚せい剤所持罪という両罪の構成要件は「実質的に重なり合っている」と解するのが相当であるとの理由で，法定刑のより軽い麻薬（コカイン）所持罪の成立を認めた（最決昭和 61・6・9 刑集 40 巻 4 号 269 頁）。

　法定的符合説は，構成要件の重なり合いを要求しながらも，形式的な構成要件の包摂関係までは必要でなく，「実質的」な共通性・類似性で足りるとしています。ただ，構成要件の「実質的な重なり合い」とは，罪質の符合ないし法的同価値性ということと同じであり，なぜそこまで緩和できるのか，その理論的根拠が明らかにされているとはいえません。

　そのような理論的根拠として，ここでは 2 つのものが考えられるといえましょう。1 つには，2 つの構成要件の違法類型としての同価値性ということがあげられます。従来から，学説は，**同一の条文に複数の客体や行為態様が択一**

　23）　この点につき，最高裁はその目的物が覚せい剤か麻薬かの差異があるだけで，その余の犯罪構成要件要素は同一であり，その法定刑もまったく同一であること，麻薬と覚せい剤とは，取締りの目的が同一で取締りの方式もきわめて近似し，麻薬と覚せい剤とはその有害性および外観において類似し，両者の間には実質的には同一の法律による規制に服していると見うるような類似性があることを指摘しています。

164　Introductory Lectures in Criminal Law : **General Part**

第 8 講　故意と錯誤

的に規定されている場合，たとえば，自殺関与と同意殺人（202 条）とか，逮捕と監禁（220 条）とか，一項詐欺と二項詐欺（246 条）等については，その点に関し錯誤が生じた場合でも故意は阻却されないとしてきました。事実としてはかなり異なる（したがって，構成要件として相違する）のに，同一の刑罰法規に択一的に規定されているというだけで錯誤が法的に重要でないとされるのは，それらが**違法類型として同価値**とされるからでしょう。そうであるとすれば，たとえ異なった条文に書き分けられており，構成要件は異なるとしても，それらの行為が違法類型の観点からは同価値であり，立法論として同一の条文にまとめて規定することも不可能でないという場合，それらの罪の間に符合の関係を肯定することができるはずなのです。

　もう 1 つは，先に述べましたように，2 つの構成要件の間に意味の認識のレベルでの重なり合いが肯定できることです。たしかに，故意の成立を認めるためには，構成要件該当事実の認識が不可欠です。しかし，刑罰法規を「翻訳」したものが行為規範であって，行為者が「翻訳された言葉」で行為規範の意味内容を理解していれば，当該構成要件該当事実についての故意があるといえるのです（→ 158 頁以下）。2 つの犯罪が構成要件としては形式的には重ならないとしても，意味の認識のレベルで重なることはありえます。A 罪の実現意思が B 罪の実現意思と重なり合い，A 罪の実現意思に担われた B 罪の事実の実現が，B 罪の行為規範を侵害するといいうる限りにおいて，故意は肯定されるのです。

(4)　保護法益の違いと符合の限界

　「構成要件の実質的重なり合い」を基準とする法定的符合説（通説）によるとき，P 罪と Q 罪の間で**保護法益が異なる場合**には符合が否定されます。〈ケース 2〉について符合が肯定され，〈ケース 3〉について否定されるのは，前者では 2 つの犯罪（窃盗罪と遺失物等横領罪）の間で保護法益が共通するのに対し，後者では両罪（器物損壊罪と傷害罪）の間で法益が異なることが大きな理由となっているのです。たしかに，行為規範は法益保護のために設定されるものでありますから，保護法益が異なれば行為規範も異なり，異なる法益の侵害行為について故意の符合を認めることはできないのが原則です。しかし，法的な把握のレベルで法益が異なるとしても，行為状況におかれた行為者の意味の認識レベルではその差異を無視できるというとき，なお符合を認めうる場合が考えられるように思われます。

165

〈ケース5・遺棄事例〉

　甲は，Ａがすでに病死したと思い，その「死体」を山中に遺棄したところ，実はＡはまだ生きており，偶然に通りかかった登山家Ｂにより発見されて一命を取りとめた。

　〈ケース5〉では，法定的符合説の立場からは，はっきりと符合が否定され，不可罰とされます。ここでは，主観面においては死体遺棄罪（190条）の実現が意図され，客観面においては単純遺棄罪（217条）の事実が実現されており，両罪の構成要件の間に重なり合いを肯定することはできないのです。両罪は（行為態様には共通性があるとしても）保護法益がまったく違う，罪質の異なった犯罪だからです。そこで，通説の立場からは，行為者をおよそ処罰できないということになるのです。

　しかし，それとは違った考え方もできそうです。この〈ケース5〉では，具体的な行為事情に即した意味の認識のレベルでは，「生きているか死んでいるか明らかでない人」という上位概念を想定し，そういう状態の人を遺棄してはならないという行為規範を考えることが可能です。そのような行為規範が，単純遺棄罪（217条）の処罰規定から導かれる規範であると解することができれば，その規範にあたる事実の認識が行為者にある以上は，単純遺棄という発生事実について故意が認められうるように思われるのです[24]。

Ⅳ 終了のチャイムが鳴る前に

　今日の講義の途中で，「錯誤論は故意論の裏面である」という言葉を紹介しました。錯誤があるために故意が阻却されるのはどういう場合かという問題は，故意が成立するためにはいかなる事態の認識が必要とされるかという問題と表裏をなしているのです。読者の皆さんに，そのことを理解していただけた

　24）　この点につき，西原先生の教科書（西原(上)227頁）には，認識事実と発生事実との間に「罪質」の符合が認められれば故意は阻却されないとする立場（**罪質符合説**）から，死体遺棄罪と単純遺棄罪との間でも符合を肯定しうるとする見解が述べられています。私にとり，その主張は否定しがたい説得力を持っています。

166　Introductory Lectures in Criminal Law : **General Part**

第8講 故意と錯誤

とすれば，とてもうれしく思います。

　さらにいうならば，故意論・錯誤論は，「裏面から見た犯罪論」の 趣 があります。もちろん，犯罪論に表も裏もないのですが，主観的犯罪要素としての故意の成立のために要求される認識の内容を明らかにしようとするとき，刑法が何に注目してその行為を違法としているのかを知らなければなりません。刑法的違法性の本質的内容が明らかにならなければ，故意論・錯誤論の問題も解決できないのです。故意論・錯誤論を学ぶことを通じてはじめて，犯罪論の「表側」のことも真に理解できるようになるという関係にあるのです。

　本講をもって，犯罪論の構成要件論の段階に関する説明を終えたことになります。次の第9講は，「違法性とその阻却」と題し，違法性の基礎理論についてお話しした後に，違法性阻却事由を概観することにしたいと思います。

167

Introductory Lectures
in Criminal Law
General Part

第**9**講

違法性とその阻却

I　はじめに

　犯罪とは，「構成要件に該当し，違法かつ有責な行為」です（→ 77 頁。最初はこの犯罪の定義を見てとまどった読者も，いまでは違和感がないでしょう）。犯罪の成否を検討する第 1 段階においては，構成要件該当性を肯定できるかどうかが問われます。第 2 段階では，構成要件該当性が認められたことを前提として，その構成要件該当行為が違法であるかどうかの判断が行われます。そこで，この第 2 段階の判断は，「違法性」の判断と呼ばれます。

　ただ，すでに第 1 段階の構成要件該当性の判断自体が，違法性判断の根幹部分であり，そこにおいては，刑法が保護しようとする法益の侵害行為ないし危険行為（すなわち，刑法が，行われるのを阻止したいと考える行為）の存在が確認されるのです。したがって，第 2 段階の違法性判断では，ただ，その法益侵害ないし危険を正当化する事情，いいかえれば，**法益侵害ないし危険というマイナスを「帳消し」にする事情**（その意味において，違法性を阻却する事情）が存在するかどうかを（いわば消極的に）確認すればそれで足ります。このようにして，犯罪論の第 2 段階では，**違法性阻却事由の存否の検討**が行われることになります[1]。処罰の対象として候補に上った行為は，①構成要件に該当するという積極的要件と，②違法性阻却事由（正当化事由）が存在しないという消極的要件の 2 つをともに充足してはじめて，**正当化されない法益侵害行為ないし**

169

法益危険行為として，可罰的違法行為であるという評価を受けることになるわけです（この点につき，いまいちピンと来ない人は，もう一度，82頁以下をお読み下さい）。

以上のことの理解を前提として，今日の講義では，まず，違法性の基礎理論をめぐる議論について紹介します[2]（Ⅱ）。それに続いて，違法性阻却事由の統一的原理について説明することにします（Ⅲ）。ここまでが前半部分であり，講義の後半では，各違法性阻却事由を大きく3つのグループに分け，ざっと概観することにします（Ⅳ）。それぞれの違法性阻却事由の詳細については（重要でないということではなく，ただ時間がないため）ここでお話しすることはできません。各自で刑法総論の教科書を読んで，勉強しておいて下さい。

Ⅱ 違法性の基礎理論

1 違法性の形式的側面と実質的側面

違法性をその**形式的側面**から見れば，それは人の行為が刑法規範（作為犯の場合の「禁止」または不作為犯の場合の「命令」）に違反することを意味します。これを**形式的違法性**と呼びます。違法とは「法に反する」ことですが，そこにいう「法」とは，厳密にいえば，刑法規範のことであり，行為規範（ないし行動準則）のことなのです（→56頁以下，89頁以下）。これに対し，違法性の**実質的内容**は，刑法の存在理由ないし機能が「法益の保護」に求められる限りは

1）構成要件該当性の判断は，違法性に関わる判断ではあるものの，刑罰法規が予定する型にあてはまるかどうかという**類型的**判断であり，また，違法性に関わる事情の一部のみを考慮し他を捨象するという意味で**抽象的**判断です。第2段階の違法性判断は，違法性に関わるすべての事情を考慮し，行為の法的許容性・非許容性を**具体的・実質的**に評価するものです。違法性判断も，違法性阻却事由にあてはまるかどうかの判断を内容とするという意味では，それは類型的判断ですが，違法性阻却事由の類型化は，構成要件のそれと比べて厳格・精密なものでなく（たとえば，35条を読んでみて下さい），また，条文に明記されたもの以外にも，違法性阻却事由は存在します。こうして，通説によれば，「具体的・非類型的な観念である違法性と類型的（そうして，その限りで抽象的）な観念である構成要件とを同列に置くことは，理論的に不当」とされ（団藤・総論120頁），構成要件該当性判断と違法性判断とは，犯罪論体系上，相互に区別されるべき評価段階であるとされているのです（→100頁以下）。

2）すでに構成要件該当性の判断が違法性判断の重要部分であるとすれば，違法性の基礎理論は，構成要件論の冒頭において取り上げられるべきものでしょう。ただ，それをめぐる議論の中には，特に違法性阻却事由との関係で大きな意味を持つものも多いのです。そこで，本講義でも，この場所で取り上げることにしたいと思います。

（→ 26 頁以下），法益との関連において理解されなければなりません。そこで，**実質的違法性**は，その行為が正当化されない法益侵害行為または法益危険行為であるところに認められるのです。

形式的違法性と実質的違法性とは相互に補い合うものであって，矛盾するものではありません[3]。なぜなら，形式的違法性の基準となる刑法規範は，法益保護のために定立されているものだからです。刑法規範に反する行為とは，法益保護という刑法の存在理由ないし目的に背馳し，刑罰を用いてでも阻止されるべき行為にほかなりません（→ Column「**形式的違法性と実質的違法性**」173 頁）。

2　主観的違法性と客観的違法性

違法性の本質に関わる見解の対立として，主観的違法性論と客観的違法性論の対立が重要です。20 世紀初頭に至るまで有力に主張された**主観的違法性論**は，法の本質を**命令**として把握し（いわゆる命令説）[4]，法の命令に反して人が行為するとき，違法という評価が下されると考えました。およそ命令に従いえない個人（たとえば，子どもや精神障害者）に対し命令を向けても無意味です。したがって，主観的違法性論によれば，命令に従いうる者，すなわち，命令を理解し，かつそれに従って行為できる者（責任能力者）のみが法規範の対象であり，そうでない人々はおよそ違法性判断の対象から除かれることになります[5]。主観的違法性論においては，責任を肯定できることが違法性の要件になり，違法性と有責性とは合一的に理解され，相互に区別されない（「責任なき違法」ということはありえない）ということになるのです。

これに対し，**客観的違法性論**は，違法性の問題を有責性の問題から切り離し，責任論から違法性論を独立させました。主観的違法性論のいうように，法規範を「命令」として把握できるとしても，しかしその論理的前提として，その行

3）　なお，形式的違法性と実質的違法性とは，相互に補い合うものであるとするのが，現在のドイツ刑法学における一般的な理解です。

4）　ややこしい話になって恐縮ですが，命令説（ドイツ語で Imperativentheorie）のいう命令（Imperativ）とは，禁止（Verbot）と対置される命令（Gebot）のことではなく，広く人に向けられた行動要求のことをいうのです。そこには，一定の作為に出ることの「禁止」と一定の作為に出ることの「命令」の両方が含まれるということになります。

5）　また，故意も過失もない行為，したがって，その行為者個人の能力を基準として回避不可能な結果の惹起は命令違反ではありませんから，違法ではないということになるのです。

為から生じる事態が好ましくないという「**評価**」**が先行する**と考えるのです。たとえば，「人を殺してはならない」という命令（これを，「人の意思に対して方向づけを行う規範」という意味で**意思決定規範**とも呼びます）が発せられるとき，その前提として，人の生命が失われる事態は法的に望ましくないという否定的評価が先行しています（その事態が法的に望ましくないからこそ，その事態を引き起こそうとする人の意思に向けて命令が発動されるのです）。その個人が命令に従えたのに従わなかった，だからけしからんという責任判断を行う論理的前提として，法の見地から好ましくない状態が惹起されたという，**評価規範**に基づく違法性判断が下されていなければならないというわけです。客観的違法性論によると，「命令」に対応する責任と区別され，それに先行する「評価」に対応する違法性がまず検討される（ここにおいて，「責任なき違法」が認められる）ことになるのです[6]。

　実は，この意味における客観的違法性論は，法規範の本質論から，**結果無価値論**を理論的に基礎づけたものにほかなりません（結果無価値論については，88頁以下および132頁以下を参照して下さい）。それによれば，違法性判断とは，評価規範に反する事態の発生の確認の判断です。それは，人の行為とは関連づけられない，一定の事態そのものに対する単純な評価にほかなりません。その見解は，因果的違法論とか物的違法論とも呼ばれます（→ 94頁注20））。

　このような，初期の客観的違法性論に対し，命令規範（ないし意思決定規範）を再び違法性判断の基準として導入したのが，**新しい客観的違法性論**です。それによりますと，命令規範は，違法性の場面と責任の場面のそれぞれで機能します。違法性判断の基準となる規範は，**抽象的・一般的な人間**（すなわち，すべての人間）を名宛人とする命令です。他方，責任の段階では，当該の**個別行為者**との関係での主観的な意思決定規範違反が問題となるとするのです。たとえば，責任無能力者が殺人行為を行ったというケースについて考えてみますと，それは（行為者の立場に置かれたと仮定された）抽象的・一般的な人間を名宛人とする意思決定規範に反する行為（違法行為）を行ったものではありますが，しかし，具体的な行為者には個別的・主観的な意思決定規範違反は認められな

　6）　このような形の客観的違法性論をとる代表的な教科書として，佐伯（千）165頁以下，平野 I 50頁などがあります。

形式的違法性と実質的違法性

　形式的違法性は，無内容なものだといわれることがあります。でも，決してそうではありません。それは，解釈論上，重要な意味を持っています。たとえば，因果関係の法的限定はその一例です。刑法上の因果関係は，条件関係が肯定されればただちに認められるというものではなく，法的見地から限定されるべきものなのですが，そのことは違法性が（法益保護のために定立された）規範の違反であることから導かれる限定なのです（→ 122 頁以下）。

　他方，**実質的違法性**の理解についても注意すべきことがあります。すなわち，行為が一定の法益を侵害するか，または少なくとも法益を具体的に危険にさらさない限りは，実質的違法性を肯定することができない，というように狭く理解すべきものではないということです。結果発生が切迫していないとしても，その行為が阻止されなければ，やがて法益が危険にさらされる事態に至るであろうという場合にも，実質的違法性を肯定することは可能です（たとえば，**予備罪**〔→ 128 頁以下〕の場合がそうでしょう）。また，その行為単独では目に見える実害を生じさせるものではないとしても，その種の行為がおよそ一般的に許容されれば（つまり，多くの人が同じようなことをし始めれば），当該法益との関係で看過しがたい事態が生じるであろう，という場合にも，実質的違法性は肯定されてよいのです（たとえば，**抽象的危険犯**〔→ 109 頁以下〕の場合がそうでしょう*）。

　　＊　抽象的危険犯について，詳しくは，各論 130 頁以下を参照して下さい。

いことから，有責性は否定されるとするのです[7]。

　新しい客観的違法性論によれば，違法評価を受ける対象は人間の行為に限られることになります。また，人間の行為に基づいて法益侵害や法益危険が発生した場合でも，それが故意・過失によるものでなければ違法とはいえないということになります。これは，人の行為のみを違法評価の対象とし，人の行為に向けられた命令（行為規範）の違反として違法性を把握するものですから，**行為無価値論**の主張にほかなりません。それは，物的違法論に対置される人的違法論の立場なのです[8]（→ Column「**違法状態と対物防衛**」175 頁）。

---

7) このような形の客観的違法性論をとる代表的な教科書として，大塚・総論 358 頁以下，西原(上) 127 頁以下，福田 138 頁以下などがあります。

3　一般的違法性と刑法的違法性

(1)　可罰的違法性としての刑法的違法性

　民法上，債務不履行とか不法行為とかを構成する違法行為（民415条以下・709条以下を参照して下さい）であっても，犯罪とまでは評価されない行為はいくらでも存在します。刑法における違法性（刑法的違法性）が肯定されるためには，民法におけるそれよりもハードルが高く，刑罰という最も厳しい法的制裁を受けるにふさわしい違法性，すなわち，**その質と量に鑑みて処罰に値する程度の（ワンランク上の）違法性**が認められなければならないということができるのです。いいかえれば，現行法によりおよそ違法とされる行為（一般的違法行為）のうち，量的に一定の程度以上の重さを有し，質的に当該刑罰法規の処罰根拠に合致する違法性を有するものだけが刑法においては問題となるということです。この意味における違法性のことを**可罰的違法性**と呼びます（→ 82頁以下）。

　犯罪論において，可罰的違法性が問題となる場面は，これを2つに分けることができます。すなわち，**構成要件該当性判断の段階**と，**違法性阻却事由の判断の段階**です。前者においては，形式的には構成要件に該当するように見えながら，被害がごく軽微であり，違法性の量の観点から処罰に値するほどでないと考えられる行為は，可罰的違法性なしとして構成要件該当性が否定されるのです。たとえば，インク1滴，ティッシュペーパー1枚を盗む行為は，すでに窃盗罪の構成要件に該当しないとされるのです。後者においては，違法性阻却

　8）　私も，法規範は本質的に命令規範であると解しており，また行為無価値論を支持しているのですが，一般通常人を基準とするか，それとも個別行為者を基準とするかにより違法性と有責性とが区別されるという言い方は正しくないと考えています。違法性判断もまた，個別行為者を基準とする判断だからです。たとえば，行為性の判断は，個別行為者を基準とする判断（すなわち，行為者本人にできたかどうかの判断）にほかなりません（→ 38頁以下）。逆に，責任判断においても，一般通常人（平均人）を基準とする客観化された判断も意味を持つのです（→ 210頁）。違法性と有責性の区別は，むしろそれぞれの**評価の対象**と**評価そのものの性質**に求められなければなりません。違法性判断は，意思的行為およびその結果に向けられた，行為規範違反性と結果無価値性の判断です。これに対し，責任判断は，規範意識による意思決定の制御の過程を評価対象とする非難可能性の判断なのです（この点については，第10講「責任とその阻却」において説明します〔196頁以下〕）。評価の対象ということでいえば，違法性判断の対象は**意思実現**の過程であり，有責性判断の対象は**意思形成**の過程であるという違いはありますが，いずれの対象も当該の個別行為なのです。この点につき，詳しくは，井田・総論257頁以下を参照して下さい。

174　Introductory Lectures in Criminal Law : **General Part**

第 9 講　違法性とその阻却

違法状態と対物防衛

Column

　客観的違法性論（結果無価値論）の大きな特色は，それが**違法状態の観念を認める**ところにあります。一定の法益が侵害されたり，侵害されそうになっているという客観的事態が存在すれば，それが人の行為と関係づけられる必要はなく，ただちに評価規範に反する状態として違法とされてよいというのです。この見解によりますと，人の無過失の行為に基づく場合であっても，そればかりか，自然現象や動物等によるものであっても，法にとり望ましくない事態（法益の侵害または危険）が因果的に惹起される限り，それは違法ということになります。

　この立場からは，正当防衛に関する 36 条 1 項の解釈として**対物防衛**が認められることになります。違法状態を肯定するのですから，たとえば動物の攻撃もまた「不正の侵害」＊であり，これに対する反撃が正当防衛として違法性を阻却されることになるのです。

　これに対し，新しい客観的違法性論（行為無価値論）によれば，違法評価を受ける対象は人間の行為に限られますから，**違法状態の観念は否定**されます。36 条 1 項の「不正の侵害」の解釈としても，対物防衛は認められないことになります。また，人間の行為に基づいて法益侵害や法益危険が発生した場合でも，それが故意・過失の行為に基づくものでなければ違法とはいえず，それに対しては正当防衛を行いえないということになります（→ 189 頁）。

　＊　不正の侵害（36 条 1 項）とは，「違法な」侵害のことであるとするのが一般的な理解です。

事由の限界をほんの少し踏み越えてしまった行為につき，要件の逸脱が軽微であるため，刑事責任を問うほどでないとして可罰的違法性の阻却を認めるのです。いいかえますと，その行為がもたらした法益侵害の程度はそれ自体として軽微なものではなく，したがって構成要件該当性を否定できない行為につき，一定の違法性阻却事由の適用が問題となるものの，その要件を逸脱したため違法性阻却が認められないという場合について，その逸脱の程度が量的にごくわずかであるというとき，完全な違法性阻却が認められないとしても，可罰的違法性の阻却が認められるとするのです。最もわかりやすい例としては，過剰防衛（36 条 2 項）や過剰避難（37 条 1 項ただし書）のケースで，過剰の程度がごくわずかであるという場合をあげることができましょう[9]。

　これら 2 つの場合は，いずれも，違法性の量的な軽微性が問題となっている

175

のですが，構成要件段階の軽微性は**絶対的軽微性**，違法性阻却段階の軽微性は**相対的軽微性**と呼ばれます[10]。

(2) いわゆる可罰的違法性の理論

上に述べたような可罰的違法性の基本的な考え方自体は，一般的に承認されており，もはや異論の余地もないところです。ただ，「可罰的違法性の理論」というとき，それは特別な意味を持っていることに注意しなければなりません。すなわち，現実の事件で，犯罪になるとして立件・起訴されたケースにつき，被害の絶対的軽微性を理由として，または追求された正当な目的との関係で逸脱の程度がなお許容しうる限度内であること（すなわち，「相対的に軽微」であること）を理由としてこれを無罪にするため，被告人・弁護人の側から「可罰的違法性がない」という主張がしばしば展開されたことがあり，現在でも出されることがあるのです。要するに，可罰的違法性の理論は，現実の刑事裁判において，軽微な犯罪（上に述べたように，絶対的に軽微な犯罪と相対的に軽微な犯罪の両方を含みます）を無罪にするための一手段として注目され，またそのようなものとしての機能を期待されたのです。そして，裁判所の側も，この理論に好意的な時期があったものの，その基準の不明確さ等が指摘されて，1970年代の一連の最高裁判例により，その適用に慎重な態度がはっきりと示され，現在に至っています[11]（→ Column **「軽微犯罪への対応」** 177 頁）。

(3) 一般的違法性

刑法における違法性が可罰的違法性のことであるとしても，それだからと

---

9) ただ，かりにティッシュペーパー 1 枚を盗む行為が窃盗罪の構成要件に該当しないとしても，それが違法行為（一般的違法行為）であることには変わりありません（したがって，後述のように，それに対し正当防衛を行うことも可能なのです〔→ 178 頁〕）。同様に，可罰的違法性が阻却される行為は，刑法的違法性のみがぎりぎり否定されるだけで，違法行為（一般的違法行為）であることに変わりはないのです。

10) 特に違法性阻却の判断の段階では，違法性の量ばかりでなく，**違法性の質**も問題となります。たとえば，医師免許を持たない者が，患者に対し外科手術を行ったとしましょう。ここでは，通説によれば，傷害罪の構成要件該当性は肯定され，違法性の有無が問題となります。その際，医師法違反の可罰的違法性を肯定できるからといって（医師 31 条 1 項 1 号・17 条を参照して下さい），ただちに刑法上の傷害罪の違法性ありとすることはできません。医師法違反の違法性と，刑法上の傷害罪の違法性とは質的に異なるからです。このケースでは，その行為が違法性阻却事由としての治療行為の要件を充足しているかどうかを検討すべきであり，その結果として傷害罪の違法性の阻却が認められることもありえます。

第9講　違法性とその阻却

軽微犯罪への対応

Column

　軽微な犯罪に対して可罰的違法性の理論を適用することは，**救済のための究極的な手段**であることを知らなければなりません。軽微な犯罪に対しては，何よりも，**刑事訴訟法**により手続上のさまざまな対応が予定されているからです。たとえば，警察は，被害がわずかな窃盗や横領などの軽微な事件については，これを検察官に送致しないですますこともでき，これを微罪処分といいます（刑訴 246 条ただし書を参照）。また，事件送致を受けた検察官も，犯罪の嫌疑があり，起訴すれば有罪にできるだけの証拠がそろっていても，「訴追の必要がない」として不起訴にする起訴猶予処分を行う権限を認められています（刑訴 248 条を参照）。そこで，犯罪の成立そのものを否定し，無罪とすることが求められるのは，きわめて例外的な場合といえるのです。具体的には，検察官がその事件を起訴したことの当否そのものが争われるケースにおいて，この理論に基づいて犯罪不成立が主張されることになるわけです。ただ，罰金（罰金についても全部執行猶予は可能です）や全部執行猶予付きの自由刑（刑 25 条以下を参照）でも重すぎるということですから，およそ起訴して公判廷に持ち出すこと自体が，すでにバランスを欠いているとされるような，ごく軽微な事例がここでは問題となっているのです。

　他方において，軽微犯罪への対応が問題となるとき，考慮されるべきは行為の違法性に限りません。責任がきわめて軽微である場合（可罰的責任）も問題となりますし，違法性が軽微であり，かつ責任の重さも軽微である（その「積」として可罰性が否定される）という場合もあるでしょう。軽微犯罪の対応ということであれば，単に違法性の軽微性だけでなく，**犯罪そのものの軽微性**に注目しなければなりません。

いって，**一般的違法性**の観念がまったく不要であるということにはなりません。たとえば，正当防衛（36 条 1 項）の要件としての「不正の侵害」とは「違法な侵害」のことであると理解されていますが，それは，被攻撃者（防衛行為者）にとり，いわれのない侵害のことにほかなりません。そこでは，一般的違法性

　11）　可罰的違法性の理論に関する有名な研究書として，前田雅英『可罰的違法性論の研究』（東京大学出版会，1982 年）があります。私は，大学院生の頃にこの大著を読み，まさにその質と量の両面において圧倒され，1 つの問題につき多方面にわたりここまで徹底して考え抜くことができるのかと驚いたものでした。読者の皆さんにも，ときには，こういう第一級の単行研究書（モノグラフィ）に挑戦することをおすすめします（ちなみに，前田先生のこの本は，きわめて平易かつ明快に書かれています）。

177

が認められれば足り，それが構成要件該当性まで具備した可罰的違法行為でなければならない理由はないのです。たとえば，構成要件に該当しない，プライバシー侵害行為（たとえば，ロボットにカメラを取り付け，他人の住居内に侵入させ，住居内の様子を撮影すること）に対しても，正当防衛は当然に可能です。また，ティッシュペーパー1枚を盗むことは可罰的違法性を欠き，窃盗罪の構成要件に該当しないと考えたとしても，その行為に対する正当防衛は認められなければなりません。

　刑法的違法性（可罰的違法性）が認められるためには，**一般的違法性が肯定されることが前提**となるといえましょう。一般的違法行為でない行為が可罰的違法行為となることはなく，一般的違法性を前提としつつ，処罰に値する程度の強度の違法性を備えた行為のみが可罰的違法行為とされるのです。そうであるとすれば，すでに**一般的違法性が否定されれば，刑法的違法性も否定される**ことになります（一般的違法性が認められることは可罰的違法性が肯定されることの前提であるからです）。もし刑法以外の法領域において一般的違法性を阻却する規定が存在するとき，それは刑法においても違法性阻却事由として働くのです[12]。それが民法典の規定であっても，犯罪成否の判断における違法性阻却事由の根拠規定となりうるのであり，「法令による行為」の正当化を認める35条を介してはじめて違法性阻却の効力を持つというまでの必要もないということになります[13]（→ Coffee break **「行為論をめぐる論争」** 179頁）。

　12）　たとえば，民法720条2項の規定は，刑法上も，器物損壊罪の構成要件該当行為についての違法性阻却事由となりうるのです。

　13）　学説においては，民法，刑法，行政法といった法分野ごとに違法性は異なるとする**違法相対性論**も主張されています。しかし，そうではなく，違法性は全法領域を通じて1つのものでありながら，それぞれの法領域が違法行為に対して予定する法律効果（民法であれば損害賠償等，刑法であれば刑罰）が相対的である（それぞれの法分野の目的論的考慮によって決せられる）にすぎないと解するべきでしょう。殺意をもって他人に向けてピストルを撃つ行為は，「刑法においては常に違法であるが，人を傷つけない限りは民法上は適法行為」というのではなく，およそ法秩序に反する違法な行為なのですが，刑法においては（結果の発生・不発生にかかわらず）刑罰という法律効果が規定されているのです。このような考え方を**やわらかな違法一元論**と呼ぶこともあります。

行為論をめぐる論争

Coffee break

　違法性判断の対象たる行為をどのように捉えるかをめぐっては，因果的行為論，目的的行為論，社会的行為論などの見解が主張されています。以前は，これらの見解の間で，激しい論争が展開されました。目的的行為論の主張を契機として，行為概念が刑法学における最重要論点と考えられた時期があったのです。かつての代表的な教科書の1つであった木村亀二『刑法総論』（有斐閣，1959年）の序文には，次のように書かれています。「今日刑法総論を書く者は，主観主義を採る者であれ客観主義を採る者であれ，目的的行為論と対決することなくしては学問的責務を果したといい得ないことになっている。それほど大きな問題を目的的行為論は今日の刑法学に対して投げかけている」。

　行為論が大きな意味を持ったことは，次のように考えれば，納得できるのではないでしょうか。すなわち，行為とは**違法性判断の対象**なのですが，目的的行為論は，判断の対象の理解が，違法性判断の本質そのものに影響し，そればかりかそれを決定する（因果的行為論は結果無価値論に対応し，目的的行為論は行為無価値論に対応する）ことを主張したのです。こうして，**行為概念をめぐる論争は違法性の本質（したがって，犯罪の本質）をめぐる論争**にほかならず，それは結果無価値論と行為無価値論の間の論争そのものであったのです。犯罪の本質をめぐる議論が行為概念をめぐる論争として展開されたというわけです。

　因果的行為論は，人の意思を起点とする因果的過程として行為を捉え，「(何らかの)意思に基づく身体的動作または不動作」として行為を定義します。それは，結果無価値論が基礎とする行為論です。結果無価値論の特色はその因果的思考であり，それが違法評価の対象とするものは，因果的に把握された行為とそこから惹起された結果なのです（そこで，結果無価値論は，因果的違法論と呼ばれることもあります）。

　これに対し，行為無価値論は，もともと**目的的行為論**を理論的基礎として展開されました。それは，もっぱら因果的に説明される自然現象とは異なり，人間行為は，因果過程を統制し，自らの設定した目的の実現に向けて導く目的追求活動にほかならない，とします。因果的行為論にとっては，意思を起点とする因果過程という点で，故意行為も過失行為も同じなのですが，目的的行為論によれば，一定の犯罪的結果の実現を目的とする故意行為は，そうでない過失行為とその構造において異なり，違法評価の対象として根本的に相違する（違法評価の対象として異なったものであるからこそ，異なった内容の刑法規範がこれに対応する）のです。

　社会的行為論によりますと，行為とは「意思によって支配可能な，社会的に意味のある人の態度」です。この見解は，結果無価値論の立場からも，また行為無価値論の立場からも，同じように採用することが可能であり，一定の基本的立場を先取りしないですむという特色を持っています。

Ⅲ 違法性阻却事由の統一的原理

　刑法典には，違法性阻却事由を定めた明文の規定として**35条以下の3箇条**があります。35条は，「正当行為」の違法性が阻却されることを明らかにした包括的な規定，36条は，緊急行為（この概念については，すぐ後のところで説明します〔→182頁，185頁以下〕）としての正当防衛について，37条は，やはり緊急行為である緊急避難について定めた規定です。いずれも「罰しない」とされているにとどまりますが，通説は，これらを違法性阻却事由を定めたものとして理解しています[14]。

　先に説明しましたように，実質的違法性は，その行為が正当化されない法益侵害行為または法益危険行為であるところに認められます。構成要件該当行為の実質が法益の侵害ないし危険であるという点において学説は一致しています[15]。構成要件該当性の段階でそのことが確認されることが違法性判断の基礎・土台です。違法性阻却の有無の判断が必要となるのは，社会生活上，**複数の法益（利益）が相互に対立・拮抗**することが起こるからです。たとえ，行為者が構成要件該当行為を行い，一定の法益を侵害したことが確認されたとしても，**法益衝突ないし利益葛藤の状況**においてそうしたというのであれば，行為者がこれに「正しい解決」を与えたのである限り，その法益侵害は法的に正当化され，違法という評価を下すことはできません。違法性阻却事由の存否の判断とは，それ自体として存在する法益侵害行為・法益危険行為を前提として，それが「法益衝突・利益葛藤の下における正しい解決」であったのかどうかを検討することをその本質的な内容としています。

　学説においては，**違法性阻却の根拠を一般的・包括的に説明する統一的原理**とは何かをめぐり議論があります。それを解明することができれば，個々の違法性阻却事由の解釈にあたっての指針ないし指導原理となりますし，また，そこから現行法上明文化されていない違法性阻却事由とその要件を明らかにすることも可能となります。

　14）　さらに，通説によれば，刑法各則の規定である230条の2は，名誉毀損罪（230条）についての違法性阻却事由を定めたものです。

　15）　法益の侵害・危険の因果的惹起に尽きるとするか，それとも，それに向けられた意思的行為を中心に考えるかの対立が，結果無価値論か行為無価値論かの対立なのです（→88頁以下）。

第9講　違法性とその阻却

　主要な学説としては，違法性阻却の統一的原理を，立法者により正当なものと承認された目的達成のための，適切な手段であることに求める**目的説**，法秩序の基底となっている社会倫理規範に照らして正当と認められることに求める**社会倫理説**，歴史的に形成された社会生活秩序の枠内にあることに求める**社会的相当性説**，価値の大きな法益のために価値の小さな法益を犠牲にするところに求める**法益衡量説**，法益衡量説から出発しつつも，抽象的な法益の価値の比較ではなく，具体的事情の下におけるそれぞれの法益の要保護性の程度を勘案した上で（さらに，法益とはただちに呼びえないような諸利益もあわせ考慮して），総合的な「利益」衡量を行おうとする**優越的利益説（利益衡量説）**などの諸見解が対立しています。

　これらの学説は，その提示する原理の内容が漠然としておりかつ曖昧であって，そこからどれだけ具体的な結論を引き出しうるかが問題となるのですが，ただ，法益衡量説を発展させた優越的利益説は，**保全利益の優越性と保護されるべき利益の欠如という2つの原理**を用いて二元的な説明を行おうとするもので，それなりの実質的な内容を持っていると思われます[16]。目的説・社会倫理説・社会的相当性説については，刑法の存在理由である法益保護という視点が見失われる（さらには，法と倫理の混同を引き起こす）おそれがあるという批判も可能であるように思われます（→ Column **「違法性阻却事由の主観的要素（主観的正当化要素）」** 183頁）。

　16）　すなわち，35条以下の違法性阻却事由は，構成要件該当行為によって法益Ａが侵害されるが，対抗利益Ｂが実現ないし確保されるとき，Ａとの関係でＢの方により大なる価値を認め，Ｂの追求を法的に優先させる事由（**保全利益の優越性**により説明できるもの）であるといえましょう。たとえば，法令行為として，刑事訴訟法に基づく被疑者の逮捕・勾留が正当化されるのは，被疑者の身体の自由と，自由拘束から生ずる刑事訴追の上での利益とを比較衡量した結果，後者を優先させることが認められるからです。他方，判例・学説により承認された違法性阻却事由のうち，被害者の同意（特に，傷害の場合）は，これらとは異なっています。同意傷害は，複数利益の対立・葛藤を前提として，法の立場からの利益衡量の結果，正当化されるものではなく，個人の自己決定権に基づく自主的な法益の放棄により法益保護の必要性がなくなることによって適法とされるもの（**保護されるべき利益の欠如**により説明できるもの）といえましょう。

Ⅳ 各違法性阻却事由の概観

1 3つのグループ

　違法性阻却事由にはさまざまなものがありますが，1つの分類の仕方として，①正当行為，②緊急行為，③自己決定権に基づく違法性阻却事由という3つにグループ分けすることが考えられるでしょう。

　まず，**刑法35条**をお読み下さい。それは，法令行為と正当業務行為を「罰しない」と規定しています。構成要件該当行為の違法性が阻却される（その結果として犯罪が成立しない）とする趣旨であることについては異論がありません[17]。35条のあげる法令行為と正当業務行為とは，限定的な列挙ではなく，同条の見出しにも「正当行為」とあるように，正当行為の例示にすぎないと解されています。そこで，本条は，**正当行為**一般について違法性が阻却されることを定めた包括的な規定として理解することができるのです。

　次に，**刑法36条と37条**に規定された正当防衛と緊急避難について見ますと，これらを「正当行為」の一種として把握することも可能なのですが，はっきりとした特徴を持っています。すなわち，緊急の事態の下で，危険にさらされた正当な利益を保全するために，例外的に私人による実力の行使を認めたものなのです。そこで，これらを**緊急行為**としての違法性阻却事由[18]と呼ぶのです。

　さらに，違法性阻却事由の中には，**個人の自己決定権**に基づき，利益の法的保護を個人が自主的に拒否することにより，法益保護の必要性がなくなることを根拠とする一連の違法性阻却事由が存在します。自己決定権とは，個人が持ち主である法益（個人的法益）については，原則として，その人がこれを自由に放棄したり処分したり好きなように扱うことができる権利のことをいいます[19]。個人の意思決定に高い価値が認められる個人主義の社会においては，自己決定権は最大限に尊重されます（もちろん，その人が判断能力を有すること

　17）　大塚・総論409頁は，死刑の執行は，殺人罪の構成要件に該当するとはいい難いとし，35条は違法性阻却事由ばかりでなく，このような構成要件該当性阻却事由をも規定したものだとします。しかし，これは一般的な理解ではないでしょう。死刑の執行も殺人罪の構成要件に該当し，ただ法令行為として違法性が阻却されると解されているのです。

　18）　これ以外の通常の違法性阻却事由を，「常態的違法性阻却事由」とか「通常行為としての違法性阻却事由」と呼ぶこともあります。

違法性阻却事由の主観的要素（主観的正当化要素）

　行為無価値論の立場からは，違法性阻却の効果を認めるために，単に違法性阻却事由（たとえば，正当防衛）にあたる客観的事実が存在するというだけでなく，行為者がその事実を認識した上で行為することが必要です。構成要件該当事実について故意（実現意思）が認められない限り，**違法性を肯定できない**のと同じように，違法性阻却事由にあたる事実についてその認識（実現意思としての故意）がなければ，**違法性阻却を肯定できない**のです＊。行為者が違法性阻却事由にあたる事実（正当化事情）を認識せずに行為したとき，行為者は，正当化されない法益侵害・危険の事実を認識しこれを実現しようとして行為しているのであり，故意犯としての違法性を肯定できます。たまたま違法性阻却事由にあたる客観的事実が生じたとしても，行為者はそれを意図せず，偶然にそうなったというだけのことであり，そのまま行為無価値は残り，**行為不法は肯定**されることになります。

　こうして，違法性阻却事由にあたる事実の認識（そして，これを実現意思に取り込むこと）は，違法性阻却のための主観的要件であり，**主観的正当化要素**だということになります。主観的正当化要素として実際に問題となるのは，正当防衛における防衛の意思，緊急避難における避難の意思，被害者の同意における同意の認識などです。

　主観的正当化要素が欠けた場合の扱いが問題となりますが，それはとりわけ**偶然防衛**をめぐって議論されています。偶然防衛とは，正当防衛の客観的要件をすべて充足する事実がありながら，行為者が正当防衛状況の存在（すなわち，急迫不正の侵害があること）をまったく認識していなかった場合，いいかえれば，行為者が防衛の意思なく，一方的な加害の意思で当該の行為を行ったところ，偶然にも，客観的な防衛の効果が生じたという場合です。たとえば，甲が，乙を射殺しようとしてピストルを撃ったところ，弾丸が命中して乙は即死したのですが，全く偶然にも，乙はその時，甲を（または第三者のAさんを）殺そうとして爆弾のスイッチを押そうとしていたというケースがその一例です（なお，各論の第12講「事例の解決の方法論を学ぶ」246頁の〈ケース4〉も参照して下さい）。

　この種の事例の解決をめぐり，学説は，①違法性阻却は認められず，行為者は既遂犯として処罰される（既遂不法が認められる）とする見解，②未遂犯が成立する（100パーセント違法とされる事実が実現されず，犯罪は未完成に終わったことから，未遂不法しか認められない）とする見解，③違法性が阻却され不可罰となるとする見解の3つに分かれています。偶然防衛のようなケースが現実に起こることはまずないでしょうが，その解決をめぐりこれだけ（他の論点ではおよそ見られないほど）大きく見解が分かれているのです＊＊。

＊ これに対し，主観的違法要素を原則的に否定する結果無価値論によりますと，違法性阻却のための主観的要件も不要とされます。
＊＊ 違法性の本質をめぐる議論と関係づけますと，行為無価値論の立場からは，①または②の見解が支持され，結果無価値論の立場からは，②または③の見解が支持されています。

が前提となります）。そこから，法益の持ち主（被害者）が同意していた場合には，いくらその人に不利益な結果が発生したとしても，それを引き起こした人（およびそれに協力した人）の行為は違法ではない（その法益については法的保護が不要であるから）ということになります。自己決定権に基づく違法性阻却事由のうち，最も基本的意味を持つのは，**被害者の同意**（特に，傷害罪の場合）です。

2 正当行為

35条の規定する正当行為には，法令行為，正当業務行為，その他の正当行為の3つがあります。**法令行為**についていいますと，法令が一定の構成要件該当行為を許容し（さらには命じ）ているとき，刑法上もその行為が違法でありえないことは当然です。たとえば，臓器の移植に関する法律（臓器移植法。平成9・7・16法律第104号）の規定するところに従い，医師が脳死した人の身体から臓器を摘出するとき（同法6条を参照して下さい），その行為は死体損壊罪（刑190条）の構成要件に該当するとしても，法令行為として違法性を阻却され，適法（合法）となります。35条は，刑法以外の他の法領域で適法とされる行為が，刑法上も違法とされないことを確保する規定であり，**法の内部的矛盾・衝突を解消**する機能（すなわち，「法秩序の統一性」を保障する機能）を持つ規定といえましょう[20]。最近では，「特定複合観光施設区域整備法」が成立し

---

19) たとえば，所有権の内容には，その物をこわしたり捨てたりすることの自由も含まれます。誰にも「そんなもったいないことはするな」とやめさせることはできません。他人の干渉は，余計なお世話であるばかりでなく，自由の侵害でさえあるといえましょう。

20) **法令行為の例**としては，死刑や自由刑の執行（刑11条〜13条・16条，刑訴471条以下），被疑者・被告人の逮捕・勾留（刑訴60条以下・199条以下），私人による現行犯人の逮捕（刑訴213条以下），親権者による子に対する懲戒行為（民822条），競馬法による勝馬投票券（いわゆる馬券）の発売（同法6条），母体保護法に基づく人工妊娠中絶（同法14条），精神保健及び精神障害者福祉に関する法律（精神保健福祉法）に基づく精神障害者の入院措置（同法29条以下），死体解剖保存法に基づく死体の解剖（同法2条）などがあります。

（平成 30・7・27 法律第 80 号），免許を受けた民間事業者がカジノ施設を運営することが認められることになりました。これにより，刑法 185 条・186 条の構成要件に該当する行為の違法性が阻却されることになります。

正当業務行為が構成要件に該当するものであっても，その違法性が阻却されるのは，それが，法令上（または慣習上）承認された社会的活動の範囲内で，その活動の際に遵守を求められる社会的行動準則を守って行われた行為であるから（すなわち，それが正当な行為であるから）でしょう。そうであるとすれば，そのような行為である限り，「業務」行為といっても，社会生活上の地位に基づき反復・継続して行うものであればよく，報酬や対価を伴うものであったり，職業として行われるものであることを要しないものとして，広く解釈すべきです。したがって，たとえば，プロのスポーツ選手に限らず，アマチュアないし学生スポーツの選手の行為も正当業務行為となりえます[21]。

さて，法令行為と正当業務行為が正当行為の例示にすぎず，35 条がすべての正当行為の違法性を阻却する包括的な規定であるとすれば（→ 182 頁），条文に根拠を持たないという意味での「超法規的違法性阻却事由」は存在しないことになります[22]。ここでは，そのそれぞれを説明できませんが，労働争議行為，自救行為，義務の衝突，同意傷害行為，安楽死，尊厳死などは，**その他の正当行為**として，違法性阻却の条文上の根拠を 35 条に求めることができるのです。なお，これらのうち，自救行為と義務の衝突は，その性格上，「緊急行為」に含ませることができますし，同意傷害行為，安楽死，尊厳死は，「自己決定権に基づく違法性阻却事由」であることをその本質としています。

21）　**正当業務行為の例**としては，医師の手術などの治療行為，報道機関の取材活動，刑事弁護人の弁護活動，スポーツ（およびスポーツクラブにおける指導）などがあげられます。このうち，治療行為は，自己決定権に基づく違法性阻却事由でもあり，患者の同意が重要な要件となります。

22）　なお，憲法上保障された基本的人権（集会の自由，表現の自由，大学の自治など）に対する，警察官等の官憲の侵害に対抗・抗議して，侵害の回復・予防のために行われた行為が超法規的に違法性を阻却されるかどうかが問題とされてきました（最高裁判例に現れた事件として，東大ポポロ劇団事件や舞鶴事件が有名です）。ここで問題となる違法性阻却事由を「狭義の超法規的違法性阻却事由」と呼ぶことができます（ただし，これも条文上の根拠は 35 条に求めることが可能です）。

3 緊急行為

緊急行為としての違法性阻却事由とは，緊急の事態で，警察官などの国家機関による権利保護の時間的余裕のないところで，私人がその正当な権利の保全のため例外的な実力行使（すなわち，構成要件に該当する法益侵害行為・法益危険行為）を行うことが正当化される場合を類型化したものです。法治国家においては，たとえ正当な権利者であっても，権利の実現のために実力を用いることは禁止されています。社会秩序維持の見地からは，権利の保護・実現のための強制力の行使を国家機関の役割とする方が（正当な権利者たる私人に負担とリスクを負わせることになるとしても）問題が少ないからです。ただし，緊急の事態においては，その現場で一定限度の権利保全行為を私人に許容することのメリットはデメリットを上回ると考えられるのです[23]。緊急行為としての違法性阻却事由としては，正当防衛と緊急避難のほか，自救行為[24]や，特に不作為犯について問題となる義務の衝突[25]などが存在します[26]。ここでは，正当防衛と緊急避難を取り上げて比較してみましょう。

---

23) とりわけ，**いままさに正当な利益が侵害されようとしている状況**なのであれば，放置すれば利益が失われて取り返しのつかないことになりかねず，他方で，そのような事態が生じていることにより，すでに平和で安定した秩序は部分的に否定されており，ここで実力行使を認めることの弊害は大きくないと考えられるのです。この意味において，刑法が，いま正当な利益が侵害されようとしている場合にこれを保全するための行為（正当防衛と緊急避難）についてのみ，明示の正当化規定を設けていることには理由があるといえましょう。

24) **自救行為**とは，権利を侵害された者が，法律上の正規の手続を通しての損害回復によらず，自らその救済をはかる行為（たとえば，その所有物を窃盗犯人に奪われた者が，後日，犯人を探し出してその物を奪い返す行為）のことをいいます。不正な侵害がひとまず終了し，いったん安定したその現在の状態を積極的に変更しようとする行為である点において，正当防衛と区別されます。ちなみに，民法学においては，「自力救済」と呼ばれることが多いのですが，刑法の分野では一般に自救行為と呼ばれています。

25) **義務の衝突**とは，異なった内容の複数の作為義務を果たすべき立場に置かれた者が，そのうちの１つの作為義務を履行するためには，他の作為義務の履行を怠る以外に方法のない場合のことをいいます。たとえば，医師が，急病患者のＡとＢのうち１人しか救命できないという状況の下で，Ａを救い，Ｂを死なせてしまったというケースがその例です。同等の義務（このケースの場合がそうでしょう），あるいは重要性のより高い義務の履行のために，他の義務に違反したとしても，構成要件に該当する不作為につき，違法性が阻却されます。

26) これ以外に，**狭義の超法規的違法性阻却事由**（前掲注 22）を参照）があります。

第9講 違法性とその阻却

〈ケース1・正当防衛と緊急避難(1)〉
　甲にうらみを持つ乙は，ナイフで甲の腹部を刺してケガをさせようと考え，ナイフを携えて甲のすぐそばまで近づいた。甲は，乙に向けて石を投げつけ，これを命中させ，難を逃れた。乙は傷害を負った。

〈ケース2・正当防衛と緊急避難(2)〉
　甲にうらみを持つ乙は，ナイフで甲の腹部を刺してケガをさせようと考え，ナイフを携えて甲のすぐそばまで近づいた。甲は，難を逃れるためやむを得ず，通行人Aを突き飛ばして逃げた。Aは傷害を負った。

　正当防衛においては，不正な攻撃者の利益と保全されるべき正当な利益とが衝突するという点に特色があります。そこで，そこには「**不正対正**」**の関係**があるといわれるのです。〈**ケース1**〉について見ると，甲の乙に対する法益侵害行為は，傷害罪（204条）の構成要件に該当するとしても，正当防衛（36条1項）として違法性を阻却されます。不正の攻撃者である乙の法益については，法によりその保護が（一定限度において）否定されることが認められてよいと考えられますし，また，不正な攻撃者乙の利益（被侵害法益）の犠牲において正当な甲の利益（保全法益）が保護されることは，優越的利益の保護を目的とする法秩序の趣旨にかなうことでもありましょう。

　これに対し，緊急避難は，危難に陥り正当な利益が侵害されそうになった状況において，最後の手段として他人の正当な利益を害することにより，危険にさらされた利益を保全する行為です。そこでは，正当な権利者同士が対抗関係に立っており，まさに「**正対正**」**の関係**が存在するのです。〈**ケース2**〉において，甲のAに対する傷害行為は，緊急避難によりその違法性を阻却されうるものですが（37条1項本文），そこでは，甲の正当な利益の保全のためにAの正当な利益が犠牲となっているのです（甲はAに「損害を転嫁」したということができます）。

　正当防衛と緊急避難とに共通するのは，いずれも，①法的保護に値する正当な個人的権利が存在し，それが，②国家機関による救済を待つ時間的余裕がな

187

い緊急事態において危険にさらされている場合に問題となることです。しかし，上のような性格の違いから，正当防衛はより要件が緩やかであり，緊急避難はより要件が厳格なのです。

すなわち，緊急避難の成立のためには，保全法益と被侵害法益の間に**法益均衡**が要求され（価値のより低い利益を保全するために，価値のより高い利益を侵害してはならないのです），また，行為は法益保全のための最後の手段として行われることが必要とされます（法益を保全する手段が他に存在してはならないということであり，これを**補充性**の要件と呼びます）[27]。これに対し，正当防衛については，これら2つの要件は不要です。たとえば，強盗犯人に襲われたとき，自分の財産を守るため，犯人に重傷を負わせるというように，より価値の低い利益を守るためにより価値の高い利益を侵害することも，正当防衛としては許されます。そこでは，法益均衡が要件とされないのです。また，その場から逃げることにより，被害に遭うことを回避できるとしても，正当防衛として犯人に立ち向かうことが認められるのです。そこでは補充性が要求されないのです（→ Coffee break「**正当防衛はなぜ正当化されるのか**」189頁）。

4　自己決定権に基づく違法性阻却事由

個人の自己決定権に基づく違法性阻却事由には，被害者の同意（特に，傷害罪の場合），推定的同意，医師の治療行為，安楽死，尊厳死，危険引受け（過失犯について問題となります）などがありますが，このうち最も基本的な意味を持つのは，**被害者の同意**（**または被害者の承諾**）です（被害者の同意はきわめて重要な論点であり，しかも，刑法各論で説明するいろいろな犯罪と関係するので，各論の第3講「被害者の同意をめぐる諸問題」において詳しく説明することといたします〔43頁以下〕）。法益は，利益が帰属する主体が個人であるか，社会であるか，国家であるかにより，個人的法益，社会的法益，国家的法益の3つに分類されますが（→ 28頁注13)），このうちの個人的法益に向けられた罪について

---

27)　刑法37条1項の規定を見ると，法益均衡（害の均衡）の要件は明記されていますが，補充性については，はっきりとそのように要求されているわけではありません。判例と学説は「やむを得ずにした行為」という文言の解釈として補充性の要件を導いているのです。なお，正当防衛を規定する36条1項の「やむを得ずにした行為」については，それは必要相当な反撃で足り，補充性まで要求されないとするのが判例・通説です。

正当防衛はなぜ正当化されるか

Coffee break

　最近の最高裁判例は，正当防衛の本質について，「刑法36条は，急迫不正の侵害という緊急状況の下で公的機関による法的保護を求めることが期待できないときに，侵害を排除するための私人による対抗行為を例外的に許容したものである」と述べています（最決平成29・4・26刑集71巻4号275頁）。そうした正当防衛の状況において，とりわけ同じ緊急行為である緊急避難よりも緩やかな形で法益保全を行うことが許されるのは，**攻撃者側の法益（被侵害法益）の要保護性が否定**されるからだと考えられます。したがって，正当防衛における違法性阻却の根拠は，正当な利益の保全の必要性があり，かつ，被侵害法益の要保護性が否定されるところに求めることが可能なのです。

　これに対し，優越的利益説（前述のⅢを参照して下さい〔→180頁以下〕）をとる学説の中には，正当防衛においては，保全法益に，防衛行為により実現される法秩序の維持・保全という「公共的利益」が加算されると考え，その合計が被侵害法益よりも優越するところに正当防衛が正当化される理由を求めるものがあります。しかし，正当防衛においては，被攻撃者の身体を守るために，攻撃者の生命を奪うことさえ正当化されるのです。個人の生命という価値を上回る公共的利益を承認することには疑問がありますし，生命侵害が正当化されるのはせいぜい生命保護を理由とする場合でしかありえないとすれば，単純な利益衡量の原理によっては攻撃者の生命の侵害を正当化することはできないでしょう。被侵害法益については法による保護が一定限度で否定されると考えてはじめて，生命侵害の正当化も肯定することができるのです。

　このような形における法益の要保護性の否定は，正当防衛状況では，攻撃者に何らかの意味での「帰責性」が認められるからこそ認められるものといえましょう。具体的にいえば，攻撃者側の動作・不動作が「行為」といえることと，故意または過失が認められること，したがって，行為無価値論の主張するような意味で違法であること（行為規範違反を肯定できること）がぜひ必要だと思われるのです。たとえば，甲が，乙をケガさせようと考え，そばにいた無関係の女性Aの身体をつかまえて，思い切り乙に向けて突きとばした場合，乙はAに対し正当防衛を行えると考えるべきではないでしょう（せいぜい緊急避難しか許されないと解すべきです）。

　これに対し，結果無価値論の立場からは，上のような意味での「帰責性」はまったく不要であり，法益侵害の危険を生じさせたというだけの理由で，その法益性が否定され，正当防衛による反撃にさらされてもよいということになるでしょう。上の設例でも，乙はその女性Aに対し正当防衛ができるということになります。これはまったく不当なことではないでしょうか。

は，被害者の同意を得て行われた行為は原則として適法であるとされます[28]。「原則として」というのは，現行刑法は，たとえば，生命侵害に関しては，被害者の同意があっても違法であることを明らかにしており（202条をご覧下さい），そこでは，同意にもかかわらず法的保護が貫徹されるからです[29]。

　被害者の同意による適法化の根拠については，**個人の法益処分の自由**または**その自己決定権**に求める見解が一般的です。いいかえれば，法益主体たる個人の自主的な法益の放棄・処分により法益が消滅し，または法による保護の拒否により法益の要保護性がなくなるとするのです。なお，被害者の同意により，法益が消滅し，最初から法益侵害が認められないことになるか，被害者の同意があっても，法益侵害の存在そのものは否定されず，ただその法益の刑法的保護の必要性が否定される結果として，違法性がなくなるかは，**法益の性質により異なる**のです。自由に対する罪（たとえば，監禁罪，住居侵入罪，強制性交等罪）においては，行為が被害者の意思に合致するとき，そこにはおよそ法益侵害そのものが認められません。財産に対する罪においても，被害者が侵害に同意するとき，法益そのものが消滅し（民法上は，所有権の放棄または移転が生じます），財産侵害の実質が認められないことになります。これらの犯罪については，被害者の同意があるとき，そもそも**構成要件該当性が認められない**のです。これに対し，傷害罪が問題となる場合については，同意にもかかわらず法益侵害そのものは存在し（したがって，構成要件該当性は肯定され）[30]，具体的事情の下でその法益の要保護性が否定されることにより，**違法性が阻却される**のです。身体傷害につき同意があるときでも法益侵害は存在するのですが，身体的法益の処分に関する法益主体の自由（自己決定権）が尊重される限りで，法益保護のために傷害行為を具体的に禁止することの必要性が否定されるとい

　28）　ただ，この場合の同意は，同意能力のある者による，有効な同意でなければなりません。刑法は，法益としての性的自由（性的自己決定権）につき，13歳未満の被害者の同意能力を明文をもって否定しています（176条後段・177条後段を参照して下さい）。

　29）　ただ，202条では，199条と比べて法定刑が大幅に軽くなっています。死を望む本人意思があることを理由として，法益の要保護性の減弱，したがって違法性の減少が認められているのです。

　30）　たとえば，ある人がドナー（臓器提供者）となり，近親者に肝臓の一部を移植するための摘出に同意し，肝臓の一部を失うという，生体肝移植のケースについて考えてみましょう。ドナーが受けるダメージは，たとえ同意があるとしても，やはり法益侵害であることを否定できないでしょう。したがって，傷害罪の構成要件該当性は肯定されなければならないのです。

うことです。

　もちろん，自己決定権といえども，法秩序はこれを無制限に認めることはできません。生命という法益の放棄，すなわち自殺については，他人がこれをそそのかしたり，協力・手助けすれば自殺関与罪（202条前段）となりますし，その人が同意しているとはいえ，殺害すれば同意殺人罪（同条後段）として処罰されます。法は生命という法益の放棄である自殺行為そのものを禁じるものではない（自殺は違法でない）と考えられるのですが，他人の自殺に関与・協力したり，さらには同意を得て殺すことは他人の法益の侵害であり，これを禁止していると解されるのです31)。生命に次いで価値の高い法益である身体についても，**自己決定権の限界**が問題となります。具体的には，被害者が同意しているとき，その身体を傷つける他人の行為（いわゆる**同意傷害**）について，どのような場合に違法性阻却が肯定されるかという形で重要な論点となっているのです（この同意傷害については，各論48頁以下を参照して下さい）。

Ⅴ　終了のチャイムが鳴る前に

　本日の講義も，予定の時間を大幅に超過してしまいました。決められた時間内に過不足ない内容をまとめられないというのでは，プロとしては失格ですね。こういうところは，読者の皆さんには，文字通り「反面教師」としていただきたいと思います。次回・第10講のテーマは，「責任とその阻却」です。責任（有責性）という犯罪要件について，その基礎理論に関する説明からはじめて，責任能力，違法性の意識の可能性，適法行為の期待可能性という3つの責任要素（それらが欠けることがそれぞれ責任阻却事由となります）についてお話しすることにいたします。

---

　31)　すなわち，刑法202条により，生命という法益の放棄にあたっては，他人の協力が得られないという限度では，自己決定権が制限されている（そのことを通じて，刑法は少しでも自殺を少なくしようとしている）ことになるのです。──この点は，少し理解しにくいところであるかもしれません。各論11頁，44頁以下でも取り上げる論点ですので，そのときにもう一度考えてみて下さい。

Introductory Lectures
in Criminal Law
General Part

第 **10** 講

責任とその阻却

I はじめに

　犯罪とは，「構成要件に該当し，違法かつ有責な行為」です（→77頁）。犯罪が成立するためには，構成要件に該当する違法行為（可罰的違法行為）について，行為者にその責任を問いうること（有責性を肯定できること）が必要です。「責任を問いうる」とは，違法行為に出た行為者の意思決定を非難しうる（「けしからん」といいうる）ことをいいます。そこで，**責任とは非難ないし非難可能性**のことであると定義されるのです。

　ここで，**刑法39条1項**をお読み下さい。1回読んだだけではピンとこないかもしれませんが，行為者が，精神の障害のため，規範意識[1]を働かせることによりその意思決定を制御できなかったのであれば，その行為は犯罪にはならないとする趣旨のものとしてこれを理解することが可能です。構成要件に該当する違法行為が実行されたとしても[2]，行為者にとり，その行為を思い止まることが不可能であったという場合，その意思決定を刑罰をもって非難すること

---

　1) 責任をめぐる議論においては，**規範意識**という言葉がよく使われます。それは，自分の行うことの善し悪しを判断して違法な行為への意思決定を回避しようとする意識のことです。それは，ふつうの人であれば誰にでも備わっているものであり，一般に「良心」と呼ばれているものにほかなりません。

193

はできず，刑を科すことはもはや正当化されないという考え方（それが**応報刑の思想**にほかなりません〔→22頁以下，52頁〕）がとられているのです[3]。

　今日の講義では，まず，責任の基礎理論をめぐる議論について説明します（Ⅱ）。それに引き続き，3つの責任要素（責任非難を加えるために必要とされる要素），すなわち，①責任能力，②違法性の意識の可能性，③適法行為の期待可能性のそれぞれの内容について述べていきたいと思います（Ⅲ）。これら3つの責任要素間の相互関係にも注目していただきたいと思います（→211頁）。

　ここで1つだけ，注意しておきたいことがあります。今日のテーマは「責任とその阻却」ですが，ここで「責任阻却」というとき，それは**責任要素が欠けるため責任が否定される**というだけのことを意味します。39条1項の適用がある場合，「行為者に責任能力が認められないので責任が肯定できない」といってもいいですし，「責任無能力のゆえに責任が阻却される」といってもかまいません。どちらでもよいのです。これに対し，「違法性阻却」というときには，ただ違法性が否定されるというだけでなく，構成要件該当行為により確認された法益侵害ないし法益危険という**マイナスを帳消しにするプラス**（たとえば，優越する別の利益の保全）が存在することを意味します。したがって，ある事実について，それが構成要件的法益侵害（可罰的違法性の基礎づけ）に関わるか，それとも利益保全（可罰的違法性の阻却）に関わるかにより，構成要件要素になるか，違法性阻却事由の要素になるかが決まってきます。同じ違法性がないといっても，すでに構成要件に該当しないのか，それとも違法性阻却事由（正当化事由）が認められるのかを区別しなければならないのです。責任については，これに対応するような区別（すなわち，責任の基礎づけと責任の阻却

---

　2)　責任判断は，違法性判断とは切り離され，かつ，先行する違法性判断を踏まえて，それを前提として行われる判断です。**違法性判断と有責性判断とを区別すべきことの理由**を理解するためには，①構成要件に該当するが，違法性が阻却される行為と，②違法ではあるが責任が否定される行為（たとえば，精神障害者による違法行為）とを比較するとよいでしょう。①のような適法行為に対しては正当防衛をもって対抗することはできませんが，②のような責任を問えない行為も，それが違法行為である以上，これに対して身を守る行為は正当防衛となりうるのです。なお，違法性と有責性の区別は，共犯者の刑事責任を考える上でも意味を持ちます（→228頁）。

　3)　責任を肯定できなければ，犯罪の成立は認められず，刑を科すことは正当化されない，さらに刑罰の分量も責任に見合う程度より重くしてはならない，とする原則が，刑法の基本原則の1つである**責任主義の原則**です（→52頁）。

第 10 講　責任とその阻却

の区別）は存在しません。

Ⅱ 責任の基礎理論

1 責任の本質

　責任の本質についての見解の対立は，刑罰についての基本的な考え方の違い
を反映するものです（応報刑論と目的刑論の対立については，本書の 25 頁を参照
して下さい）。**応報刑論**の立場によりますと，責任の本質は，違法行為を思い
止まることもできたのに，あえて違法行為に出たことについての道義的非難
（の可能性）に求められます。これを**道義的責任論**と呼びます。道義的責任論
によれば，責任の根拠は個々の行為における非難されるべき意思決定であり，
かつ，行為に対する責任が問題とされますので，**行為責任論**（特に，個別行為
責任論ともいいます）がとられることになります[4]。

　目的刑論は，刑罰をもって，行為者の再犯防止（特別予防）を目的として行
われる合目的的手段として捉えます。この立場からは，行為者が違法行為を思
い止まることができない**性格の危険性**を持つことが刑を科す根拠です。刑法に
おける責任とは，危険な性格を持つ人が再犯防止のための刑を受けるべき（社
会の一員としての）負担，すなわち社会的責任のことだとされます。これを**社
会的責任論**といいます[5]。社会的責任論によれば，責任の問われる根拠は，行
為者の危険な性格に求められ，**性格責任論**がとられることになります。

　現在では，応報刑論を基本とする行為責任論が支配的であり，もはや社会的
責任論・性格責任論は支持されていません[6]。ただ，行為責任論がとられるべき
であるとしても，刑法上の責任は，道徳的・倫理的責任と同じではないので

　4）　道義的責任論によると，精神病や薬物の影響による場合など，病的な精神状態・心理状態で
行われた行為（39 条 1 項）や 14 歳に満たない年少者の行為（41 条）については，その意思決定に対
し道義的非難を加えることができないから有責性を肯定できないと説明されるのです。
　5）　このような考え方を徹底すれば，性格の危険性の現れとして違法行為が行われる限り，行為
者が精神障害者であろうと，年少者であろうと，刑事責任を肯定しない理由はないことになるでしょ
う。ここでは詳しく説明することができませんが，刑罰と保安処分（ないし改善治療処分）の区別は
否定され，刑事制裁に関する一元主義の立場がとられることになるのです。
　6）　ちなみに，本講の冒頭における責任についての説明は決してニュートラルな説明ではなく，
応報刑論に基づく行為責任論の立場からの説明なのです。

195

すから，責任の道義的非難としての性格を強調することには疑問があります。そこで，現在では，責任を道義的非難としてではなく，**法的非難として理解する法的責任論**が支持を集めています[7]。この立場からも，道義的責任論と同様に，責任の根拠は，当該の違法行為に出た，非難されるべき意思決定であり，行為者（の性格）にではなく，個別行為に対する責任が問われるのです（→ Column「**責任と自由意思**」197 頁）。

2　違法性と有責性の区別

違法性の判断は，刑法が法益保護の見地から阻止したいと考える行為（とそこから生じた結果）の存在の確認を内容とするものでありますが，これに対し，責任判断とは，違法行為に出たことにつき行為者の意思決定を（刑罰を賦課しうる程度に強く）非難しうるという確認を内容とするもの（意思決定の非難可能性の評価）です。

違法性判断においては，**人の意思的行為とその結果が評価の対象**となります。ここでは，窃盗を禁止する行為規範（「他人の物を盗んではならない」）を例にとって説明することにしましょう（235 条を参照）。窃盗禁止の行為規範は，たとえば，甲がコンビニでパンを盗ろうと思ってパンの占有（事実的支配）を自分のところに移転する行為，すなわち**意思的な窃盗行為**が行われるとき，はじめて侵害されます。意思的行為でないものは規範違反行為ではありえませんし[8]，意思的行為をおよそなしえない人は規範違反をなしえないのです。この意味において，意思による行動制御の能力（行為能力）とその可能性は，違法要素（したがって，構成要件要素）です（違法要素としての「行為」については，38 頁以下を参照）。

これに対し，責任判断は，**違法行為に出たその意思決定を評価の対象とする**非難可能性の判断です。それは，規範意識を働かせ，行為規範に従う形で（パンを盗って食べたいという）動機づけを制御し，意思決定（すなわち，窃盗の故意

---

7)　厳密には，刑法における責任判断は，行為者の意思決定を，**刑罰を科しうる程度に強く非難**することが可能であるという判断ですから，それは，単に法的責任があるかどうかという判断ではなく，可罰的違法行為との関係で**可罰的責任**を肯定しうるかどうかの判断ということができます。

8)　たとえば，コンビニの店内で，乙が，甲の知らないうちに甲のバッグの中にパンを入れ，甲が知らずにそのままパンを店外に持ち出したときの，その甲の行為がそうです。

責任と自由意思

　責任が違法行為に出た意思決定に対する非難であるとすると，違法行為の時点でその意思決定を思い止まることもできたといえなければ，責任を問うことはできません。いいかえると，行為者を違法行為に駆り立てる諸事情（因果的要因ないしファクター）の存在にもかかわらず，行為者が規範意識を働かせてその意思決定をやめにすることができたといいうる限りで，責任非難は可能なのです。

　そうであるとすると，かりに人の意思決定が因果的要因により完全に決定されているとすれば，つまり，およそ**意思の自由**が存在しないというのであれば，そもそも人に責任を問うことはできないはずです。刑法上，責任を犯罪の成立要件とするのであれば，その前提として，意思の自由を肯定しなければならないのです。刑法学の学説も，意思の自由を肯定するという点において完全に一致しています。

　ただ，この場合の「意思の自由」をどのように理解するかをめぐっては，大きく3つの見解が対立しています。まず，①人間の行為は素質的・環境的要因により強く影響されるものの，異常な精神状態・心理状態にあったという場合を別にすれば，因果的要因により完全に決定されてしまうものではなく，人は制限された範囲内で自由な意思決定を行い，主体的に行為を選択することが可能であるとするものがあります（相対的非決定論）。これに対し，②人間の意思決定および行動は因果的要因により決定されているとしつつ，当該行為が，行為者の規範意識（したがって，刑罰的非難によって影響を与えることが可能な人格の層）により決定されているといいうる限りでは，その行為は自由であり，かつ責任を問うことができるとする考え方（やわらかな〔ソフトな〕決定論）があります。さらに，③意思の自由は，経験的事実の問題としてではなく，規範的要請ないし仮設（仮「説」ではなく仮「設」）として前提に置かれるべきもの（いいかえれば，人は，本当に自由であるかどうかは別にして，とにかく法的には自由なものとして取り扱われなければならない）とする考え方もあります＊。

　この争点は，刑法（学）の根本に関わるものであり，そう簡単に結論が出せるような問題ではありません。でも読者は，いつかこの問題について深く考え，自分なりの立場を定めなければならないでしょう＊＊。

　＊　なお，①は団藤説であり，②は平野説です（→35頁）。人間の本質に関する哲学的な見方を基礎におくか，犯罪予防を重視する機能的発想を徹底するかという点で，それぞれの基本的な刑法観を見事に反映しています。
　＊＊　近年では，脳神経科学者による研究（ベンジャミン・リベット〔下條信輔訳〕『マインドタイム——脳と意識の時間』〔2005年，岩波書店〕）に端を発した論争が重要です。その研究とは，人が意識的に行為遂行を決意することに先立って，すでに行為を決定する，脳から生じる神経過程のメカニズムが完了していることを実験的に明らかにしたものであり，そこから意思の自由は幻想である（「人は欲することを行っているのではなく，行っていることを欲

しているにすぎない」）とする主張も生じてきているのです。簡単には，小坂井敏晶『人が人を裁くということ』（2011 年，岩波書店）144 頁以下がとても刺激的です。そのような知見が，意思の自由（非決定論ややわらかな決定論の意味における自由）の不可能性，また，意思の自由を規範的前提ないし仮設として責任論を構想することの不可能性を証明するものであるかが争点となるのです。

の形成）に至らないように動機を抑制すべきであったのに（そして，それをなしえたのに）それをしなかったという法的非難の可否の判断にほかなりません[9]。

　刑法は，故意に基づいて身体的動作から結果が発生するように因果過程を制御する**意思実現過程**に注目して違法性判断を行い，行為の違法性が肯定されたときには，さらに動機から故意が形成されないように規範意識により制御することが求められる**意思形成過程**に注目して有責性判断を行うのです。このようにして，違法要素と責任要素は，前者の意思実現過程に関わる，**意思的行為とその結果に関係する要素**（違法要素）であるか，それとも，後者の意思形成過程に関わる，**規範に従った意思形成ないし動機づけ制御の可能性に関係する要素**（責任要素）であるかにより区別されるのです[10]。

3　責任判断とその要素──心理的責任論と規範的責任論

　かつて，責任判断とその要素をどのように捉えるかにつき，心理的責任論と規範的責任論という 2 つの考え方が対立しました。**心理的責任論**は，20 世紀初めまで支配的な見解でした。それによれば，責任の判断とは，心理的事実（行為者の心の中に存在する事実）の確認のことにほかなりません。違法な行為との関係で「悪意」のある，悪い心理状態としての故意と，注意を欠いた悪い

---

　9)　責任判断の対象は，前面に出ている違法性判断の対象の，いわば一歩奥にあるものであり，意思（故意）を媒介にして違法性判断の対象とつながっているのですが，相互に区別されるべきものなのです。

　10)　ここから導かれる重要な区別は，**故意と違法性の意識との区別**です。故意は，意思的行為の中核的要素でありますから重要な違法要素です。それは，規範意識による意思形成・動機づけの制御に影響する責任要素ではありません。これに対し，違法性の意識（→ 202 頁以下）は，違法性評価にはまったく関わらず，責任評価の段階において，規範意識による動機づけ制御が可能であったか，どの程度可能であったかを検討する際の重要な要素となるものです。したがって，違法性の意識（の可能性）は，違法要素たる故意とはっきりと区別された責任要素として把握されることになります。こういう考え方のことを**責任説**と呼び，現在では通説となっています（→ 204 頁）。

第 10 講　責任とその阻却

心理的責任論と結果無価値論

Column

　心理的責任論の方法論的基礎は，犯罪に関わる事実を客観的事実と主観的事実の 2 つに分ける，「要素分解的」な思考でありました。外界に生じた悪い結果（実害）に関わる客観的事実の確認が違法性の問題であり，それに対応した悪い心理状態という心理的事実の確認が責任の問題であるとされたのです。この基本的考え方を表現したものが，「違法は客観的に，責任は主観的に」という標語でありました。

　このように，違法性に関する結果無価値論（すなわち，古典的な客観的違法性論〔→ 171 頁以下〕）と，責任に関する心理的責任論（そして，後述する故意説〔→ 205 頁〕）は，ワンセットで理解されるべき学説として主張されたのです。

心理状態である過失という 2 つの「責任の種類」があり，責任能力は，責任そのものではなく「責任の前提」だとされたのです（→ Column「**心理的責任論と結果無価値論**」199 頁）。

　しかし，このように，心理的事実（すなわち，悪い心理状態）こそが責任そのものであるとする考え方は，やがて克服されました。責任の本質は，むしろ非難ないし非難可能性という否定的価値判断であるとする**規範的責任論**がとられるようになったのです（責任は，行為者の頭の中にある〔心理的責任論〕というのではなく，裁判官の頭の中にある〔規範的責任論〕のだともいわれました）。**心理的責任論から規範的責任論への転換**にあたり決定的な意味を持ったのは，故意または過失という心理的事実があっても，それでも責任を問いえない場合（すなわち，後述のような，**適法行為の期待可能性**が認められない場合〔→ 208 頁以下〕）があること（そのことは，まさに心理的責任論の破綻を意味します）が気づかれるに至ったことです。ごく単純な事例で考えてみましょう。失業して収入の道が閉ざされ，極度に生活に困った人がいて，お腹を空かせている子どもたちのためにスーパーで食材を盗んだとします。このとき，行為者に責任能力も故意もあるとしても，よくよくの事情の下では少なくともその責任が減少することは認められてよいでしょう。もしそうであるとすれば，刑法上の責任は，責任能力を前提として故意（または過失）だけで決まるものではない（**適法行為をどれだけ期待できるか**という考慮も重要な意味を持つ）ことが明らかとなるのです。

　現在の通説は，規範的責任論であり，責任の本質を，違法行為への意思決定

199

に対する非難可能性に求め，責任要素として，とりわけ，責任能力，違法性の意識の可能性，適法行為の期待可能性の3つが存在することが必要であるとするのです[11]。規範的責任論によれば，責任とは，違法行為に出たその意思決定に対する非難可能性のことをいい，その場合の非難とは，規範意識を働かせることにより違法行為に出ようとする動機を抑制し，意思決定に至らせるべきでなかったのに，意思決定に至らせたことについての否定的価値判断のことです。この意味における非難が可能であるかどうかの判断を行うための要素が**責任要素**にほかなりません。

　責任要素とは，個人の能力面に関わる責任能力と，行為者の置かれた外部的・内部的行為事情に関わる，違法性の意識の可能性および適法行為の期待可能性という，3つの要素のことです。責任能力が故意犯と過失犯とに共通する要素であるように，違法性の意識の可能性および適法行為の期待可能性も，故意犯・過失犯に共通する責任要素です。

Ⅲ 責任要素

1　責任能力

　責任能力は，違法行為に出たことにつき行為者に法的非難を加えるために必要な要素の1つであり，有責行為を行うための能力です[12]。それは，ふつう「行為の是非を弁別し，かつその弁別に従って行為する能力」として定義されますが，正確には（行為能力と責任能力とは区別されなければいけませんから）**行為の違法性を認識し，かつこれに従って動機づけを制御しうる能力**のことです。

　11）　ただ，学説の多くは，故意（そして過失）という心理的要素も，責任要素として残しています（→ 143頁）。これに対し，故意（そして過失）はもっぱら違法要素であり，責任要素ではないとする見解もあります。それは，責任要素を純粋の規範的要素のみから構成する（故意〔そして過失〕という心理的要素を放逐する）のですから，規範的責任論を徹底したものといえましょう。

　12）　なお，責任能力の位置づけについては，これを「責任の前提」と解する見解もあります。しかし，規範的責任論の立場からは，違法性の意識の可能性や適法行為の期待可能性といった責任要素と区別する理由はありません。また，責任能力の存否の判断が，行為者の一般的な能力についての判断ではなく，あくまでも個別行為との関わりでの判断であることを明らかにする意味でも，責任要素説をとるべきです。また，「責任の前提」と呼ぶことにより，責任要件の間における，判断の上での順序を明確にする（まず「前提」を「要素」に先立って判断すべきであるとする）必要があるようにも思われません。

200　Introductory Lectures in Criminal Law : **General Part**

責任能力が欠如する**責任無能力**の場合が，現行法上，心神喪失（39条1項）と刑事未成年（41条）であり，犯罪不成立とされます。これが著しく低減する**限定責任能力**の場合が，心神耗弱（こうじゃく）（39条2項）であり，刑が必ず減軽されます。ここにいう「心神喪失」も「心神耗弱」も，精神医学上の概念ではなく，純然たる法律用語です。

39条の予定する**責任能力の判定方法**については，生物学的方法と心理学的方法とがありますが，両者を併用する**混合的方法**が，判例および通説の採用するところです[13]。それによれば，責任無能力は，2つの要素の存否により判定されます。まず，①**生物学的要素**として（継続的・一時的な）精神の障害が認められることが必要であり，これに加えて，②**心理学的要素**として，(イ)行為の違法性を認識する能力（**弁識能力**）の欠如，または，(ロ)その認識に従って動機づけを制御する能力（**制御能力**）の欠如が必要です。弁識能力と制御能力のいずれか（または両方）が欠如する場合が心神喪失であり，いずれか（または両方）の能力が著しく低い場合が心神耗弱なのです。

生物学的要素としての精神の障害は，大きく「精神病」「意識障害」「精神の変性」の3つに分けて考えることができます。このうちの**精神病**としては，2大精神病とも呼ばれる，統合失調症と躁うつ病が重要です。**意識障害**としては，情動（激情）とアルコールによる酩酊がしばしば問題とされます。**精神の変性**としては，知的障害および反社会性人格障害（いわゆる精神病質）が議論の対象とされます。

心神喪失とは，行為者の思考と行動が，本来のその人の人格とは無縁であり，かつ異常なもので，一般通常人において了解不可能な場合のことです[14]。そこまで達していないとしても，通常の刑事責任を負わせるのが酷であると認められるような，異常な精神・心理状態が認められる場合が心神耗弱のケースであるといえるでしょう。なお，最高裁判例は，行為者の精神状態が心神喪失または心神耗弱にあたるかどうかは法律判断であり，もっぱら裁判所の判断に委

---

13) 生物学的要素のみで判定するのが「生物学的方法」であり，心理学的要素のみで判定するのが「心理学的方法」です。

14) 典型的な精神病（たとえば，統合失調症）に罹患し，その程度がきわめて重症である場合や，幻覚，妄想等の病的体験に直接支配された異常な動機によるものや理解不能な行動によるものは，通常は心神喪失とされるのです。

201

ねられているとくり返し述べています（→ Column「責任能力の存在時期」203 頁）。

心神喪失と並んで責任無能力とされるのは，行為者が行為の時点で**満 14 歳に満たない者**であるときです（41 条〔いわゆる刑事未成年〕）。しかしそれは，14 歳にならなければ，行為の違法性を認識し，かつこれに従って動機づけを制御しうる能力（責任能力）が備わらないということを意味しません。一般には，12 歳程度になれば，実質的な責任能力は備わると考えられています。それにもかかわらず刑法が画一的に 14 歳未満の者を責任無能力者としたのは，年少者の可塑性 15)および少年保護の理念にかんがみて，およそ 14 歳未満の者については処罰の対象とすることを差し控えたものなのです 16)。

2　違法性の意識の可能性

第 8 講「故意と錯誤」において，事実の錯誤と違法性の錯誤という錯誤の区別について説明しました（→ 152 頁以下）。このうち，事実の錯誤は違法性の問題（違法類型としての構成要件の問題）であり，違法性の錯誤は責任の問題です。

違法性の錯誤とは，行為の違法評価に関する錯誤により，違法性の意識を欠如するに至った場合のことです 17)。**刑法 38 条 3 項**には，「法律を知らなかったとしても，そのことによって，罪を犯す意思がなかったとすることはできない。ただし，情状により，その刑を減軽することができる」とあります。これは，違法性の錯誤があり，行為者において違法性の意識が欠けていたとしても，故意は阻却されないという趣旨（要するに，違法性の錯誤は故意を阻却しないということ）を規定したものとして理解するのが判例・通説です（その理論上の根拠に関する私の考えは，154 頁注 14)において示しました）。ただし，もし行為者において違法性を意識することが不可能でなかったとしても，それが困難な状況

---

15)　年少者は，心身ともに未成熟で成長の途上にあることから，犯罪や非行に陥るおそれが大きいのですが，多くの場合，それは一過性のものであり，周囲の影響ですぐに立ち直る可能性もまた高い，という意味で，「可塑性」という言葉が用いられます。

16)　ただし，満 14 歳以上の者であっても，少年（20 歳未満の男女）については，特別な取扱いが認められていることに注意しなければなりません。詳しくは，「少年法」（昭和 23・7・15 法律第 168 号）を参照して下さい。

17)　用語としては，「違法性の錯誤」以外にも，法律の錯誤や，禁止の錯誤（不作為犯の場合であれば，命令の錯誤）などの言葉が用いられます。すべて同じ意味のものとして理解していただいて差し支えありません。

第 10 講　責任とその阻却

責任能力の存在時期

Column

　責任能力は，実行行為（構成要件該当行為）を行う時点において同時に存在しなければなりません。これを**行為（実行行為）と責任の同時存在の原則**と呼びます。しかし，酒や薬物によりあえて自分を心神喪失（または心神耗弱）の状態に陥れ，その状態で犯罪の結果を引き起こした場合はどうでしょうか。たしかに，先行する飲酒行為や薬物の注射の時点では，完全な責任能力がありますが，しかし，現実に結果を引き起こす行為の時点では責任能力はないのです。もし結果惹起行為の時点で責任能力がなければならないとすると，39 条の適用を認め，不可罰とせざるをえません（もし心神耗弱であれば，刑の減軽を認めざるをえないのです）。これはどう考えても不当な結論でしょう。そこで，学説は，原因となる行為，すなわち酒を飲んだり薬物を注射する行為の段階では完全な責任能力があったことを根拠として 39 条の適用を否定しようとします。このような考え方のことを**原因において自由な行為の理論**といいます。

　原因において自由な行為の問題は，責任能力の存在時期の問題（すなわち，どの時点に責任能力が存在しなければならないか，特に，実行行為の時点で責任能力が同時に存在しなければならないかの問題）であると同時に，先行する原因行為の時点で実行行為性（正犯性）を認めることができるかという正犯概念の問題（→ 220 頁以下）でもあります。

にあったというときには，責任非難が減弱するので，**同項ただし書**により刑の減軽が認められうるのです[18]。

　そうであるとすると，およそ責任がなければ刑罰を科すことはできない（すなわち，違法行為に出た行為者の意思決定をおよそ非難できないときには，刑罰を科すことは正当化されない）とする**責任主義の原則**の下では，行為者においてその行為が**違法であることを知ることが不可能**であったときには，違法行為を思い止まらなかったことについて行為者を非難できないのですから，刑事責任を否定しなければなりません。

　以上のように考えると，違法性の錯誤があってもただちに故意は否定されな

18）　行為の状況において違法性の意識の可能性があったとしても，行為者が違法性の意識を欠いて行為したときは，行為の違法性について現実的意識があった場合と比べて，一般的には，非難可能性の程度はより低いといえましょう。そして，違法性の意識を欠いた行為者において，違法性を意識することが容易ではなかった（違法性の錯誤の回避可能性の程度が低かった）という事情があるとき，38 条 3 項ただし書により，刑の減軽が認められるべきなのです。

203

いとしても，進んで，違法性の意識の可能性もないとき（それは，違法性の錯誤が回避不可能であるとき，または，錯誤に陥ったことに相当の理由があるときといいかえることができましょう）には，（故意〔や過失〕ではなく）責任が否定される結果として犯罪は不成立とされなければならないのです。それは，刑法 38 条 3 項の解釈論としても決して無理がなく，そこに規定されていることと整合的な結論であるといえましょう[19]。このように，違法性の意識の可能性を，**故意とは区別された責任要素**として位置づける見解を**責任説**と呼び，現在では学説における通説となっています（実は，責任説の中にも，2 つのバリエーションがあるのですが，ここでは立ち入りません）（→ Column**「故意説」**205 頁）。

　判例の主流は，**違法性の意識不要説**（違法性の意識およびその可能性がなくても犯罪不成立になることはないとする見解）をとってきたのですが，最近の最高裁は，上のような学説の見解を排斥することなく，将来において従来の立場を見直す可能性を示唆しています。すなわち，「通貨及証券模造取締法」（明治 28・4・5 法律第 28 号）の違反が問題とされたある事件において，当該の事案については，違法性の意識を欠いたことにつき相当の理由があった場合にはあたらないとしつつ，「行為の違法性の意識を欠くにつき相当の理由があれば犯罪は成立しないとの見解の採否についての立ち入った検討をまつまでもなく，本件各行為を有罪とした原判決の結論に誤りはない」としたのです（最決昭和 62・7・16 刑集 41 巻 5 号 237 頁〔**百円札模造事件**〕）。ここには，将来において従来の判例の立場を見直すことを排斥しない態度が示されているといえましょう[20]。

　19）　違法性の意識の可能性に欠けるとき（違法性の錯誤に相当の理由があるとき）には，「38 条 3 項ただし書の延長線上」において不可罰の結論を認めるべきだとする，説得力のある解釈論を提示したのは，平野Ⅱ 266 頁でした。

　20）　判例も，理屈の問題としては，**責任説の正当性**を承認しないわけにはいかないでしょう。そのことは，責任能力との関連で考えれば，きわめて明らかです。すでに述べたように，責任能力とは，行為の違法性を認識し，かつその認識に従って動機づけを制御する能力です。そこでは，行為の違法性を認識する能力（弁識能力）が責任を問う要件となることが前提とされているのです。そうであるとすれば，行為者が普段はそういう能力を持っているとしても，違法性の認識を不可能ならしめる具体的な行為状況におかれたとき，刑事責任は問えないと考えるのが当然でありましょう。責任能力が故意犯と過失犯とに共通の責任要素であるのと同じように，違法性の意識の可能性も，故意犯と過失犯とに共通の（故意とは別個の）責任要素として位置づけられるべきなのです。

第 10 講　責任とその阻却

故意説

Column

　学説においては，これまで，行為者が現実に違法性を意識したこと（すなわち，その行為が法的に許されない行為であることを意識したこと）を故意の要件とする**故意説**（厳格故意説）も有力でした＊。この見解によれば，違法性の錯誤に基づき違法性の意識が否定されれば，必ず故意は阻却され，過失犯による処罰の可能性のみが残されることになります。

　故意説は，**故意を責任要素として位置づける伝統的体系と整合的な学説**です。もし故意が重い道義的非難のために必要だと解するのであれば，犯罪事実を認識するのみならず，それが法的に許されないものであることを知りつつ，規範意識の抵抗を受けながら，あえて行為に出るという心理状態（すなわち，悪意）があってはじめて，法規範に敵対する積極的な人格態度が認められ，故意犯の成立を認めうると考えるのが自然でしょう。

　しかし，故意説は，その結論において問題があります。それは，一般通常人とは異なった反社会的な規範意識を持つ者を，理由なく有利に扱うものです。「法律の規定があるとは思わなかった」というだけで故意は否定されることになりますから，（それが言い逃れだと思われても，その主張をくつがえすことがおよそ困難であるということを別にしても）刑法規範の拘束力（個人の行動を縛る力）がその人の主観的価値基準によって左右されることになってしまうのです（しかも，犯行の反復により違法性の意識が鈍麻・減弱した常習犯人には，規範意識が強い抵抗力を持つ初犯者と比べて，より軽い非難しか加ええないということにもなりかねません）。また，38 条 3 項の解釈としても，それは違法性の意識を欠いても故意の成否に影響しないことを定めたものと理解するのが自然でしょう。故意説は，同項をもって，条文についての不知，すなわち，「あてはめの錯誤」（→ 145 頁）が故意を阻却しない旨を規定したものだとします。しかし，本質的な問題である違法性の錯誤の問題に触れることなく，かえってそのような自明ともいえる事柄について刑法が規定を設けたと理解するのは不自然なことであり，また，違法性の意識はあるが条文を知らなかったという場合に，なぜ「情状により，その刑を減軽することができる」とする必要があるのかの説明に窮することになってしまいます。

　　＊　たとえば，大塚・総論 457 頁以下を参照して下さい。ちなみに，故意説の中には，「制限故意説」と呼ばれる見解もあります（団藤・総論 316 頁以下が代表的です）。それは，故意の要素として，違法性の意識までは要求せず，違法性の意識の可能性という弱められた要素で足りるとします。実は，高裁判例の中には，違法性の意識を欠いたことにつき相当の理由があるとして故意（犯意）の成立を否定したものがかなりあることに注意しなければなりません。これらは，制限故意説をとったものということができましょう。

205

> **〈ケース 1・違法性の意識を欠いたことに相当の理由がある場合〉**
> A県の条例である「青少年保護育成条例」は，「何人も，青少年（18歳未満の男女）に対し，淫行をしてはならない」と定め，違反に対する刑として「1年以下の懲役又は50万円以下の罰金」を規定していた。A県警は，「青少年の保護と健全な育成のために」と題するパンフレットを作成し，これを広く配付したが，その中には，「16歳以下の男女とみだらな性行為を行った者は罰せられます」という誤った記述が含まれていた。甲は，これを信頼して，17歳のBの年齢を確認した上で，「淫行」にあたる行為を行った。

　〈ケース 1〉は，まったく架空の設例です。ここで問題となるのは，まず，甲の錯誤が違法性の錯誤と呼びうるものかどうかであり，これに答えるためには，**違法性の意識とか違法性の錯誤とかいう場合の違法性**とはどういう意味かを明らかにする必要があります[21]。甲には，いかなる意味で違法性の意識がなかった（あるいはあった）のでしょうか[22]。

　現在の通説によりますと，違法性の意識とは，行為が「法律上許されないこと」の意識です。したがって，行為者が「犯罪にならない」と誤解していたとしても，不法行為を構成し損害賠償が義務づけられる行為であると思ってさえいれば，違法性の意識はあった（刑の減軽の必要もない）とされることになりましょう。しかし，それでは十分とはいえず，刑法における違法性の意識とは，**可罰的違法行為であることの認識（可罰的刑法違反の認識）**であると考えなければならないと思われます。刑法的非難の対象（処罰の根拠となるもの）は，構成要件に該当し違法性阻却事由を具備しない可罰的違法行為なのです。そう

---

　21)　なお，「淫行」の概念が曖昧・不明確であり，刑罰法規の明確性の原則（憲31条）に反するのではないかも問題となりますが（→ 50頁），ここでは別論といたしましょう。
　22)　違法性の認識が，行為が「悪い」こと，すなわち反道徳的・反倫理的であることの認識ではないことはいうまでもないでしょう。しかし，「違法」行為の中にも，民法上の損害賠償責任が生じたり，行政法上の秩序罰（たとえば，過料）を科せられたりしますが，**刑法による処罰の対象にならない違法行為**が存在するのです。なお，責任説においては，違法性の意識といっても，その現実的な認識ではなく，その可能性が責任要素として考慮されるにとどまります。したがって，問題は，違法性の意識の可能性があるといえるためには，いかなる事態が認識可能でなければならないか，**一般的違法性**（→ 174頁以下）の認識可能性でも足りるか，それとも**刑法的違法性（可罰的違法性）**の認識可能性が必要かという形で提起されるのです。

206　Introductory Lectures in Criminal Law : **General Part**

第 10 講 責任とその阻却

であるとすれば，その認識可能性がなければ，刑法的非難を加えることは正当化されません。〈ケース 1〉についても，甲において，警察のパンフレットの記述を信頼したことにより，刑法的違法行為（構成要件該当行為）であることの認識が欠如したことが問題とされるべきなのです[23]。

こうして，〈ケース 1〉の甲については，違法性の錯誤があったことが認められます。次の問題は，それを理由に甲が免責されるかどうかです。それは，**違法性の錯誤が回避不可能**であったかどうか（行為者が適法な行為と信じたことがやむをえないことであって，**違法性の意識を欠いたことに「相当の理由」がある**といえるかどうか）によることになります。刑罰法規に関する，信頼に値する情報源とは，何よりも法令であり，法令は公布されているのですから，条文を確認すれば容易に誤解を避けることができるときであれば，「相当の理由」があるとはいえないのが原則です。ただ，法令に関して公的機関の提供する情報については，一般市民はこれを唯一の情報源として信頼することも許されるでしょう。しかも，一般市民が公的機関の判断に従ったときに，誤った情報を提供した同じ国が，それでもその人を処罰するのは不公正であるといえましょう。そうであるとすれば，〈ケース 1〉の甲については，免責が認められるべきものと考えられるのです（→ Column「事実の錯誤と違法性の錯誤の区別」209 頁）。

違法性の意識を欠いたことに相当の理由が認められてよいケースとしては，もう 1 つ，最高裁判所の判例に従い，その行為は犯罪にならないと思ってそれを行ったところ，後になって判例が変更され，それが犯罪とされるに至ったという場合が考えられます。このようなケースでは，判例変更を行った上で処罰することは，憲法 39 条の遡及処罰の禁止には違反しないとされていますが（→ 47 頁注 11）），旧判例を信頼して自己の行為は違法ではないと信じた行為者について，違法性の錯誤に相当の理由があるとして個別的な免責を認めるべき

23）罪刑法定主義は，一般市民に対し**刑罰権発動の予測可能性**を保障するための原則です。その根底には，予測できない不意打ち処罰を行うことは公正でないとする思想があります。そうであるとすれば，たとえ犯罪と刑罰が法定されていたとしても，行為者にとり，その行為が構成要件に該当する違法行為であることを知りえない特別な事情があったとき，それでもその人を処罰することはやはり公正なことではないでしょう。そこでは，国が刑罰をもって行為者を非難することが正当化されないのです。〈ケース 1〉におけるように，権限ある国家機関の与えた情報を頼りに行動した市民に対し，その情報が誤っていたというケースにおいて，その意思決定に対して刑法的非難を行うことは正当化されないというべきでしょう。

207

場合もあるでしょう。

3　適法行為の期待可能性

　適法行為に向けた規範意識による動機づけの制御を困難ないし不可能とする
行為事情が存在したとき，責任の減少，さらには責任阻却が認められなければ
なりません。そのような行為事情としては，他人による脅迫や，マインドコン
トロール，良心の葛藤，強度の確信（思想的・宗教的ないし職業的なもの），強
い同情，上司・上役による指示・命令などが考えられます。適法行為の期待可
能性の有無・程度は，刑法上の責任の存否および量の評価にあたり重要な意味
を持つのです。

　刑法の規定の中には，期待可能性の程度を考慮したと解されるものがありま
す。たとえば，過剰防衛（36条2項）や過剰避難（37条1項ただし書）につき，
刑の減免の可能性が予定されていることは，緊急の事態の下では正当防衛・緊
急避難の要件を正しく守って行為するよう意思決定することが困難であるとい
う意味で，適法行為の期待可能性が減少することが（違法性の減少とあわせて）
考慮されたものと理解することができます[24]。

　学説においては，この種の特別の規定がなくても（したがって，**超法規的に**），
期待可能性が少ないことを理由とする責任減少，そして期待不可能性を理由と
する責任阻却を認めてよいとする点において見解の一致があります。ただし，
これまでの最高裁判例の中には，期待可能性の不存在を理由として行為者を無
罪にしたものはありませんし，この理論を正面から認知したものもありませ
ん[25]。もっとも，戦前の大審院判例の中には，期待可能性の減少を理由とし

---

　24)　そのほか，よりはっきりと，期待可能性の欠如による不処罰の場合を規定したと解されてい
るのは，「盗犯等ノ防止及処分ニ関スル法律」（昭和5・5・22法律第9号）の1条2項です。また，
犯人蔵匿等罪（刑103条）および証拠隠滅等罪（刑104条）において，当該刑事事件の犯人自身はそ
の主体から除かれているのですが，これは，罪を犯した者自身に，逃げ隠れしないこととか，証拠を
隠したり壊したりしないことを期待できないことが考慮された結果と解されています（→101頁注
13)）。

　25)　ただ，最判昭和31・12・11刑集10巻12号1605頁は，「期待可能性の不存在を理由として刑
事責任を否定する理論は，刑法上の明文に基づくものではなく，いわゆる超法規的責任阻却事由と解す
べきものである」としていますから，少なくともこの理論が成り立ちうることを認めていると理解す
ることもできます。ちなみに，第2次世界大戦後しばらくの間の高裁判例には，期待可能性の不存在
を理由として，無罪を言い渡したものがかなり存在します。

第 10 講　責任とその阻却

事実の錯誤と違法性の錯誤の区別

Column

　行為者が違法性の意識を欠いて行為した場合が違法性の錯誤のケースです。ただ，事実の錯誤により構成要件該当事実の認識を欠いた結果として違法性の意識を欠いたというのであれば，そこではすでに構成要件的故意が否定されるのであり，責任要素としての違法性の意識の可能性の問題にはなりません。そこで，**事実の錯誤によりすでに故意が阻却される場合**と，故意はあるが**違法性の錯誤につき相当の理由があったかどうかが問われる場合**との区別が重要なテーマとなるのです。これが事実の錯誤と違法性の錯誤の区別の問題です。

　故意説（→ 205 頁）をとるときは，事実の錯誤も違法性の錯誤も，いずれも故意を阻却することになり，法的効果は同一ですから，その区別の実益は大きくありません。しかし，**責任説**（→ 202 頁以下）によるときは，2 つの錯誤の間には決定的な相違が認められることになります。すなわち，故意成立のために必要な事実の認識を欠いた場合については，たとえそれがいかに軽はずみな誤解であったとしてもただちに故意が否定されるのに対し，違法性の錯誤については（相当の理由がある場合を別として）免責は認められないのです（→ 152 頁以下）。そこで，2 つの錯誤の区別が重要な問題となります。

　この点をめぐっては，難しい議論があり，また，刑法を学ぶ上で避けて通ることのできない重要な判例がいくつも存在します。ここでは時間の関係で，それらに触れることはできません。数ある問題のうちの 1 つにすぎませんが，それが事実の錯誤であるのか，それとも違法性の錯誤であるのかをめぐって見解が分かれる**違法性阻却事由の錯誤**についてだけ簡単に述べておくことにします（→ 144 頁，154 頁）。

　違法性阻却事由の錯誤とは，違法性阻却事由にあたる事実が存在しないのに，存在すると行為者が誤認して行為した場合のことです。違法性阻却事由の錯誤の代表例は，行為者が正当防衛の要件にあたる事実を誤って認識して行為した場合である**誤想防衛**ですが＊，緊急避難にあたる事実を誤認した**誤想避難**の場合や，被害者が同意していると思ってこれに傷害を加えた場合などもやはり同じ錯誤のグループに入ります。これらの違法性阻却事由の錯誤は，事実面に関する錯誤であり，その点では，構成要件該当事実の錯誤と同じです。通説は，これを事実の錯誤であるとして，ただちに（たとえ，その誤信がどれだけ軽はずみなものであったとしても）故意を阻却すると考えます＊＊。ただ，違法性阻却事由の錯誤のケースにおいては，行為者において構成要件該当事実（法益侵害・法益危険の事実）の認識は認められるのであり，犯罪事実は認識しつつ，ただ行為が法的に許されると信じたにすぎない場合と考えることもできます。そこで，有力に主張される反対説は，違法性阻却事由の錯誤を違法性の錯誤にすぎないとするのです。

209

> **＊** 私がわかりやすいと思っている設例は，「田舎芝居事例」です。それは，次のような
> ケースです。甲が，散歩中に，大きな悲鳴を聞き，その方向に目をやると，ある家の庭で，A
> が B に対し日本刀で切りかかろうとしているので，甲は，B を救おうとして小石を A に向け
> て投げつけ，A に傷害を負わせたが，実は A も B も劇団員で，竹みつを使って芝居の稽古を
> していたところであった，というものです。このケースでは，甲について，傷害罪（204 条）
> が成立するか，それとも，せいぜい過失傷害罪（209 条・211 条後段）となるにすぎないか
> が問題となります。
> **＊＊** 判例も，通説と同じ見解をとり，これを事実の錯誤であるとします。もっと
> も，正面から判断を示した大審院・最高裁判所の判例は存在しません。

て，責任の減軽を認めたと解される有名なものがあります。

〈ケース 2・第五柏島丸事件〉

瀬戸内海で，定員 24 名のところを，その 5 倍以上の 127 名の乗客を乗せ
て航行中の連絡船・第五柏島丸が沈没し，多数の死傷者を出したという事故に
ついて，その船長が業務上過失致死傷罪等の刑事責任を問われた。大審院は，
このケースにつき，通勤客が殺到していたこと，取締の警官も乗客数について
は大目に見ていたこと，船主が船長の再三の注意にもかかわらずこれを無視し
ていたこと等の事情を考慮して，罰金刑を言い渡した（大判昭和 8・11・21 刑
集 12 巻 2072 頁）。

期待可能性があるかどうかを判断するにあたっては，その**標準**が問題となり
ます。行為者本人にとり動機づけの制御が可能であったかどうかという主観的
標準を適用するならば（**行為者標準説**），行為者個人にとりその事情はまさに決
定的な影響を持ったに違いないでしょうから，責任の減少・阻却が容易に肯定
されることになってしまい（「すべてを理解することはすべてを許すこと」になっ
てしまうといわれます），妥当ではないように思われます。平均人ないし一般通
常人にも了解可能な動機に基づく場合にのみ[26]，責任減少・阻却を肯定しうる
と考えられるのです（**平均人標準説**）[27]（→ Column「**責任要素間の相互関係**」211 頁）。

---

26) いいかえれば，その行為事情の下に置かれた平均人・一般通常人でも，同様に動機づけを制
御することが困難ないし不可能であったと認められるときにのみ，期待可能性の減少・否定が肯定さ
れるのです。

第 10 講　責任とその阻却

責任要素間の相互関係

Column

　責任を肯定するためには，すなわち，刑法規範に従った動機づけの制御が可能であったといえるためには，大きく 2 つの要件が必要だと考えられます。まず，その行為が違法であること（刑法規範に違反すること）の認識可能性がなければなりません。かりにこれを「知的要素」と呼ぶことにします。次に，違法性の認識に従って違法行為に出ようとする意思決定を抑制するために動機づけを制御することが可能でなければなりません。かりにこれを「動機づけ制御要素」と呼ぶことにしましょう。

　まず，責任の「知的要素」の側面について見ますと，行為者が行為の違法性を認識しうるためには，自分の行おうとする行為が違法な行為であることを認識できる精神的・心理的能力を備えていなければならないでしょう。そこで，①精神障害のゆえに行為の違法性を認識する能力を持たない行為者については，違法行為に向けた意思決定を非難することはできないのです。また，②違法性を認識しうる知的能力を具備していても，具体的な行為状況下において，行為の違法性の認識可能性を排除する事情があれば，やはりその行為者を非難することはできません。以上述べたことを通説的な責任判断の枠組みに移しかえれば，①は**責任能力の一要素としての弁識能力**の問題（→ 201 頁）であり，②は**違法性の意識の可能性**の問題（→ 202 頁以下）なのです。

　次に，「動機づけ制御要素」の側面について見ますと，違法性の認識に従って違法行為への意思決定を避けるように動機づけを制御する可能性との関係でも，行為者が備えているべき精神的・心理的能力に関わる面と，具体的な行為事情に関わる面とがあります。③違法性を認識できたとしても，精神障害のゆえに規範意識により動機づけを制御するための精神的・心理的能力を欠いていた行為者に対しては，責任非難を加えることはできません。動機づけ制御のための精神的・心理的能力とは，**責任能力の一要素としての制御能力**のことにほかなりません（→ 201 頁）。また，④そのような能力があっても，具体的な行為状況下で，適法な行為への意思決定を期待できない特別な事情があったときには，**適法行為の期待可能性**がないことを理由に責任が否定されるのです（→ 208 頁以下）。

　以上のように，責任能力の要素である，弁識能力と制御能力の延長線上において，それぞれの要素に対応して，違法性の意識の可能性および適法行為の期待可能性という 2 つの責任要素が位置づけられることになります。このように，責任要素は相互に密接に関連しつつ，責任論の体系を構成しているのです。

211

Ⅳ 終了のチャイムが鳴る前に

本日の講義で，ひとまず責任論の最後までの説明を終えたことになります。犯罪論に関する，これまでの6回の講義の途中では，かなり無理をしていろいろな内容を盛り込んだつもりなのですが，それでも触れることのできなかった重要論点がたくさんあります。たとえば，過失犯については，説明することができませんでした。また，正当防衛や緊急避難などの個々の違法性阻却事由についても，読者の皆さんにはもう少し立ち入って勉強していただくことがやがて必要になります。

ただ，刑法の学習のまだ入門段階なのです。あれもこれもと欲張って，間口を広げすぎると，すぐにスタミナが切れてしまうでしょう。まずは**犯罪論の根幹部分**を確実にわが物とすることに照準を定めていただきたいと思います。

次の第11講のテーマは，「正犯と共犯」です。正犯の概念と共犯の概念，そして，共同正犯の基本的考え方について説明したいと思います。行為者が1人だけであっても議論が十分ややこしいのに，それが2人，3人となれば，ずっと複雑な様相を呈するであろうことは容易に想像できるでしょう。正犯論・共犯論は「絶望の章」とくり返し呼ばれてきたのです。でも，応用問題に取り組むことで，基本的なところをより深く理解できるようになるというメリットもあります。読者の皆さんにとっては，「絶望の章」でなく「希望の章」になるかもしれませんよ。

27）なお，期待可能性の標準に関する学説として，国家ないし国法秩序を標準とする**国家標準説**もあります。しかし，これに対しては，法律上どのような場合に期待可能性が認められるかを論じるときに，法秩序がこれを期待する場合がそれであるとするのでは，問いをもって問いに答えるに等しいとする批判が一般的です。

第 **11** 講

Introductory Lectures
in Criminal Law
General Part

正犯と共犯

I はじめに

　それぞれの犯罪の構成要件は，**1人の人が実行行為を行う場合**（すなわち，単独犯の場合）を予定しています。ただし，後に述べるように，行為者が自分の犯罪実現のための「道具」として他人を利用する場合があり，これを「間接正犯」というのですが，これもやはり単独犯（単独正犯）の一種です。なお，刑法各則の犯罪の中には，例外的に（ごく少数ではありますが）その構成要件が最初から複数の者の関与を予定している場合があります。その点については，さしあたり忘れて下さってけっこうです。正犯論・共犯論の根幹をきちんと理解した後に，次のステップとして勉強すればそれで足りるでしょう[1]。

　それでは，正犯論・共犯論の根幹に関わるテーマとは何でしょうか。それは，

　1）　少し説明を加えておきますと，ある犯罪の構成要件が，最初から複数の者の関与を予定しているとき，これを**必要的共犯**と呼びます。たとえば，内乱罪（77条）や騒乱罪（106条）のような集合犯（ないし多衆犯）の場合がその一例です。また，必要的共犯の一種として，**対向犯**と呼ばれる場合があります。贈収賄における贈賄側と収賄側や，わいせつ物販売罪における売主と買主のように，複数の者が相互に向かい合う方向で行為する場合のことです。刑法は，贈収賄については対向関係にある関与者の両方を処罰する規定をおいていますが（197条以下と198条を参照して下さい），わいせつ物販売罪については売主を処罰する規定（175条）しかありません（いわゆる片面的対向犯）。後者の場合，相手方たる買主の刑事責任（売主に対する教唆犯や幇助犯となりうるか）が問題となるのです。

213

単独犯を予定する構成要件の実現に複数の者（2人以上の者）が関与する場合にこれらの者をどのように処罰するのかです。これは，数ある刑法総論の理論的諸問題の中でも，間違いなく五つ星が付く重要問題です。

この問題については，**刑法 60 条から 65 条までの規定**（すなわち，刑法典の第1編第11章「共犯」におかれた諸規定）において取扱いの大枠が示されています。まずは，これら6か条にざっと目を通してみて下さい。すぐに分かることは，刑法が，①共同正犯（60条），②教唆犯（61条），③幇助犯（従犯〔62条・63条〕）という3つの犯罪の態様を認めていることです。具体的な事件において，犯人は，たとえば，殺人罪の共同正犯（適用法条は，60条・199条）として処罰されたり，詐欺未遂罪の幇助犯（適用法条は，62条・250条・246条1項）として処罰されるのです。

他方で，**刑法は犯罪を自ら実行した者を「正犯」とし**（特に，61条1項と62条1項を参照して下さい），これと「共犯」とは区別して処罰することにしています。「2人以上共同して犯罪を実行」すると，「正犯」（すなわち，共同「正犯」）となります（60条）。これに対し，自らは犯罪を実行せず，それを教唆した（すなわち，他人をそそのかし犯罪的意思を抱かせて，これを実行させた）者は，正犯ではなく共犯にとどまりますが，しかし「正犯の刑を科する」ことにしているのです（61条1項）。なお，ここに「正犯の刑を科する」とは，犯罪の成否の問題に関わることではなく，ただ刑の適用の問題として，正犯者に適用される法定刑（当該条文に規定された刑〔の幅〕）をそのまま（修正なしに）教唆者にも適用するということです。幇助犯（62条1項）は，正犯の実行を助ける行為[2]を処罰するものであり，これについては，63条により法定刑の修正（修正方法については，68条を参照して下さい）が行われるのですが，教唆犯についてはこれが行われないということです（ただし，「法定刑とその修正」といってもピンとこないと思います。この点については，第12講「犯罪論から刑罰論へ」において詳しく述べることにします〔→ 249頁以下〕）。

2）　それは，犯罪を物理的または心理的に容易にする行為のことであり，**物理的（有形的）幇助と心理的（無形的）幇助**という2つの態様があります。現金や毒薬，凶器等を提供するような行為が前者の例であり，激励したり勇気づけたり助言したりする行為が後者の例です。幇助は，**すでに犯罪の実行を決意している者に対して行われる**点で，教唆とは区別されます。

214　Introductory Lectures in Criminal Law : **General Part**

以上のように考えるとすると，60条以下においては「共犯」[3]として共同正犯・教唆犯・幇助犯の３種が規定されていますが（これを「広義の共犯」といいます）[4]，このうちの共同正犯は，単独正犯と並んで，**本質的には「正犯」**なのであり，教唆犯と幇助犯こそが，**正犯と区別された本来的な「共犯」**にほかならないということになります（そこで，教唆犯と幇助犯とを「狭義の共犯」と呼ぶのです）。60条以下の規定の解釈から引き出せることは，**正犯**とは（1人で，あるいは他人と共同して）犯罪の実行を行う者のことであり，**共犯**とは自ら犯罪を実行せず，他人の実行行為に（教唆または幇助という形態で）加担する者だということです（ただ，共同正犯は，刑法典第1編第11章「共犯」の章におかれた総則規定による処罰範囲の拡張によりはじめて処罰可能となるという意味で「共犯」の一種であるというばかりでなく，後に述べますように，**実質的にも共犯としての側面を持っています**〔→ 229頁注18)〕）。

　刑法は，このうちの**正犯を重い犯罪の態様**として，**共犯をより軽い犯罪の態様**として評価しています。幇助犯については刑が必ず減軽されますから（幇助犯は刑の必要的減軽事由です），そのことは明白ですが，教唆犯についても（正犯と同じ法定刑が適用されるものの）正犯より軽い犯罪であることは疑う余地がありません（なお，ここでは一般論として犯罪の類型的な重さを問題としているのであり，具体的な事件において，正犯者よりも教唆者の方がより重い刑が科せられるということはもちろんありえます）。特に，64条は，「拘留又は科料のみに処すべき罪の教唆者及び従犯は，特別の規定がなければ，罰しない」としていますが，この規定は教唆犯・幇助犯が正犯と比べて評価が軽いこと（いわば2次的処罰の対象にすぎないこと）をはっきり示すものといえるでしょう[5]。

---

　3)　刑法各則の犯罪類型が原則として単独犯の場合を予定しており，その構成要件に該当するのは単独正犯の行為のみであるとすれば，60条以下の総則規定により，それぞれの構成要件が修正され，その結果として，処罰の範囲が拡張されているということになります（「刑罰拡張事由」としての共犯）。共犯の構成要件は，未遂犯の構成要件と並んで，**修正された構成要件**なのです（→ 114頁）。

　4)　なお，60条以下の総則規定の適用により共犯として処罰される場合のことを（「必要的共犯」〔→ 213頁注1)〕と対置する趣旨で）「任意的共犯」と呼ぶことがあります。

　5)　ただし，「拘留又は科料のみに処すべき罪」はきわめて限られています。刑法典の犯罪では侮辱罪（231条）だけです。特別刑法の分野では，「軽犯罪法」に規定された犯罪が代表的ですが，実は，これについては同法3条に規定があり（これは刑法8条にいう「特別の規定」の一例です〔→ 75頁〕），教唆犯・幇助犯も正犯と同じように処罰されることとされています。

今日の講義では，正犯と共犯それぞれの本質と相互の区別に関わる基礎的な問題についてなるべく平易にお話しすることにしたいと思います（→ Coffee break「『暗黒の章』としての共犯論」217 頁）。

Ⅱ　正犯論・共犯論へのアプローチ

正犯論・共犯論をめぐる議論はきわめて錯綜したものとなっています。刑法を学びはじめたばかりで，ここまで頑張って付いてきた人でも，途方に暮れるような気持ちになると思います。理解を難しくしている原因としていくつかのものが考えられるのですが，私は，特に次のことが全体の見通しを悪くしているのではないかとつねづね感じています。つまり，学説と判例実務とで，それぞれの出発点と問題意識，正犯論・共犯論へのアプローチが異なっているということです。これらを同じレベルにおき，重ね合わせて議論すると，混乱をきたしてしまうのです。そこで，ここではまず，**学説のアプローチと判例実務のアプローチの違い**を説明します。これを押えることにより，正犯論・共犯論の全体像がかなりクリアなものになると思われるのです。

学説にとり，正犯（性）を考える場合の出発点となるもの，すなわち，正犯の原型（プロトタイプ）は，**単独正犯**なのです。それは，たとえば傷害罪（204条）の構成要件に該当する行為（実行行為）を行う者のことです。単独正犯の中にも，**直接正犯**と**間接正犯**とがあります。自らの手で直接に構成要件を実現する場合が直接正犯であり，他人を「道具」として利用することにより，構成要件を実現する場合が間接正犯です。甲が被害者 A を棒で殴って重傷を与えたとすれば，それは傷害の直接正犯であり，乙が被害者 B を落し穴の方向に誘導し転落させて重傷を与えたとすれば，それは傷害の間接正犯です（乙は，被害者の行為を利用して傷害罪の構成要件を実現したのです）。

共犯（教唆犯と幇助犯）との区別が問題となるのは，このうちの間接正犯です。そこで，学説において「正犯と共犯の区別」といえば，何といっても**間接正犯と教唆犯・幇助犯との区別**という形で問題とされ，そこにおいて明らかにされるべきものは，間接正犯と共犯とを区別する正犯の概念ないし正犯の基準でありました。学説は，単独正犯を正犯概念の中心において，そこから正犯と共犯の理論を展開してきたのです。間接正犯性を中核とする単独正犯性こそが

216　Introductory Lectures in Criminal Law : **General Part**

「暗黒の章」としての共犯論

Coffee break

　ドイツ刑法学においては，正犯論・共犯論はしばしば「暗黒の章」ないし「絶望の章」と呼ばれてきました。正犯と共犯の区別の問題を徹底的に究明した，最も有名な研究書といえば，疑いもなく，ロクシン（Claus Roxin, 1931-）の『正犯と行為支配』という大著（初版・1963 年，第 9 版・2015 年）ですが，その冒頭には，大略以下のように書かれています。「わが国の現行刑法典は，1 つの犯罪に関与した複数の者を，正犯者，教唆者，幇助者の 3 つに区別しており，この区別は将来の刑法においても維持すべきものとされている。大量の判例，前世紀をかなり遡った時期から存在する無数の文献，議論の材料となる豊富な実例，うまく考えられた多数の理論にもかかわらず，現在まで，これらの犯罪関与形態を相互にうまく区別することには成功していない。『共犯論は，ドイツ刑法学の，最も暗黒にして，最も錯綜した章である』と，カントロヴィッツが嘆いたのはすでに 1910 年のことであったが，その後すぐに，ビンディングがこの言葉を取り上げて賛同し，1955 年 2 月 3 日の刑法改正大委員会の会議の席上でも，リヒャルト・ランゲがこの言葉を援用して，議論において表面化した見解の対立を説明しようとしたのである」。

　ちなみに，ロクシンの『正犯と行為支配』は，画期的な研究として，学界に大きな衝撃を与え，「戦後ドイツ刑法学が生んだ最も感嘆すべき業績の 1 つ」と評されました。それは，正犯と共犯とを区別する基準を，複数の原理により多元的に説明するという独創的な新理論を展開し，後述する「行為支配説」（→ 222 頁以下）がドイツの通説として確固たる地位を築くにあたって決定的な影響を及ぼしたのです。私個人は，ロクシンの刑法理論全体には賛成ではないのですが，これまで読んだ刑法学の研究書のうちのナンバーワンをあげるようにいわれれば，この本をあげざるをえないであろうと思っています*。

　＊　ロクシンの人と業績については，井田良「ロクシン――犯罪論の新時代を切り開いた独創的理論家」法教 135 号（1991 年）60 頁以下を参照。

まずは明らかにされるべきものであり，その結果として得られた正犯性のイメージを，次には共同正犯にあてはめることにより，共同正犯性の内容が決められる，こういう手順をとってきたのです。

　これに対し，判例実務にとり，正犯を問題とするとき，関心は何といっても**共同正犯**に向けられました。もちろん，実務上，間接正犯も問題にならないわけではありませんが，圧倒的に重要性が高いのは共同正犯です。正犯と共犯の

区別は，何よりも**共同正犯と狭義の共犯の区別**として問題とされてきました[6]。そして，判例と学説が対立したのは，いわゆる**共謀共同正犯**を認めるかどうかという争点をめぐってのことでした。判例は，大審院時代から一貫して，共同正犯が成立するためには，共同者の全員がそれぞれ実行行為（の少なくとも一部）を直接に分担することは必ずしも必要ではなく，**実行行為を分担しなかった事前の共謀者も共同正犯となりうる**としています。2人以上の者が，ある犯罪の実行につき共謀した上，その一部の者が実行に出れば，共謀者全員について共同正犯が成立しうるとするのです。

　学説のように，正犯の原型として単独正犯を前提において考えるときは，共同「正犯」を認めうるのは，**各人の行為をそれ自体として観察したときでも，その者が当該犯罪の実行行為を行ったといいうる場合**に限られるでしょう。具体的にいえば，自ら実行行為の一部を分担した場合か，または，少なくとも背後から実行者をマリオネットのように操った場合（たとえば，強い脅迫を手段として実行者の意思を制圧して実行させた場合）にのみ正犯と呼びうるのです。学説のアプローチからは，いわゆる共謀共同正犯はこれを否定するのが自然なことでありましょう。

　このような学説の考え方は，現行刑法の解釈論として十分に納得のできるところです。犯罪の基本型は単独犯であり，その実行行為が正犯行為です（→103頁注15））。共同正犯は，刑法総則の60条に，そのバリエーション（構成要件の修正形式）として規定されているのですから，まずは単独正犯から得られた正犯のイメージを少し修正する形で共同正犯を把握するのは，論理的に正確な方法であるともいえるでしょう。しかし，他方において，このように，単独正犯のアナロジーで共同正犯を説明すること（いいかえれば，共同正犯を単独正犯の「微修正型」として理解すること）に対しては，それは**共犯現象の実態にそぐわない**という批判が可能です。その意味で，判例実務のとる共謀共同正犯論には，相当の理由があるといわざるをえません（→Column**「共謀共同正犯論」**221頁）。今では，学説においても，共謀共同正犯肯定説は少数説ではなくなっています。何といっても，それは確立した判例の見解であり，将来に向け

　6）　この点については，亀井源太郎『正犯と共犯を区別するということ』（弘文堂，2005年）第1章（1-13頁）の的確な指摘を参照して下さい。

て裁判所の法的判断を拘束する法的ルールという意味において**判例法**にほかなりません。学説が，刑法 60 条の規定の文言を「錦の御旗」に掲げてこれを否定することはもはや困難となっているのです[7]。

　それでは，学説のアプローチと判例実務のアプローチは，相互にまったく相容れないものでしょうか。それぞれは，水と油のように排斥し合うものなのでしょうか。必ずしもそうではないように思われます。まず，学説と判例に共通していることがあります。正犯とは**実現事実を第 1 次的に帰せられるべき主犯者（中心的存在）**であり，共犯とは第 2 次的刑事責任を負うにすぎない者であるとする理解です。抽象的な評価のレベルでのことにすぎませんが，この点では学説と判例は一致しているといえるのです。そして，学説による単独正犯の理解と，判例による共同正犯の理解も，決して両立不可能なものではありません。**単独正犯と共同正犯とは，その正犯性のあり方においてかなり異なっている**と考えることは不可能ではないからです。

　単独正犯としての間接正犯の場合には，1 人の人に正犯性が集中的に認められるのですから，その人が構成要件の実現に対し，かなり強度の影響力・支配力を発揮しなければなりません。これに対し，共同正犯は，複数の人に正犯性が分属する場合ですから，その各個人に要求される影響力・支配力はそれほど強いものでなくても足りると考えられます。いいかえれば，共同正犯は本質的に正犯なのですが，かなりの程度に共犯的性格（後に述べますように，**犯罪実現にあたり他人の任意の意思決定に依存する**ことが共犯的性格を持つということです）を強く持った正犯の態様だとして理解することが可能なのです。

　以上のように考えるとき，正犯論・共犯論をめぐる学説と判例の全体を（2 つに分裂したものではなく）1 つにまとまったものとして把握できるように思われます[8]。

　7）　そもそも，60 条の規定の文言が決め手になるようには思われません。それは，「2 人以上共同して犯罪を実行した者は，すべて正犯とする」と定めていますが，この規定の解釈として，共同者の各人についてつねに必ず実行行為の一部を自ら行うことを要求しているとまでいえるかどうかは疑問なのです。

　8）　私の教科書である井田・総論 476 頁以下，504 頁以下では，以上のような基本的な考え方に基づいて，正犯論・共犯論の全体を説明しています。

Ⅲ 単独正犯と狭義の共犯

1 正犯の概念

先にも述べたところですが，正犯とは実行行為を行った者のことであり，共犯とは実行行為以外の行為によって犯罪に関与した者のことです。たとえば，殺人罪の教唆犯として処罰される行為は，殺人の実行行為ではなく，199条から導かれる殺人罪の構成要件（基本的構成要件）に該当するものではありません。

ただ，実行行為，すなわち構成要件に該当する行為を行ったかどうかというのは，正犯性の**形式的基準**にすぎません。どのような場合に，実行行為を行ったといいうるのかを判定するための**実質的基準**が必要になります。

殺人の実行行為も，他人に殺人を教唆する行為も，被害者の死亡結果を発生させる一定程度の危険性を持つ行為であり，もし死亡結果が発生するに至れば，その結果との間にそれぞれ法的因果関係（危険の現実化）が認められる行為にほかなりません（→ 122頁以下）。それにもかかわらず，殺人教唆の行為は，殺人罪の構成要件に該当する行為とはされない，というところに注目しなければなりません。**たとえ結果発生の危険性を持つ行為でも，そのまま結果へとつながらず，結果を実現するためには他人のさらなる意思決定が必要となる行為は**実行行為にあたらない（したがって，それはせいぜい狭義の共犯〔教唆犯・幇助犯〕にあたる限りで処罰されるにすぎない）のです。たとえば，失恋して悲嘆に暮れている人に自殺をすすめ，毒薬を与えてついに自殺するに至らせたとき，その行為は他人を死亡させる危険を持った行為ではありますが，殺人罪の実行行為ではありません。それは，殺人罪の教唆にもあたらず，自殺教唆罪という独立の犯罪（202条前段）を構成する行為なのです。

第 11 講　正犯と共犯

共謀共同正犯論

Column

　共謀共同正犯肯定説がねらいとするのは，背後にいる大物ないし黒幕に代表されるように，実行行為の一部を自ら行わないとしても，これを行った者と同じように評価されるべき者をほかならぬ「正犯」として処罰することです。刑の重さについていえば，背後者を教唆犯となしうる限りは，これを実行担当者と同様に重く処罰できますし，より重い刑を言い渡すことも可能です。むしろ，共謀共同正犯論のねらいは，背後者を**正犯，すなわち主犯者として評価**するところにあるのです。

　現行刑法の正犯・共犯規定の基礎には，実行行為を行った者こそ最も重く評価されるべきであり，それ以外の関与者は相対的に軽く評価されるべきであるとする思想があるのはたしかです。しかし，**実行行為の一部分担を絶対視**することには疑問があるといえましょう。事前の共謀の段階で強い影響を及ぼす者こそがキーパーソンである場合も多いのです。共謀の形成こそが重要であり，共謀者のうちで誰が実行行為を分担するかは評価の上で本質的でないという場合もありましょう。また，全員が謀議の中で次第に決意を固めていき，誰が教唆したか，誰が幇助にまわったかをもはや特定できない（また，そのことが重要性を持たない）ということもしばしば見られるのです。これらの場合において，共謀の形成にあたり重要な影響力を持ったが，実行行為を直接には分担しなかった者を正犯として処罰することを可能とする点に，共謀共同正犯の理論の重要な意味があるということになります。

　実行行為の一部を分担しない者でも，直接行為者と同程度に，犯罪実現に対し本質的寄与をなしたことを疑いえないケースとして，次の設例のような場合を考えてみるといいでしょう。恐喝のための手紙を 1 人が作成し，もう 1 人がこれを被害者に手渡したという場合，被害者を毒殺することを計画した 2 人のうち 1 人が巧妙に調合された粉薬状の毒薬を作り，もう 1 人がこれを被害者の飲む風邪薬とすり替えたという場合，被害者を落し穴に落としてケガさせることを計画し，1 人が落し穴を掘り，もう 1 人が被害者を誘導したという場合などです。これらのケースで，一方のみが正犯であり，他方は幇助犯として刑が必ず減軽されるというのは，いかにも不合理なことではないでしょうか。

221

〈ケース・傷害罪の実行行為性を肯定できるか〉

　Aは，内臓の病気のため通院して治療を受けており，主治医から厳しい食事制限を指示されていた。甲は，Aの病状を悪化させようと考え，高価な牛肉など，Aが食べることを強く禁止されている食品を頻繁にAに贈った。Aは誘惑に勝てず，甲から贈られた食物に手を出し，やがて病気が重くなり入院するに至った。

　傷害罪（204条）の構成要件該当性を肯定するためには，①傷害の実行行為，②傷害の結果，③行為と結果との間の法的因果関係の存在が要求されます。〈ケース〉の甲については，②と③の要件は充足されるのですが，その行為が傷害罪の実行行為（正犯行為）にあたるかどうかが問題となるのです。

　たしかに，甲の行為は，傷害結果を発生させる危険性を持つ行為でした。しかし，実行行為（構成要件該当行為）といいうるためには，それに加えて，**他人の新たな意思決定の介在という正犯性を排除する事情**がないことが必要です。〈ケース〉のAは，自らの意思により，病気が悪化するかもしれないことを承知の上で，贈られた食品を食べたのであり，結果の発生・不発生は，Aの自由な意思に任せられていたのでした。こうして，甲の行為は，Aの自傷行為をそそのかすものにすぎず，傷害罪の実行行為とはいえません[9]。

　そこで，学説は，正犯性の実質的基準として，**構成要件実現ないし結果発生の危険性の高さ**に注目します。すなわち，正犯行為は，格別の障害なく必然的に結果を実現させるという意味で，教唆・幇助行為と比べてより危険な行為であるとするのです。これに対し，行為者が**構成要件実現のプロセスを「支配」**している場合に正犯であるとする見解（**行為支配説**）も有力です。どちらの説明によるとしても，他人の新たな任意の意思決定を必要とすることなく構成要件実現ないし結果発生につながる行為を行う場合が正犯であり，他人の任意の意思決定の介在を必要とする場合が共犯なのです（→ Column「**危険性か支配性**

　9）　なお，刑法は，他人の自殺に関与する行為に限り，これを自殺関与罪という独立の犯罪（202条前段）としており，自傷行為の教唆・幇助は処罰の対象としていません。甲の行為は犯罪とはならないのです。

222　Introductory Lectures in Criminal Law : **General Part**

第11講　正犯と共犯

危険性か支配性か

Column

　正犯性の基準として，「危険性」と「支配性」のどちらが妥当であるかが問題となります。正犯行為も，教唆・幇助行為も，結果発生の危険性を持つ行為です。行為が一定程度の危険性を有し，かつ結果との間に法的因果関係（その実質的内容が「危険の現実化」であることについては，本書の122頁以下を参照）があることが前提とされた上で，その行為者が正犯であるかどうかが問題とされます。先ほどの〈ケース〉の甲の行為も，少なからず結果発生の危険を含む行為にほかならないのです。そうであるとすると，ここでまた危険概念を用いて正犯かどうかを区別することは困難でしょう。「危険性の大小」で区別しようとしても，すぐ次の**2**のところで述べるように，教唆犯と同じ程度の危険性しか持たない行為でも，正犯行為と考えられるべき場合があるのです。そこで，私は，正犯性の基準としては，**犯罪実現について主たる役割を演じた者を正犯とする行為支配説**の基準の方が（いささか明確性を欠く嫌いはあるのですが）「危険性」という基準よりは優れていると考えています。

　なお，行為支配説は，構成要件実現の過程を支配するといっても，「因果の過程を思うままに左右する」ところまでは要求せず，**結果を第1次的に帰せられるべき者とされる程度に支配的・主導的役割を演じれば**，それで正犯とすることが可能だとしていることに注意が必要です。

か」223頁）。

2　間接正犯

　正犯と共犯の区別の問題は，犯罪の成立が認められる場合に，正犯として処罰するのか，それとも共犯として処罰するのかという**処罰範囲の分配**の問題です。たしかに，共犯としては処罰されない場合（64条）や，逆に，共犯としてのみ可罰的である場合（65条1項）もありますが，正犯と共犯の区別に関する見解の相違によって，およそ犯罪として処罰される範囲が大きく異なるということはありません。正犯の範囲を広く考えれば，それに応じて共犯の範囲は狭まり，正犯を狭く考えれば共犯の範囲が拡張されるという関係があるのです。学説においては，正犯と共犯の区別は，特に，**間接正犯と教唆犯の区別**の問題として議論されてきました。

　抽象的にいいますと，間接正犯となるのは，結果（ないし構成要件の実現）を第1次的に帰せられるべき者という点で，直接正犯と同一評価が可能であり，

223

構成要件的評価の上での相違が存在しない場合です。甲が自らＡに毒薬を注射してこれを殺害した場合と，乙が医師の知らないうちに注射液の中に毒を混ぜ，何も知らない医師をして患者Ｂに注射させることによりＢを死亡させた場合とで，甲が殺人罪の正犯であるなら，乙も殺人罪の正犯（主犯者）というべきでしょう。

　より複雑な事例として，甲が屏風の後ろに人がいることを知りながら，乙に対し拳銃で屏風を撃ち抜くようそそのかし，事情を知らない乙の器物損壊行為を利用して結果として人の殺害を実現したという場合，通説によれば，甲は殺人罪の正犯です[10]。この場合，器物損壊行為との関係では乙の任意の意思決定が介在していますし，甲の行為が結果を発生させる事実的可能性（ないし結果にそのままつながっていく確率的蓋然性）は，単に器物損壊を教唆したとき以上のものではありえません。しかしながら，**殺害結果を故意的に実現した者としてその結果を第１次的に帰せられるべき主犯者（構成要件の実現について主導的役割を演じた者）は誰か**という点が決定的であるとすれば，直接行為者乙の不知を利用しつつ，殺害結果の実現の過程を支配したのはまさしく甲だということになるのです。

　通説により間接正犯の成立が認められる場合は，これを大きく２つの類型に分けることができましょう。第１の類型は，**意思支配型**の間接正犯です。①背後者が，行為とはいえない他人の身体的動作を利用する場合はもちろん，②背後者が直接行為者の意思決定を大きく左右する立場にあるとき，たとえば，幼児や高度の精神病者を利用して物を盗むような場合には，間接正犯が認められます。ただし，たとえ刑事未成年者でも，実質的な責任能力が備わる12歳から13歳の者に対し（→ 202頁），**強制を加えることなく犯罪をそそのかして実行させる**のは教唆犯とされています。また，③背後者が直接行為者の意思を制圧するなど心理的強制下において構成要件を実現させる場合も広く間接正犯を認めうるでしょう[11]。そのほか，④事情を知らない被害者の行為を利用する場合，たとえば，被害者を落し穴に誘導して落下させて傷害を与える場合や，だまして高圧電線に触れさせて感電死させる場合も，意思支配型の間接正犯の

---

10)　特に，この設例につき，団藤・総論 159 頁を参照。

類型に組み入れることができましょう。

第2の類型は，**直接行為に完全な違法性が欠如する場合**にこれを利用する類型です。被利用者の行為が一定の**構成要件要素を欠く**ことによって構成要件該当性を有しない場合，背後者に実現事実を帰することができるのであれば，間接正犯が認められます。たとえば，⑤被利用者に構成要件的故意が欠ける場合（過失行為または無過失行為を利用する場合）がそうであり，⑥先の屏風の事例のように，被利用者が背後者とは異なる（より軽い罪の）構成要件的故意を有する場合も，背後者は間接正犯です。また，⑦目的犯や身分犯（→ 104 頁，115頁）において，被利用者に（故意があっても）目的または身分が欠けている場合にも，背後者は間接正犯となりえます。たとえば，「行使の目的」を持たない者をだまして，文書や有価証券を偽造させる場合（155 条以下・162 条など）や，公務員が非公務員の友人（ただし，事情を知っている）をして賄賂としての現金を受け取らせる場合などで，利用者は間接正犯となりえましょう（これらを**目的のない故意ある道具を利用する間接正犯，身分のない故意ある道具を利用する間接正犯**と呼びます）12)（→ Column **「間接正犯否認論」** 227 頁）。

3　共犯の概念

　正犯の概念にあたらないとき，その行為者は共犯の概念にあたる限りにおい

---

11)　最決昭和 58・9・21 刑集 37 巻 7 号 1070 頁は，被告人が，日頃，逆らえば暴行を加えて自己の意のままに従わせていた 12 歳の養女に窃盗を命じこれを行わせた事案について，窃盗の間接正犯が成立するとしました。また，最決昭和 59・3・27 刑集 38 巻 5 号 2064 頁は，真冬の深夜，かなり酩酊しかつ被告人らから暴行を受けて衰弱していた被害者を，河川堤防上に連行して 3 名で取り囲み，「飛び込める根性あるか」等と脅しながら護岸際まで追い詰め，さらに垂木で殴りかかる態度を示す等して，逃げ場を失った被害者を護岸上から約 3 メートル下の川に転落させ，長さ約 3，4 メートルの垂木で水面を突いたり叩いたりして溺死させたケースにつき，殺人の実行行為性を認めました。さらに，最決平成 16・1・20 刑集 58 巻 1 号 1 頁は，自動車事故を装った方法により被害者（女性）を自殺させて保険金を取得しようと企てた被告人が，暴行，脅迫を交え，被害者に対し，漁港の岸壁上から乗車した車ごと海中に飛び込むように執拗に命令し，自殺の決意を生じさせるには至らなかったものの，被告人の命令に応じて車ごと海中に飛び込む以外の行為を選択することができない精神状態に陥らせ，その通り実行させたが，被害者は水没前に車内から脱出して死亡を免れたというケースについて，被告人の行為は殺人罪の実行行為にあたるとしています。

12)　さらに，間接正犯の成否が問題となるケースとして，他人の正当防衛行為または緊急避難行為を利用する場合や，いわゆる「正犯の背後の正犯」の場合などがあります。詳しくは，井田・総論491 頁以下を参照して下さい。

て処罰が可能です。共犯の概念にあたらないのであれば（たとえ発生結果との間に法的因果関係のある行為であっても）これを共犯として処罰することはできません。共犯の概念を定めるにあたり最も重要なことは，**共犯の**（正犯への）**従属性を承認するかどうか**，これを承認するとして**従属性の内容・その程度を**どのようなものと考えるかの問題です。

教唆犯と幇助犯に関し，「従属性の要否」をめぐり，共犯独立性説と共犯従属性説とが対立しています。通説である**共犯従属性説は，共犯の実行従属性の原則**を認め，教唆犯・幇助犯が成立するためには，正犯の行為が現に実行されたことを必要とすると考えます[13]。教唆行為・幇助行為が行われても，正犯が実行に着手するに至らない場合（これを「教唆の未遂」または「幇助の未遂」といいます）は，犯罪となりません[14]。

これに対し，**共犯独立性説は**，共犯者も他人の行為のゆえに処罰されるのではなく，自分が行った行為を根拠に処罰されるのであるから，正犯行為の実行を待つ理由はなく，正犯とは独立に処罰されなければならないとします。未遂が処罰される犯罪については，教唆行為または幇助行為を行っただけでこれに直接に43条を適用して処罰できるとするのです（共犯従属性説と異なり，「教唆の未遂」と「幇助の未遂」が犯罪とされることになります）。しかしながら，現在では，実行従属性を否定する共犯独立性説は完全に支持者を失っています[15]。

---

13) 未遂犯が処罰される犯罪については，正犯者が実行に着手しさえすれば，教唆者・幇助者に未遂犯についての教唆犯・幇助犯の罪責が生じますが，未遂が処罰されない犯罪については，正犯行為が既遂に至らない限り，共犯は成立しないことになります。判例と実務も，共犯の実行従属性を当然の前提としています。

14) ただし，特別法上，教唆行為があっただけで処罰する**独立教唆罪**の処罰規定がある場合（たとえば，破防38条以下・41条を参照して下さい）は例外です。

15) 共犯独立性説の主張するような解釈，すなわち，教唆行為および幇助行為自体を独立した「実行行為」として把握し（すなわち，61条および62条のそれぞれが独立の犯罪を規定していると理解し），43条にいう「犯罪の実行」にこれを含める（したがって，教唆行為・幇助行為を開始すれば，「犯罪の実行に着手し」たことになる）という解釈には無理があります。同条にいう「犯罪の実行」とは，殺人罪とか窃盗罪とかの刑法各則の個々の犯罪の構成要件に該当する行為の実行のことと解すべきだからです。共犯独立性説は，**正犯行為と共犯行為の類型的区別を否定するもの（正犯行為と共犯行為の法益侵害への近さの違いを無視するもの）**といわなければなりません。また，教唆の未遂および幇助の未遂を一般的に処罰することにすれば，処罰時期は格段に早められ，処罰の範囲は飛躍的に拡大されることになります。共犯独立性説は，もともと，性格の危険性を根拠に処罰すべきだとする**主観主義の犯罪理論**（→ 87頁）の帰結です。その立場からは，危険な性格が外部的に十分に表現されている以上，処罰しない理由はないということになるのです。

第 11 講　正犯と共犯

間接正犯否認論

Column

　甲が，乙をそそのかし，空き家と偽って，現にAが住んでいる古い木造の一軒家に放火させたとします。乙がその家を空き家だと信じていたとき，甲はいかなる刑事責任を負うでしょうか。甲は，「現に人が住居に使用」する**現住建造物**であることを知りつつ，乙をだまして放火行為をそそのかしたのであり（108条），乙はその家を**非現住建造物**と信じていたのです（109条1項）。結果として実現された重い現住建造物放火罪の事実との関係では，事態を正しく認識していたのは甲だけです。その点では，乙は，甲により利用されていたといえましょう。そこで，乙には38条2項の適用により非現住建造物放火罪が成立するのですが，甲は現住建造物放火罪の間接正犯としての刑事責任を負うとすべきです。

　これに対し，通説的な間接正犯論の陣営からも，甲は現住建造物放火罪の教唆犯にすぎないとされることがあります＊。たしかに，乙は自らの意思で放火を実行しているのであり，障害にあわずに構成要件実現に至る危険性を基準とするならば，甲について正犯性を認めることは難しいでしょう。ただ，そうした考え方を突き詰めると，およそ意のままには利用できない他人の意思的行為を介在させる場合はすべて間接正犯ではなく，教唆犯とすべきことにならざるをえないと思われます。現に，学説の一部では，上のケースのような限界的な事例に限らず，**意のままに左右できない他人の行為を利用するときはすべて間接正犯を否定**して，教唆犯とすべきだとする主張も有力なのです＊＊。たとえば，医師甲が，殺意をもって有毒な薬物の入った注射器を看護師乙に渡してこれを患者Aに注射することを命じ，結局Aを死なせたが，乙は不適切な注射であることに気づきえたという事例（過失行為を利用する間接正犯の事例）や，甲が覚せい剤の常用者Aを殺害しようとして，覚せい剤と偽って有毒な薬剤を手渡し，知らずに自ら注射したAを死亡させたという事例などでも，甲は殺人の間接正犯ではなく，殺人罪の教唆犯として処罰されるべきだというのです。

　しかしながら，正犯とは発生結果を第1次的に帰せられるべき主犯者だとすれば，この2つのケースにおける甲にも，この意味における正犯性を肯定することができるでしょう。しかも，甲が199条の意味において「人を殺した」とすることは，文理上何ら問題がなく，それは，法文の拡張解釈とさえいえないでしょう。他方で，甲を共犯として処罰しようとすると，共犯の概念は不自然なほど拡張されざるをえません。甲が61条1項の意味で「人を教唆して殺人罪を実行させた」とすることは困難ではないでしょうか。

　＊　大谷・総論147頁，西原(下)360頁などを参照して下さい。
　＊＊　たとえば，浅田428頁以下，佐伯(千)341頁以下，355頁以下，中220頁以下，231頁以下，中山214頁以下，278頁以下，山中・総論865頁以下などを参照して下さい。

次の問題は，「従属性の程度とその内容」です。共犯が成立するためには正犯の実行行為が存在しなければならないというとき，その正犯の行為は，犯罪要素（すなわち，構成要件該当性→違法性→有責性）のどこまでを具備する必要があるのでしょうか。これは（上に見た問題が**実行従属性**の問題であるのに対し）**要素従属性**の問題と呼ばれます。この点に関し，通説は，正犯行為として構成要件に該当する違法な行為があれば，これに対する共犯が成立しうるとする**制限従属性説**をとっています。共犯が成立するためには，正犯行為が違法行為であること，すなわち構成要件に該当して違法性阻却事由を具備しない行為であることが必要であり，かつそれで十分だとするのです。その根拠は，違法評価は原則として関与者の全体に連帯的に作用する性質のものであり，正犯者の適法行為（たとえば，正当防衛行為）に関与した者が共犯として処罰されるのはおかしいこと，他方で，責任があるかどうかは行為者ごとに個別的に考えられるべきことに求められています。

　かつては，正犯者の行為が構成要件に該当し違法であるばかりでなく有責な行為でもなければ（いいかえれば，犯罪の要件をすべて具備しなければ），それに対する教唆犯・幇助犯は成立しない，とする**極端従属性説**もありました。たしかに，61条1項には「犯罪」とありますから，犯罪の要件をすべて備えるべきだと解するのが文理に忠実な解釈であったのです。しかし，現在では支持されていません。違法評価は（原則として）関与者の全体に連帯的に作用する性質のものですが，責任があるかどうかは行為者ごとに個別的に考えられるべきであり，犯罪の成立が他人の責任の有無に従属する理由はありませんから，制限従属性説が妥当なのです[16]。

　さらに，学説の多くは，正犯と共犯とが同一の（または，少なくとも重なり合う）構成要件に関わるものであることを要求します。いいかえれば，「正犯者が犯罪Aの構成要件に該当し，かつ違法な行為を行わない限り，共犯者について A罪の教唆犯・幇助犯は成立しない」とするのです。たとえば，殺人罪

---

16)　**制限従属性説**によりますと，責任無能力者（たとえば，精神障害者）をそそのかして，ある構成要件に該当する違法行為を行わせたというとき，もし背後者の行為に正犯性を肯定できるなら間接正犯が認められますが，そうでない場合でも教唆犯が成立しうることになります。これに対し，**極端従属性説**によると，正犯者に責任がない以上，およそ共犯の可能性は排除され，背後者を処罰するためにはどうしても間接正犯を肯定せざるをえないことになるのです。

の正犯が存在しなければ，殺人罪の教唆犯は成立しないことになるのです。これを**罪名従属性**といいます（→ Column「**拡張的共犯論**」231頁）。

Ⅳ 共同正犯

1 共同正犯の本質

次に，共同正犯に目を向けることにしましょう。実務において，共同正犯は，現行法の認める3つの共犯形式の中心です。複数の者が犯罪に関与するとき，多くが共同正犯として処罰されるのです[17]。共同正犯は，広義では共犯ですが[18]，本質的には正犯であり，単独正犯と並ぶ正犯形式の一態様にほかなりません。共同正犯が成立するとき，共同者の全員が，共同の行為によって実現されたところの全体について正犯者としての罪責を問われます（60条）。全体行為の一部しか分担していない者も，実現された違法事実の全体についての正犯となります。このことを，**一部行為（ないし一部実行）の全部責任の法理**といいます[19]。この法理の適用が認められることこそ共同正犯の本質であり，法理適用の根拠はどこにあるかという問題が共同正犯論の根本問題となるのです。

一部行為の全部責任の法理について具体的に説明しましょう。Aの殺害を共謀した甲と乙のうち，甲がAの身体を押さえ付け，乙がナイフでAの胸を刺して死亡させたというとき，甲は，物理的・自然的には，逮捕（220条）ないし暴行（208条）の行為をしただけですが，甲もまた，Aの死亡の結果につき殺人既遂の正犯の罪責を負うのです。また，甲と乙がそれぞれ殺意をもってAを狙って同時に発砲したところ，乙の弾丸が命中してAを死亡させたが，甲の弾丸は外れて命中しなかったという場合でも，甲乙の間に共同正犯が成立

17）　教唆犯が認められることはきわめて稀であり，幇助犯は教唆犯よりは多いものの，若干の犯罪において特に目立つ程度です。詳しくは，亀井・前掲注6）を参照して下さい。

18）　**共同正犯の共犯性**は，**実質的**には，他人の（自律的）意思決定を介してはじめて犯罪実現が可能とされる側面を持つ点にあります。また，共同正犯の共犯性は，**形式的**には，刑法典において，それが構成要件の修正形式として位置づけられているところに現れています。

19）　共同正犯が成立するとき，各自は「すべて正犯」とされ，共同の行為によって実現されたところの全体について，共同者の全員が正犯者としての罪責を問われ，各罰条の刑をもって処断されます。もちろん，言い渡される刑（宣告刑）の重さは，犯人ごとの量刑（→ 238頁，251頁以下）により決められ，それぞれに異なります。

するとき，乙のみならず甲も，殺人既遂の正犯として処罰されるのです。したがって，かりに，Aに命中した弾丸が，甲と乙のどちらの発射したものかが不明な場合でも，共同正犯であるときは，甲，乙ともに殺人既遂罪となります[20]。

このように，共同正犯者は，自分が直接に引き起こした結果についてのみならず，共同者が引き起こした結果についても正犯（主犯者）としての刑事責任を問われます。その意味で，他の共同者の行為による**因果関係の補充ないし拡張**が認められるのです。それは，共同正犯者全員による，犯罪を行おうとする**合意（共同実行の意思）ないし共謀**に基づいて行われた各人の行為は，全員に帰せられてよいと考えられるからです。すなわち，共同正犯においては，各共同者の行為と最終的な結果との間に（他の共同者の意思決定を介在させた）因果関係が存在するのです。ただ，そのことは，狭義の共犯（特に，教唆犯）の場合でも実は同じであり，それにより**共同正犯の正犯性**を説明することはできません。共同正犯の本質は，因果関係の相互的補充・拡張に加えて，実現事実（結果）につき正犯としての刑事責任が認められるところにあるのです。

正犯者とは，犯罪実現を第1次的に帰せられるべき中心的存在ですが，この抽象的な性格づけは共同正犯についてもあてはまります。ここでは，共同正犯者の甲と乙という個人のそれぞれが，なぜ実現された犯罪事実の全体につき正犯としての罪責を問われてよいかが問題となります。それは，各行為者が**作業分担を通じて，犯罪実現のために本質的な役割ないし重要な寄与を果たした**ところに求めることができましょう。このような意味における犯罪実現への寄与は，必ず**実行段階**において行われることを要求されるものではなく，それ以前の**準備段階**で行われた寄与であっても，それが重要なものとして実行段階に影響を与えるとき，それを行った者は（犯罪実現を第1次的に帰せられるべき）**共同の中心的存在**としての共同正犯となりうると考えられます。これが，前述した共謀共同正犯の場合です（→ 218頁以下）。

たしかに，単独正犯については，直接行為者に正犯性が認められる限り，原

---

20) これに対し，甲乙間に意思の連絡（合意）のない場合を**同時犯**といいますが，単なる同時犯にすぎないとされれば，甲，乙ともにAの死亡の結果については責任を問われることはなく，それぞれ殺人未遂罪の罪責を負うにとどまるのです。ただ，傷害罪（および傷害致死罪）については，**同時犯の場合の特例を定める例外規定（207条）**があります。これについては，各論 Column **「同時傷害の特例」** 37頁を参照して下さい。

230　Introductory Lectures in Criminal Law : **General Part**

第 11 講　正犯と共犯

拡張的共犯論

Column

　先ほど触れた間接正犯否認論（→ 227 頁）は，間接正犯の全部またはそのほとんどを否定し，実際上，直接正犯の場合にのみ正犯性を肯定しようとします。それだけ**単独正犯の概念を狭め，厳格に理解**しようとするのです。他方，それにより正犯性を否定された行為をすべて共犯として処罰できるようにするため，**共犯の要素従属性と罪名従属性を緩和ないし否定**することにより，共犯の成立範囲を大幅に広げようとします。そこで，間接正犯否認論は，**拡張的共犯論**とワンセットで主張されることになるのです。

　拡張的共犯論は，正犯行為が何らかの意味で違法な行為であれば足り，必ずしも構成要件該当行為であることは必要でないとします。また，正犯者の行為が B 罪の構成要件に該当する違法行為にすぎない場合にも A 罪の教唆犯・幇助犯を成立させてよいし，さらには，正犯者の行為がどの犯罪の構成要件にも該当しないものであったとしても，何らかの意味で違法行為といえるのであれば，共犯者の故意に対応した教唆犯・幇助犯を成立させてよいとするのです。

　たとえば，①公務員が，事情を知る非公務員をそそのかして贈賄者から賄賂を収受させる場合には，非公務員の行為は収賄罪の構成要件に該当せず，せいぜい収賄罪の幇助犯が成立するにすぎませんが，公務員には収賄罪の教唆犯が成立しうることになります。②現住建造物放火罪の故意がある甲が，非現住建造物放火罪の故意しかない乙をそそのかして現住建造物放火の結果を実現する場合でも（すなわち，背後者が，故意のない者または別の犯罪の故意ある者を利用する場合），そそのかした甲には現住建造物放火罪の教唆犯が成立するというのです（そのほか，本書 227 頁の設例も参照）。

　しかし，そのように考えるとすると，共犯の概念は不自然なほどに拡張されることになってしまいます。この見解は，**共犯行為としての類型性の要求を無視**することによって共犯の成立範囲を無限定なものとし，因果関係が肯定される限りで共犯の成立を認めるものです。共犯の構成要件にも行為類型としての制約があるべきであり，およそ犯罪的意図をもって犯罪的結果を惹起させたということからただちに共犯の成立を認めることはできません。共犯の要素従属性と罪名従属性は，共犯行為の輪郭を明確なものにして，共犯処罰の範囲の無制限な拡大に歯止めをかけるため，これを要求すべきでしょう *。

　*　他方で，**拡張的共犯論の根底**には，罪刑法定主義の原則の理論的現れであり，刑法学において中心的な意味を持つ**実行行為概念**を緩め，弛緩させるべきでないという思想と，共犯の実行従属性の原則を守る限りは，間接正犯ではなく共犯として処罰する方が処罰範囲が限定される（もし間接正犯にすると，早い時点で実行の着手が認められて処罰の対象とされるおそれがある）という考慮があることにも注意しなければなりません。

則として背後者の正犯性は排除されます。これに対し，共同正犯については，共謀に基づく作業分担が行われたとき，実行行為を直接に行わなかった共謀者でも，犯罪実現に重要な寄与を果たしたと認められる限りで，**共同の正犯性が分属する**と考えることは許されましょう。そのことは，形式的には，共同正犯が単独犯の構成要件を修正するものであることから認められ，実質的には，共犯現象の特殊性に着目して，各行為者の果たした寄与に対し適切な評価を行うという観点から正当化されると思われるのです（→ Column「**判例における共謀共同正犯の要件**」233 頁）。

2 犯罪共同説と行為共同説

　共同正犯が何を共同にするものかをめぐり見解の対立があります。**犯罪共同説**は，複数者の行為が同一の犯罪に関わり，同一の犯罪をともに行おうとする合意があってはじめて共同正犯が成立すると考えます。それは数人一罪の思想に立脚するものです。これに対し，**行為共同説**（事実共同説）は，共同正犯は各自それぞれが犯罪を遂行するものであり，全体として実現された事実（したがって，それぞれの行為と因果関係を持つ事実）につき各自の故意・過失に従って処罰されるとします。それぞれの行為が関わる構成要件が（たとえば，A 罪と B 罪というように）異なっていても，また，一定の犯罪に関する共同遂行の合意が何ら存在しなかったとしても，共同正犯は成立すると考えるのです。それは**数人数罪**の思想に立脚するものです。

　この対立は，共同正犯に関する学説の対立として理解されるのが一般です。しかし，共犯の成立につき犯罪が共通であることを要求するかどうかという**罪名従属性**の問題（→ 229 頁）が，広義では共犯に含まれる（すなわち，共犯的性格を有する）共同正犯について論じられているものにほかなりません。罪名従属性を肯定するのが犯罪共同説であり，これを否定するのが行為共同説なのです。

　犯罪共同説は，まったく同一の構成要件に関わる場合にしか共同正犯の成立を認めないという厳格な形で主張されたこともありました（これを「完全犯罪共同説」とも呼びます）。しかし，そのように考えると，甲が殺人罪の故意で，乙が傷害罪の故意で共同して A に暴行を加え，その結果，A を死亡させたというケースでは，死亡結果との関係では共同正犯としての罪責が生じない（一部行為の全部責任の法理が適用されない）と考えるか，または，甲乙両者につき

第 11 講　正犯と共犯

判例における共謀共同正犯の要件

Column

　判例は，結果実現（したがって，利益享受）の欲求・動機の強さという**主観面**と，犯罪遂行過程における被告人の役割の大きさという**客観面**とが相まって，共謀者の一員として共謀に加わり，**自分の犯罪として犯罪をともに実現した**といえるほど，犯罪実現に主体的に関わった者は共同正犯となるという考え方に立脚しているといえましょう。実行者と変わらぬ犯罪実現の意欲（主観面），犯罪実現にあたっての大きな役割（客観面）とをあわせ考えて，それは他人の犯罪ではなく「自己の犯罪」であるといえる場合に共同正犯とするのです。犯罪達成の（実行者と変わらぬ）意欲という主観的意思だけで決めるものではありません。合意成立への働きかけの強さや，犯罪実現への大きな寄与があり，自己の犯罪としてともに実現したと評価できるときに共同正犯とするのです。これにより，背後の黒幕が他の共同者を一方的に支配する関係にある**支配型の共謀共同正犯**ばかりでなく，共同者間でそれぞれ役割を分担する**分担型の共謀共同正犯**についても共同正犯性が肯定されることになるのです。

　具体的事案において，どのような事実関係が認められれば共謀共同正犯が成立するのかという点に関し，大麻輸入罪（大麻取締法）の共同正犯の成否が問題となったケースとの関連で，最高裁が次のように述べているところが重要です（最決昭和 57・7・16 刑集 36 巻 6 号 695 頁）。すなわち，「被告人は，タイ国からの大麻密輸入を計画した A からその実行担当者になって欲しい旨頼まれるや，大麻を入手したい欲求にかられ，執行猶予中の身であることを理由にこれを断ったものの，知人の B に対し事情を明かして協力を求め，同人を自己の身代りとして A に引き合わせるとともに，密輸入した大麻の一部をもらい受ける約束のもとにその資金の一部（金 20 万円）を A に提供したというのであるから，これらの行為を通じ被告人が右 A 及び B らと本件大麻密輸入の謀議を遂げた」といえる，というのです。ここには，大麻を入手したいという欲求・動機の強さという**主観面**があり，犯罪遂行過程における被告人の役割（実行行為者の紹介，資金の提供）という**客観面**があり，これらが相まって，**共謀者の一員として共謀に加わり自分の犯罪として犯罪をともに実現した**といえるものとされているのです。実行者と変わらぬ犯罪実現の意欲（主観面），犯罪実現にあたっての大きな役割（客観面）とをあわせ考えて，これは他人の犯罪ではなく自己の犯罪であるといえるときに，共同正犯とされることになります。

　実務上，**共謀**とは，単に意思連絡に尽きるものではなく，**正犯意思**をもって（「自己の犯罪」を行う意思で）犯罪の共同遂行の合意に参加することをいうものとされます。狭義の共犯である教唆犯においても，正犯者との意思連絡は存在しますが，そこでは正犯意思が欠けるので，「共謀」があるとはいわないのです。そこで，**共謀＝意思連絡＋正犯意思**という等式が成り立つことになりま

233

> す。共謀があり，その上で，一部の者の実行があれば，共謀共同正犯は
> 成立することになります。

　殺人罪の共同正犯の成立を認める（殺意のなかった乙についても，殺人罪の共同正犯が成立するが，傷害致死罪の刑の限度で処断される）ことになります。そのどちらの結論も妥当とはいえません。

　そこで，現在の犯罪共同説は，複数の者がそれぞれ異なった構成要件に該当する行為を行う場合でも，それらの**構成要件が同質的で重なり合うもの**であるときは，その**重なり合いの範囲内**において共同正犯の成立を認めるのです。これを**部分的犯罪共同説**と呼びます。上のケースでは，傷害罪の範囲（したがって，傷害致死罪の限度）では，一部行為の全部責任の法理の適用を肯定することになります。甲と乙の間では傷害致死罪の限度で共同正犯が成立し，それぞれの故意に応じて，甲は殺人（既遂）罪，乙は傷害致死罪の刑事責任を負うことになります[21]。

　これに対し，行為共同説は，各自の行う構成要件該当行為の間にまったく重なり合いが認められない場合であっても，そればかりか，**片面的共同正犯**のケースのように，一方的な行為の利用関係しかない場合にも，共同正犯を肯定します。私は，このような形の行為共同説は，犯罪行為としての類型性（処罰の枠）を無視することによって共犯の成立範囲を無限定なものとし，因果関係さえ肯定されれば共同正犯を認めるという結論に至るものであって，妥当でないと考えています[22]。

　21）　最決昭和 54・4・13 刑集 33 巻 3 号 179 頁は，暴行ないし傷害を共謀した 7 名のうちの 1 人が未必的殺意をもって被害者を殺害したというケースにつき，殺意のなかった 6 名については「殺人罪の共同正犯と傷害致死罪の共同正犯の構成要件が重なり合う限度で軽い傷害致死罪の共同正犯が成立する」としました。部分的犯罪共同説によることを明らかにしたのです。さらに，最決平成 17・7・4 刑集 59 巻 6 号 403 頁は，被告人甲につき殺人罪の成立を認めるとともに，殺意のあった甲は，殺意のない乙との間では「保護責任者遺棄致死罪の限度で共同正犯となる」とし，部分的犯罪共同説の立場を確認しています。

　22）　判例・通説は，部分的犯罪共同説をとり，共同正犯の主観的要件として特定の犯罪の実行に関する合意を要求します。したがって，共同者の一方のみが共同実行の事実を認識し，他方はそれを認識していない場合には，共同正犯にはならないということになります。片面的共同正犯は認められないのです。たとえば，甲が，ひそかに（片面的に）乙の行う強制性交行為を手助けしたというような場合には，甲については，強制性交等罪の共同正犯ではなく，その幇助犯が成立します（**片面的従犯**が認められることについては見解が一致しています）。

第11講　正犯と共犯

Ⅴ 終了のチャイムが鳴る前に

　本講では，「正犯論・共犯論の基礎理論」をテーマとし，単独正犯と共同正犯という2つの正犯の形態，そして狭義の共犯（教唆犯と幇助犯）を取り上げ，それぞれの本質的な内容についてお話ししました。体系的には，それは**構成要件**のレベルの問題です。正犯性は，単独正犯と共同正犯の構成要件要素にほかなりません。〈ケース〉の甲の行為のように，発生結果との間に法的因果関係があり，また結果につき故意があるとしても，正犯性を欠く行為は単独犯の基本的構成要件に該当しないのです。共同正犯性も，共同正犯の構成要件要素ですし，狭義の共犯における従属性（実行従属性・要素従属性・罪名従属性）も，共犯の構成要件該当性が認められるために必要な要件です。

　このようにして，単独正犯，共同正犯，狭義の共犯は，それぞれ異なった可罰的違法行為であり，相互の違いは，違法類型としての（構成要件レベルの）相違なのです。あまりにも当然のことですが，正犯論・共犯論の背後には，**違法論をめぐる見解の対立**があります。背後者がより重い犯罪を実現するために，より軽い犯罪の故意で行為する者を利用するケースで，背後者の故意に応じた正犯（したがって，より重い可罰的違法行為）を肯定するという結論は，故意を違法要素とする行為無価値論の立場からは自然に導かれるといえましょう。また，共犯の罪名従属性や，共同正犯における部分的犯罪共同説の主張は，一定の枠（類型性）にあてはまる違法行為のみが処罰の対象となるとするものであり，行為無価値要素により構成要件の内容を明確化する（処罰範囲の制約のための輪郭を与える）ことを意図するものです。これらの見解に対し，異なった基本的立場から，それぞれに強い異論が出されていることもよく理解できることです。ここで重要なことは，このような，正犯論・共犯論の理論構造を理解することであり，一定の結論（それが判例・通説のそれであれ，少数説のそれであれ）を覚え込むことではありません。

　次の第12講のテーマは，「犯罪論から刑罰論へ」です。犯罪の成立が認められたときに，そこから，どのようにして具体的な刑にまで至るかについて考えたいと思います。犯罪の個数（罪数）および犯罪の競合の問題，そして，刑の適用（特に，量刑）の問題を取り上げたいと思います。

235

第**12**講

Introductory Lectures
in Criminal Law
General Part

犯罪論から刑罰論へ

[I] はじめに

　前回までの7回の講義は，犯罪論をテーマとするものでした。犯罪の成立要件について説明し，犯罪の成否（犯罪の成立と不成立）に関わるいろいろな問題について論じてきました（最初は，刑法総論と犯罪論についてイメージを持てなかった読者の皆さんも，いま再度，本書の75頁以下を読めば，スッと頭に入ることでしょう）。

　もう何度も申し上げたことですが，犯罪が成立すると，原則として[1]国の側に刑罰権が発生します。でも，まだ大事な仕事が残っています。犯罪の成立が確認され，（抽象的・観念的には）刑罰権の発生を肯定できるとしても，それは，マラソンレースにたとえると，まだ折り返し地点に到達しただけのことにすぎません。さらに必要になるのは，当該の**行為者に科される具体的な刑とその分量を決める**ことです。今日の講義では，レースの後半部分，すなわち，折り返し地点からゴールまでをざっと見ていくことになりますが，犯罪論から出て，**刑罰論ないし刑罰適用論**の領域に入っていくことになります。

　折り返し地点が「犯罪の成立の確認」だとすれば，ここにいう「ゴール」と

1）「原則として」の意味については，しつこいようですが，79頁を参照して下さい。

237

は何でしょう。それは，裁判所が被告人に対し言い渡す，具体的な刑，すなわち**宣告刑**のことであるといえましょう。たとえば，これは，実際にあった殺人事件に対するものですが，裁判所により言い渡された判決の結論部分（これを主文といいます。刑訴規 35 条 2 項を参照）は，「被告人を懲役 6 年に処する……押収してある果物ナイフ 1 本を没収する」というものでした。ここでの「懲役 6 年」および「果物ナイフ 1 本の没収」[2] が宣告刑の内容です。本講においては，「犯罪の成立の確認」からはじまり，このような「宣告刑の決定」というゴールに至るまでの法的判断のプロセスがどのようなものであるのか（特に，**それが法律によりどのように規制されているか**）についてお話ししたいと思います。

なお，**刑の量定**ないし**量刑**という言葉がありますが，有罪であることを確認された被告人に対し，法律上認められた範囲内で，言い渡すべき刑を確定する裁判所の作用が**広義における量刑**です（「狭義における量刑」については，後に述べることにします〔→ 251 頁以下〕）[3]。したがって，広義の量刑が今日の講義のテーマであるということもできましょう。

さて，上記の殺人事件のケースにおける「懲役 6 年」という宣告刑に再度，注目して下さい。それは，刑法 199 条に定められた刑，すなわち，「死刑又は無期若しくは 5 年以上の懲役」の枠内において決定されたものです。このように，刑罰法規において（通常は一定の幅をもって）定められた刑のことを**法定刑**といいます（→ 48 頁，56 頁）。宣告刑は，法定刑の枠内において決められるのです。ただ，ここで注意すべきことは，法定刑からただちに宣告刑が引き出されるとは限らないことです。刑法典の規定が予定していることは，法定刑を出発点としつつ，これに加重または減軽の操作を加えて**処断刑**をつくり（法定刑に加重・減軽の「修正」を行ったものが処断刑にほかなりません），その範囲内で，最終的な宣告刑を決める，という手順です。要するに，**法定刑→処断刑→宣告**

2）　没収とは，刑法 19 条に規定された財産刑の一種で，物の所有権を剥奪して国庫に帰属させることを内容としています。ただし，刑法 9 条にあるように，没収は**付加刑**であり，他の刑罰のように独立に言い渡すことはできません（1 つだけで独立に言い渡すことができる刑罰のことを**主刑**といいます。没収以外の刑罰は，すべて主刑です）。没収は，たとえば（本文にあげた殺人事件の判決におけるように）主刑としての懲役に付加して言い渡されるものなのです。

3）　量刑（刑の量定）という言葉の正確な意義については，原田 1 頁を参照して下さい。ちなみに，この本は，経験豊かな刑事裁判官である著者の手によるもので，量刑の理論と実務を知るためにこれ以上の本はありません。

第 12 講　犯罪論から刑罰論へ

刑という段階的な操作が行われることが予定されているのです。

　いきなりややこしい話になってしまいましたが，本日の講義で取り上げる諸問題の全体像をようやくここで示すことが可能となりました。まず，犯罪の個数および犯罪の競合についての基本的な考え方を明らかにします（Ⅱ）。それは，犯罪論と刑罰論の「つなぎ目」に位置する問題領域であり，広義における量刑に先行し，その前提となる部分です（ただ，罪数論・犯罪競合論の一部は，広義の量刑論，したがって刑罰論・刑罰適用論の中にはっきりと足を踏み入れるものです）。次に，法定刑を修正して処断刑に至るまでの判断方法についてごく簡単にお話しします（Ⅲ）。最後に，量刑（特に，狭義における量刑）の判断についてその概略を説明したいと思います（Ⅳ）。

Ⅱ　犯罪の個数と犯罪の競合

1　犯罪の数え方

　ある事件の事実について，ただ 1 つの刑罰法規のみが適用されるというときには（実はそのような場合は，かなり稀なのですが），その法定刑が出発点となり，それに加重・減軽の修正が加えられて処断刑となります。これに対し，当該事実につき複数の刑罰法規が適用される場合には，それら複数の法定刑を前提として，行為者に対しどのような刑を科すのか（特に，どのようにして，そこから 1 つの処断刑をつくるか）が明らかにされなければなりません。

　そこで，ここにおいては，2 つの問題を区別することが可能です。まず，①単に 1 つだけの刑罰法規の適用で足りるのか，それとも複数の刑罰法規による評価（ないしは同一の刑罰法規による複数回の評価）が必要かを明らかにすることです。そして，②この問題の検討の結果，複数の刑罰法規による評価が必要とされた場合に，科刑上どのように取り扱うか（どのように処断刑を決めるか）を明らかにすることです。厳密には，①が**犯罪の個数**（すなわち，**罪数**）の問題であり，②が**犯罪の競合**の問題ということになります。ただ，①と②をあわせて罪数の問題と呼ぶことも多く，2 つの用語上の区別をそれほど気にする必要はありません[4]。

　このうちの**犯罪の個数の意味における罪数を決定する標準**については，**構成要件標準説**が通説です。それによれば，1 つの構成要件により 1 回的に評価さ

239

れる場合が一罪（1個の罪）であり，数回の評価（複数の構成要件による評価または1つの構成要件による複数回の評価）を必要とする場合が数罪（数個の罪）です。

　1つの構成要件によりどの範囲まで1回的に評価できるかは，当該刑罰法規の解釈（特に，保護法益の理解）によって決まります。たとえば，1回の爆発でA，B，Cの3人を殺害したとき，個人の生命という法益は，各人ごとに独立に保護されていると考えられますから，それぞれの被害者との関係で3回の構成要件的評価が行われなければならず，3個の殺人罪が成立します。これに対し，1回の放火行為により数個の現住建造物を燃やしたというときでも，そこには1つの公共の危険が生じているにすぎず，現住建造物等放火罪（108条）の規定は，各個人の家屋を独立の法益としてそれぞれ保護するものではありませんから，1個の罪が成立します。

　数個の行為が行われても，1回の構成要件的評価により対応できる場合もあります。たとえば，数回の殴打は暴行罪（208条）の構成要件に，ナイフによる数回の突き刺し行為は殺人罪の構成要件に，コンビニで数個の商品を続いて盗む行為は窃盗罪の構成要件に，数枚の1万円札を同一の機会に偽造することは通貨偽造罪（148条1項）の構成要件に，それぞれ1回的に該当します。これらの場合に一罪とされるのは，侵害される法益の同一性および行為の場所的・時間的な直接的関連性のゆえに，構成要件の解釈上，1個の実行行為として1回的な構成要件該当性を認めることが自然と考えられるからだといえましょう（これらが**単純一罪**ないし構成要件上一罪の場合です。ただし，これらと後述する包括一罪との区別は微妙です）。

　しかしながら，構成要件標準説は，一般に一罪（本来的一罪）とされている場合のすべてをうまく説明できるものではありません。たとえば，ナイフで人を刺し殺すと同時に，その着衣を破いたという場合，殺人罪の規定だけが適用され，器物損壊罪（261条）は独立には成立しないと一般に考えられています。

　4）　だいたい，①と②の問題は，相互にそれほどはっきりと区別できるものではないのです。後で説明する包括一罪のように，①の基準により一罪（すなわち，単一の刑罰法規の適用で足りる）とされる場合の中でも，実質的には複数の犯罪が成立していると考えられるときがあります。逆に，後述の科刑上一罪のように，複数の刑罰法規の適用（または同一刑罰法規の複数回の適用）が必要とされる②の数罪の場合の中でも，一罪的性格の強いものも存在するのです。

240　Introductory Lectures in Criminal Law : **General Part**

たしかに，殺人が実行されるときには，通常，この種の器物損壊が伴うものと見られることから，そのようなケースでは，法定刑の重い殺人罪の規定の適用のみを認めれば，事実の刑法的評価としてはそれで十分に尽くされると考えられるところです。そこで，それは殺人罪一罪のみが認められる事例ということになります。しかし，このことを，殺人罪の「構成要件」が器物損壊行為をも「包括的に評価する」と説明することには問題があるといえましょう。器物損壊の事実は，殺人罪の構成要件にあたるものではないからです[5]。犯罪の個数を明らかにするにあたっては，前述のように構成要件的評価も重要な意味を持ちますが，罪数の問題とは，本質的に，**ある刑罰法規ないし罰条により解決できる対象としてどの範囲の事態を包括しうるかという刑罰法規の適用ないし罰条の適用の問題**なのです。すなわち，一罪とされるのは，1個の刑罰法規（罰条）の1回的適用で十分とされる場合のことであり，処罰の対象として評価しうる事実の全てをその刑罰法規の1回的適用によりカバーできると考えられる場合のことです（→ Column「**罪数判断における構成要件と罰条**」243頁）。

2　本来的一罪

　1個の刑罰法規ないし罰条を1回的に適用するだけで，事実に対する刑法的評価としては十分とされる場合が一罪の場合です。逆にいいますと，一罪であることの刑法上の意味（実体法上の意味）とは，**1個の刑罰法規の1回的適用によりその事実に対する刑法的評価が尽くされる**ところにあります。しかし，ここで話がややこしくなるのですが，「一罪」には，それに加えて，刑事訴訟法上の意味（手続法上の意味）があるのです。それは，**一罪については1回の手続で訴追と処罰が行われなければならない**ということです。**憲法39条**を見て下さい。そこには，「何人も，……既に無罪とされた行為については，刑事上の責任を問はれない。又，同一の犯罪について，重ねて刑事上の責任を問はれない」と規定されており，それは有罪・無罪の確定判決について**一事不再理**

　5）　この点につき，平野Ⅱ 412頁以下の，構成要件標準説に対する鋭い批判を参照して下さい。同様に，強盗罪（236条）が成立するとき，強盗予備罪（237条）は独立には成立しませんが，強盗罪の構成要件的評価が強盗予備にまで及ぶ（強盗予備行為も強盗罪の構成要件に該当する）と考えることには疑問がありましょう。そのように考えるとすれば，構成要件に実行の着手時期を限界づける機能（→ 136頁以下）を期待することができなくなってしまうはずだからです。

の効力を認めたものですが，一罪とされる範囲の全体についてはこの一事不再理効が及ぶと解されるのです[6]。

このように，「一罪」には2つの意味があるのですが，この両者の側面を兼ね備えているのが**本来的一罪**の場合です。それは，1つの刑罰法規（罰条）のみを1回適用すれば刑法的評価として十分とされ（実体法上一罪），かつ，1回の手続で訴追・処罰が行われなければならない（手続法上一罪）場合のことです。これに対し，刑法的評価の問題としては，複数の刑罰法規の適用（または1個の刑罰法規の複数回の適用）が必要とされ，したがって，実質的には数罪でありながら，刑を科す上では（そこで手続上は）一罪として扱われる場合があるのです。これを**科刑上一罪**と呼びます（これについては，すぐ次に説明します〔→246頁以下〕）。

本来的一罪には，一般に，単純一罪，法条競合，包括一罪（包括的一罪）の3つの態様があるとされています。**単純一罪**（構成要件上一罪）とは，ある1個の刑罰法規のみが適用され，他の規定の適用の可能性がない場合（一罪の成立に疑いが生じない場合）や，また，前に触れたような，比較的単純な構成要件該当性判断により評価の1回性を肯定しうる場合のことです。**法条競合**とは，数個の刑罰法規に触れるように見える事実がありながら，それらの**刑罰法規相互の関係**により，結局そのうちの1つのみが適用される場合のことをいいます。法条競合の種類として，特別関係，補充関係，吸収関係，択一関係があげられるのが一般です（→ Column「**法条競合の種類**」245頁）。

包括一罪とは，構成要件的評価としては1つの構成要件に複数回該当するか，または複数の構成要件にそれぞれ該当する事実について，1つの刑罰法規（罰条）により1回的に包括的評価がなされる場合のことをいいます。その中にも，①同一の構成要件にそれぞれ該当する複数の行為が1回的に包括評価される場合と，②異なった構成要件にそれぞれ該当する複数の行為が1つの刑罰法規により包括的に評価される場合とがあります。

6）　たとえば，犯人が，被害者を殴った上で，さらに突き飛ばしたというとき，それは2個の暴行罪となるのではなく，1個の暴行罪を構成するにすぎません。かりに第1の殴打行為について無罪の確定判決があったとき，第2の突き飛ばし行為についてあらためて起訴して有罪判決を求めることは許されないのです。

第 12 講　犯罪論から刑罰論へ

罪数判断における構成要件と罰条

Column

　犯罪論における「構成要件」の概念は，可罰的行為の限界を明示する機能を持つものであり，評価の対象となる事実も制限され，類型化されています（「構成要件」の概念については，第 6 講「構成要件をめぐって」〔95 頁以下〕で詳しく説明しました）。これに対して，罪数の判断においては，1 つの刑罰法規（罰条）による量刑において評価が尽くされるかどうかという観点から，かなり多様な事実が包括的に考慮されるのです。行為が可罰的となるための最低限の要件としての構成要件該当事実の範囲と，1 つの刑罰法規の適用による量刑判断によって 1 回的に評価可能な事実の範囲とが同じものでないことは当然のことといえるでしょう。

　このことをきわめて明快に論じられたのは，鈴木茂嗣先生でした。「ある構成要件を基準とした犯罪認識と，その構成要件を定める罰条による犯罪評価とは，必ずしも常に一致するとは限らない。いわゆる構成要件説が明快さを欠くのは，このような本来罰条適用の問題であるものを，あえて構成要件の問題として説明しようとするところにある……」，「いわゆる『犯罪の個数』の問題は，実質的には，構成要件というより罰条適用の問題であることを，われわれは明確に意識する必要があろう」と述べられたのです。詳しくは，鈴木茂嗣「罪数論」中山研一ほか編『現代刑法講座(3)』（成文堂，1979 年）283 頁以下を参照して下さい。

　①の**同質的包括性**が認められる場合としては，まず，**接続犯**の場合があります。これは，犯意を継続して時間的・場所的に近接した状況の下で同一の法益の侵害に向けて行われた数個の行為が，それぞれ各行為ともそれ自体で既遂の構成要件該当行為であるにもかかわらず，1 つの刑罰法規により包括的に評価される場合です。たとえば，判例によれば，2 時間余の間に 1 つの倉庫から 3 回にわたって米俵を盗み出したという場合，3 個の窃盗罪ではなく，1 個の窃盗罪と認定すべきだとされます（最判昭和 24・7・23 刑集 3 巻 8 号 1373 頁）。このように，一般に接続犯と呼ばれるのは，それぞれの行為が既遂の場合ですが，数個の未遂行為が行われた後に既遂に達したときには，より容易に包括一罪としての評価が可能です。たとえば，甲が，A を殺害する計画の下に，毎日少しずつ毒薬を与え，数日後，ついに殺害の目的を達したというときには，全体として殺人既遂一罪となるのです[7]。

　狭義の包括一罪と呼ばれる場合も重要です。それは，1 個の刑罰法規に，複

243

数の行為態様が規定され，それらが相互に手段・目的または原因・結果の関係に立つときに，複数の行為態様にそれぞれあたる数個の行為が，その刑罰法規により包括的に評価される場合のことです。たとえば，同一の人を逮捕し，引き続いて監禁したときには，220条にあたる包括一罪です。そのほか，犯人蔵匿と犯人隠避（103条），賄賂の要求・約束・収受（197条以下），一項詐欺と二項詐欺（246条），盗品の運搬・保管・有償処分のあっせん（256条）などについて，狭義の包括一罪が問題となります[8]。

②の**異質的包括性**が認められる場合は，当該の構成要件該当事実以外にも処罰の対象が拡大されます。犯罪Aを処罰する規定が，犯罪Bに属する事実をも処罰の対象としていると考えられる場合には，(イ)A罪とB罪とが同一の法益を保護しており，A罪による処罰を認めることにより，同時に，B罪の行為による法益侵害も余すところなく評価し尽くせる場合と，(ロ)B罪を構成する事実が，重いA罪の実行に通常伴うものであり，立法者もA罪の法定刑を定めるにあたって，それらの事情も考慮に入れていたと考えて差し支えない場合とがあるといえましょう。

(イ)の理由が主として重視される実例としては，**不可罰的事後行為**（正確には，**共罰的事後行為**）と呼ばれる場合があります（→111頁）。たとえば，窃盗犯人が，財物の窃取後，その盗品を損壊したというとき，その器物損壊の事実は，窃盗の量刑の枠内で重く評価されれば足り（窃盗行為に対する量刑にあたり，その被害の大小に関わる量刑事情として，犯行後の盗品の損壊の有無も考慮されるのです），独立に器物損壊罪の規定をも適用する必要はありません。窃盗罪一罪を認めれば足りるということです[9]。(ロ)の実例としては，ナイフで人を刺し殺

7）　ただ，同一の法益に向けられていても，犯意の継続性が弱く，時間的・場所的近接性も稀薄であるときは，包括一罪にはなりません。たとえば，甲が，Aを殺害しようとして1か月ほどの時間的間隔をおいて数回攻撃を加えたがいずれも失敗に終わり，最後に目的を達したというときは，数個の殺人未遂罪と1個の殺人既遂罪と捉えるべきでしょう。

8）　ただし，狭義の包括一罪の場合，それぞれの行為態様につき独立した構成要件を観念するとすれば，むしろ②の異質的包括性が問題となる場合に分類されることになるでしょう。

9）　ただ，事後行為としての器物損壊も，それ自体，犯罪として成立はしています。したがって，たとえば，第三者乙が窃盗犯人甲の器物損壊行為（のみ）を幇助したというとき，乙は窃盗の幇助犯（62条）にはなりませんが，器物損壊罪の幇助犯にはなりえます。共犯が成立するためには，正犯の行為につき構成要件該当性が認められなければなりませんから（→226頁以下），乙に幇助犯が成立することは，甲の行為が器物損壊罪の構成要件に該当する行為であることを論理的な前提としています。

第 12 講　犯罪論から刑罰論へ

法条競合の種類

Column

　法条競合のうち，特別関係と補充関係とは，いずれも**複数の法規の間の論理的な関係**によって1つの法規の適用が優先し，他が排斥される場合です。**特別関係**とは，複数の刑罰法規が一般法と特別法の関係にある場合であり，特別法たる刑罰法規が優先的に適用されます。たとえば，横領罪（252条）と業務上横領罪（253条）の関係，背任罪（247条）と特別背任罪（会社960条）の関係がそうです。**補充関係**とは，基本法規と補充法規とが競合する場合で，適用上は基本法規が優先します。補充関係の例としては，傷害罪（204条）と暴行罪（208条）の関係，文書等毀棄罪・建造物等損壊罪（258条以下）と器物損壊罪（261条）の関係，現住建造物等放火罪・非現住建造物等放火罪（108条・109条）と建造物等以外放火罪（110条）の関係などがあります。

　吸収関係とは，複数の刑罰法規に該当する事実があるものの，そのうちの1つの刑罰法規が，他を吸収する形で評価する場合のことをいいます。たとえば，強盗行為の過程で行われた暴行は強盗に吸収されます。また，ナイフで人を刺し殺すと同時にその着衣を破いたというケースでは，殺人罪の規定のみが適用され，その中で器物損壊の事実も吸収的に評価されます。さらに，偽造通貨行使（148条2項）を手段として詐欺が行われたとき，詐欺罪は偽造通貨行使罪に吸収されます＊。

　択一関係とは，解釈上，2つの刑罰法規が両立しない（すなわち，相互を排除する）関係にあり，いずれか一方のみが適用される場合のことです。たとえば，横領罪の規定（252条）が適用されるとき，背任罪の規定（247条）は適用されません。また，窃盗罪が成立するとき，横領罪の規定の適用は排除されます。これら両法条は択一関係にあるといわれます。

　＊　ただ，吸収関係にあたる事例の中には，特別関係と同様に，論理的な判断により適用関係が定まるもの（強盗罪の場合）と，かなり高度の規範的評価，すなわち罰条評価を必要とするもの（殺人罪や偽造通貨行使罪の場合）とがあり，後者については，包括一罪の一種（吸収一罪）として把握されるべきであるとする見解が有力です。

すと同時にその着衣を破いたというケースで，殺人罪の規定だけが適用され，器物損壊罪は独立には成立しないとされる場合をあげることができるでしょう。この例については，すでに何度も言及したところです。

3　併合罪と科刑上一罪

　以上説明してきたような（さまざまな）一罪の場合とは異なり，複数の刑罰

法規による評価または1個の刑罰法規による複数回の評価を受ける場合が**数罪**です。刑法は，数罪にあたるもののうち，一定の要件を充足するものについて，一括した処断を行うことを可能としています[10]。これが，併合罪（45条以下）の場合と，科刑上一罪としての観念的競合・牽連犯（54条1項）の場合です。併合罪と科刑上一罪とは，実体法上複数の犯罪が成立するとされながら，これらについて一括した処断がなされるべき場合として共通するのですが，刑法は，科刑上一罪たる観念的競合と牽連犯とを，**併合罪とは異なった（併合罪よりもさらに行為者にとり有利な）特殊な処断刑の形成が認められる場合**として位置づけています。

併合罪とは，1人が数罪を犯した場合に，裁判所により同時に審判される可能性があるとき，またはあったとき，その数罪のことをいいます。併合罪の場合の処断刑の形成方法については，46条以下に規定があるところです。ここで特に注目すべきは，**有期の自由刑についての47条**です。併合罪中，2個以上の有期の懲役または禁錮にあたる罪があるときは，処断刑の段階で修正を認めて，最も重い罪（それは，各罪の刑を比較して決めますが，刑の軽重の判定は10条に規定するところに従います）について定められた刑の長期を1.5倍にして得られた重い処断刑から，直接に1個の刑を求めるべきものとしています。たとえば，10年以下の懲役にあたる恐喝罪（249条）と5年以下の懲役にあたる単純収賄罪（197条1項前段）とが併合罪の関係にあるとき，これを処断するにあたり，47条の適用により得られる処断刑の上限は懲役15年となります（→ Column「**併合罪に関する加重単一刑主義**」247頁）。

科刑上一罪のうちの**観念的競合**とは，**1個の行為**が数個の刑罰法規による評価（または1個の刑罰法規による複数回の評価）を受ける場合をいいます（54条1項前段）。たとえば，公務執行中の警察官をなぐってケガをさせれば，公務執行妨害罪（95条1項）と傷害罪（204条）との観念的競合になります。殺意をもって爆弾を爆発させ，1回の爆発で3人を死亡させれば，3つの殺人罪の観

---

10) 併合罪にも科刑上一罪にもならない数罪のことを**単純数罪**といいます。これらについては別個に刑が量定され，宣告され，執行されます。刑の執行の場面でも，50条や51条のような特別の配慮はなされません。このように，単純数罪の場合と比較すれば，現行法上の併合罪は，より有利な扱いを認める場合であるといえます。そして，科刑上一罪としての観念的競合と牽連犯は，それよりさらに有利に扱われる場合です。

> ### 併合罪に関する加重単一刑主義
>
>
>
> 　併合罪に関する現行刑法の規定は，本文に述べたように，有期の自由刑につき，各犯罪の刑のうちの最も重い刑の長期を 1.5 倍にして得られた重い処断刑から直接に 1 個の刑を求めるべきこととしています。これを**加重単一刑主義**といいます。
>
> 　複数の罪を犯した場合には，単一の罪を犯したときに比べて重く処罰されるべきですが，他方で，それぞれの犯罪について決めた刑を単純に加算するのでは（これを**併科主義**といいます），犯罪に対する評価としても重過ぎ，また，とりわけ特別予防の見地から不要かつ無意味な刑となりかねないと考えられます。そこで，処断刑を 1.5 倍としてその範囲内で刑を決めるべきこととしたのです＊。
>
> 　法定刑を修正して重い処断刑を決めるのですから，現行法上，併合罪は刑の加重事由なのですが，併科主義を基準として考えれば，現行の加重単一刑主義は宣告刑をより軽くするところに狙いがあります。併合罪は，一種の刑の減軽事由とさえいえるのです。
>
> 　＊　なお，この「1.5 倍」がどこから来たのかが問題となりますが，現在のスイス刑法 49 条 1 項を見ると，そこには，「行為者が，1 つまたは複数の行為により，複数の同種の刑を科す要件を充足したとき，裁判所は最も重い罪について定められた刑をさらに加重して言い渡すこととする。ただし，裁判所は，定められた刑の上限にその 2 分の 1 を加えたものを超えてはならない」と規定されています。日本の現行刑法制定当時も同じでした。これが刑法 47 条のルーツとなったと推測されます。

念的競合となります。

　牽連犯とは，2 個以上の犯罪行為の間に，一方が他方の手段であるか，他方が一方の結果であるという関係が存在する場合をいいます（54 条 1 項後段）。たとえば，住居に侵入して窃盗をすれば，住居侵入罪（130 条前段）と窃盗罪（235 条）の牽連犯となります[11]。

　観念的競合と牽連犯の場合，数罪が成立しているのですから併合罪としての

---

11) 牽連犯とされる典型例としては，住居侵入が手段とされるケースがあります。住居侵入罪は，窃盗，強盗，傷害，殺人，強制性交等，放火などの各罪と牽連犯の関係に立ちます。同様に，各種の偽造罪において，偽造罪と行使罪（および不正作出罪と供用罪）とは牽連犯です。これに対し，殺人罪と死体遺棄罪・損壊罪（190 条）とは牽連犯ではなく，併合罪とされています。

扱いを受け，刑を加重されるはずなのですが，加重されず，各罪について定められた刑のうちの最も重い刑によって処断されます（いわゆる吸収主義）。たとえば，住居侵入罪と窃盗罪とを併合罪として処断するときには，処断刑の上限は13年の懲役となりますが[12]，牽連犯となれば，処断刑の長期は10年にとどまります。数罪が成立する場合には，併合罪加重がなされるのが原則であると考えると，観念的競合と牽連犯の場合は，刑の吸収が認められるのですから，刑法上の評価という見地からも**一罪的性格**を持っているということができます。併合罪と比べて軽くすべき根拠（違法減少か，それとも責任減少か）があると考えなければなりません[13]。

このように，観念的競合と牽連犯は，数罪として評価されるべき実質を持ちながらも，実体法上は，併合罪とは異なり（処断刑の形成において）軽く扱われる（その意味で一罪的性格を持つ）のですが，**手続法上（訴訟法上）は，まさに一罪として扱われ**，1回の手続で訴追と処罰が行われなければなりません[14]。したがって，科刑上一罪の関係にある罪の1つ（たとえば，1回の爆発でAとBを殺害した場合におけるAのみに対する殺人罪や，Cの住居に侵入してDから財物を強取した場合の住居侵入罪のみ）について起訴がなされ，有罪・無罪の判決が確定したとき，**全体について一事不再理効が及び**（→241頁以下），もはや他の部分（たとえば，Bに対する殺人罪や，Dに対する強盗罪）を起訴し有罪とすることはできないのです。

---

12) この場合，47条本文により15年となるはずですが，同条ただし書により，両罪の法定刑の長期（上限の刑）を合算した13年を超えることができないのです。

13) ここにおいて，処断刑をより軽くする理由は，違法評価の重複から生じる，部分的な二重処罰の危険を回避するところにあると考えることができます。すなわち，科刑上一罪の関係にある数罪については，量刑における一方の罪の評価において他方の罪の（行為の違法性に影響する）事情（たとえば，犯罪結果の一部や行為態様の危険性など）まで処罰対象の一部として考慮せざるをえず，それぞれの罪を切り離して評価するとすれば，（部分的な）二重処罰となってしまうのです。たとえば，1発の弾丸でAとBの2人を死亡させた場合には，手段たる行為が共通するため，Aの殺害について刑を量定する際に，その発砲行為を評価の対象とせざるをえないのですが，それは同時に，Bに対する殺害行為の手段なのであり，ここには違法評価の重複が生じるのです。この考え方に従えば，観念的競合と牽連犯は，併合罪の場合よりも違法性の減少が認められる事由ということになります。

14) ただし，併合罪関係にある数罪についても，一事不再理効が及ぶと考えるべき場合はあるのではないかということは別途，問題となります。たとえば，田口478頁以下を参照して下さい。

第 12 講 犯罪論から刑罰論へ

Ⅲ 刑の加重と減軽——法定刑から処断刑へ

　今日の講義の最初のところで述べたように，刑法は，法定刑から直接に刑を決めて言い渡すのではなく，法定刑に**加重・減軽の修正**を加えて処断刑を形成し，その範囲内で宣告刑を決めさせることにしています。出発点となるのは，法定刑ですが，これに法律上の加重・減軽または／および酌量減軽が行われて修正が加えられると処断刑となります。

　刑の加重事由としては，併合罪加重（45 条以下）と累犯加重（再犯加重。56 条以下）とがあります（いずれも，必要的加重事由です）。**刑の減軽事由**としては，過剰防衛（36 条 2 項），過剰避難（37 条 1 項ただし書），法の不知（違法性の錯誤。38 条 3 項ただし書），自首など（42 条），未遂犯（43 条本文）などの**任意的減軽事由**と，心神耗弱（39 条 2 項），中止犯（43 条ただし書），幇助犯（従犯。63 条）などの**必要的減軽事由**とがあります（なお，これらのうち，過剰防衛，過剰避難，中止犯については，**刑の免除**も可能です）（→ Column「**中止犯（中止未遂）**」251 頁）。任意的減軽事由は，裁判所が減軽することもしないこともできる場合であり，必要的減軽事由とは，刑を減軽しなければならない場合です。これらが**法律上の減軽事由**ですが，その他，減軽の判断を大幅に裁判官の裁量にまかせている**裁判上の減軽事由**として酌量減軽（66 条以下）があります[15]。

　ここで，「加重」するとは，法定刑に修正を加えて重い処断刑をつくることを意味し（処断刑のつくり方については，46 条以下および 57 条にそれぞれ規定があります），「減軽」するとは，法定刑に修正を加え，68 条にしたがって（より軽い）処断刑をつくることを意味します。ひとまず言い渡すべき宣告刑を決め，それをさらに軽くするというようなことを意味するのではないことに注意する必要があります。

　ここで，本講の冒頭で例としてあげた殺人事件の判決を思い出して下さい。その事件では，裁判所により，被告人が飲酒酩酊のため心神耗弱の状態にあったことが認められています（39 条 2 項。限定責任能力の場合としての心神耗弱に

15）　以上はいずれも刑法総則に規定されたものですが，そのほか，**刑法各則**に規定された任意的減免事由として，偽証罪・虚偽鑑定等罪・虚偽告訴等罪における自白（170 条・171 条・173 条），必要的減軽事由として，身の代金目的略取等罪などにおける被害者の解放（228 条の 2），必要的減免事由として，身の代金目的略取等予備罪における自白（228 条の 3）があります。

ついては，第10講「責任とその阻却」〔201頁〕を参照して下さい）。心神耗弱は，上に見たように，刑の必要的減軽事由です。このような場合に，殺人罪の法定刑から，どのようにして処断刑が導かれるのでしょうか。

刑の減軽の方法については，**68条**に規定があります。すなわち，法律上の減軽事由が1つまたは2つ以上あるときには，68条に従って法定刑を修正し，処断刑を形成するのです（なお，酌量減軽をするときも，68条の例によります〔71条〕）。ただ，殺人罪の規定のように，適用できる刑が選択的に定められているときには（すなわち，199条には，①死刑，②無期懲役，③5年以上の〔有期〕懲役という3つの適用可能な刑が規定されています），減軽の前に適用する刑の選択が必要です（69条）。そこで，5年以上（12条1項により20年以下）の懲役を選択するとしたとき，68条3号に従い減軽すると，「2年6月以上10年以下の懲役」という処断刑が得られるのです（なお，これに加えて，さらに酌量減軽を行うことも可能です〔67条〕。そのときの処断刑は，「1年3月以上5年以下の懲役」ということになります）。裁判所は，この刑の幅の枠内で，最終的な宣告刑（たとえば，6年の懲役）を決定することになります[16]。

別の例をあげることにいたしましょう。窃盗未遂（243条・235条）の事件であるとすれば，窃盗罪の法定刑である「10年以下（12条1項により1月以上）の懲役又は50万円以下の罰金」を出発点として，まず適用する刑の選択（69条）を行います。そこで懲役を選ぶとすると，さらに，未遂減軽（43条本文）を行うかどうかを判断し，行うときには，68条3号に従って「半月以上5年以下の懲役」という処断刑をつくり，その範囲内で量刑判断を行って，たとえば2年の懲役を宣告刑として言い渡し，さらに，25条を適用して，3年間，刑の全部の執行を猶予することをつけ加えるということになるのです。

---

16) なお，同時に刑を加重しまたは減軽するときは，①累犯加重，②法律上減軽，③併合罪加重，④酌量減軽という順序によります（72条）。ただし，本文に述べたように，法律上刑を減軽すべき場合において，各本条に2個以上の刑名があるときは，まず適用する刑を選択するものとされています（69条）。さらに，判例および実務上，科刑上一罪の処理は，刑の選択の前に，また，累犯加重が行われるときには，累犯加重の前に行うべきものとされています。累犯加重は，懲役の選択を要件としていますので，累犯加重が行われるときの順序は，科刑上一罪の処理→刑の選択→累犯加重→法律上減軽→併合罪加重→酌量減軽となります。累犯加重が行われないときには，科刑上一罪の処理→刑の選択→法律上減軽→併合罪加重→酌量減軽の順序となります。

中止犯（中止未遂） Column

　中止犯とは，犯罪の実行に着手したものの，「自己の意思により犯罪を中止した」ときのことをいいます（43条ただし書）。それは，現行法上，未遂犯の一態様として規定されています。43条が適用される未遂（広義）のうちで，原則的場合としての**障害未遂**については，刑を「減軽することができる」（43条本文）だけですが，中止未遂については，特別に寛大に扱われ，刑が免除されるか，または少なくとも減軽されるのです（刑の必要的減免事由）＊。

　刑の減免の根拠については，刑事政策的考慮，すなわち「特典」としての寛大な取扱いを認める（「後戻りのための金の橋」を架ける）ことにより中止行為を奨励し，法益を（さらなる）侵害から保護するところに求めるもの（政策説）と，違法性または責任という犯罪成立要件に関連づけてこれを説明しようとするもの（法律説），政策説と法律説の両方をあわせ考慮しようとするものなどが存在します。

　中止犯が成立するためには，結果が不発生に終わった（未遂にとどまった）ことを前提として，**中止行為**が行われ，それが「自己の意思」によるものであったこと（中止行為の**任意性**）が必要とされます。

　最近の判例の中で中止犯の成立を認めたものには，名古屋高判平成19・2・16判タ1247号342頁があります。これは，自動車を被害者の女性に衝突させて転倒させ，その場で被害者を刃物で刺し殺すという計画を立てていた被告人が，実際に自動車を衝突させて被害者に傷害を負わせたものの，その直後に刃物で刺すことを断念したというケースについて，被害者に自動車を衝突させる時点ですでに殺人の実行の着手があるとしつつ，自己の意思により殺人の実行行為を途中で中止したものと認めるのが相当であるとして，中止犯の成立を肯定したものです。

　＊　刑の免除の判決も，有罪判決の一種ですが（刑訴334条），犯罪が成立し有罪であるとする評価のみが示され，何らの刑の言渡しもともなわないのですから，最も軽い有罪判決ということになります。

Ⅳ　量刑の判断

1　量刑の基準

　有罪であることを確認された行為者に対し，法律上認められた範囲内で，言い渡すべき刑を確定する裁判所の作用が**広義の量刑**です。そのことについては，今日の講義の冒頭でも触れました（→238頁）。そこには，処断刑の形成のために必要な判断（たとえば，懲役か罰金かという刑の選択，刑の任意的減軽や酌量

減軽を許すかどうかの判断などがこれです）や，その他の被告人の具体的な取扱いに関する決定（たとえば，刑の免除，執行猶予・保護観察に関する判断〔25条・25条の2・27条の2・27条の3〕，未決勾留日数の算入〔21条〕などがこれです）が含められます。そして，特に，処断刑の範囲内で宣告刑を決めることが**狭義の量刑**ということになります。

以下に述べることは，広義の量刑全体にもあてはまることですが，ここでは特に，狭義の量刑を念頭において，**量刑判断の基準とその構造**について簡単に説明することにしたいと思います。

有罪が決まった人に対してどのような種類・重さの刑を科すか（また，刑を決めるにあたりどのような事情をどのように考慮するか）については，法律上の規定があるわけではなく，裁判所の判断に委ねられています[17]。量刑の問題は「刑法理論の縮図」ともいわれ[18]，ここでは，刑罰の本質・根拠・目的などについての根本的な見解の相違により，まったく違った量刑の基準がとられることになるのです。**応報刑論**の立場からは，発生した実害の重大性および行為者の責任の重さが重視されるでしょう。**目的刑論**によれば，犯人が再び犯罪を行う危険性の程度に応じた刑が科されなければならないことになります（→25頁）。

現在の支配的見解である**相対的応報刑論**は，応報的処罰を基本とし，その枠内で犯罪予防を考慮しようとする立場です（→24頁以下）。そこで，学説においては，責任に見合った刑の枠内で（すなわち，責任主義の原則に違反しない限度で），一般予防および特別予防の必要性を考慮して，刑量を確定するという考え方がとられています[19]。ただ，責任の程度に相応した刑とは，一般の人々にも「適正な刑」として受容されると期待できる刑なのですから，それに

---

17) 刑事訴訟法は，「法令の適用」と「刑の量定」とを区別していますが（刑訴380条以下・411条を参照），伝統的に，量刑は法規の適用の問題ではなく，裁判所の裁量の問題とされてきたのです。

18) 団藤・総論541頁。

19) なお，実務においては，責任と予防とを対立させるという考え方の枠組みはとられていませんが，**犯情**（狭義の犯情），すなわち，犯罪の種類，罪質，犯行の動機，態様・手段の悪質性，被害結果の大小・程度・数量などの犯罪行為自体に関する情状により刑の大枠を定め，**一般情状**（広義の犯情），すなわち，一般予防・特別予防や損害賠償や示談の成否等の刑事政策的な情状を考慮して個別的な刑のランクを決めるという判断方法がとられており（詳しくは，原田53頁，108頁を参照して下さい），学説の考え方との間に大きなギャップは存在しません。

252　Introductory Lectures in Criminal Law : **General Part**

より一般予防・特別予防の効果が生じることが見込まれるはずであり，原則的には，処罰にはその程度の犯罪予防効果の達成を期待するにとどめるべきだといえましょう（→ 24頁以下）。他方，一般予防や特別予防の必要性からダイレクトに刑を決めることは困難であり，また判断が不安定なものとなるおそれがあります（ただ，はっきりとした予防的必要性のあるときには，責任に見合った刑となおいいうる範囲内でこれを考慮することが認められてよいのです）。このようにして，単純化していえば，**責任により刑の大枠が決まり，予防的考慮により上下に微調整が行われる**とするのが，量刑の基準に関する学説の見解の最大公約数なのです（→ Column「**量刑における責任概念**」255頁）。

　ところで，**実務における量刑**に目を転じますと，いわゆる**量刑相場**がかなり強い規制力を持っています。裁判所は，検察官による求刑（刑訴293条1項を参照）も参考としながらも，過去の裁判例における量刑に関するデータの集積（一部は電子データ化されています）を資料として，いま担当している事件に最も近い過去の裁判例を探し出し，そこで言い渡された刑に修正を加えながら最終的な刑を決めてきました。これにより，日本全国にわたり，かなり統一的な量刑が行われてきたのです[20]。

2　量刑事情

　量刑判断においては，**量刑事情の範囲**と，**個々の量刑事情の「重み」**も重要な問題となります。以前は，量刑事情の範囲は「無限」であるとされることもありましたが，刑量の確定の判断と合理的な関連性を持たない事情は量刑で考慮されてはならないのは当然ですし，また，罪刑法定主義や責任主義といった刑法の基本原則も，量刑事情の範囲の限定を要請すると考えられるのです[21]。

---

　20)　裁判員裁判の対象となる事件については，このような手法をそのままとることはできませんが，そこから，量刑のばらつきが生じ，責任の幅の枠内に収まらないような，相互に異なった刑が言い渡されることにならないようにするため，どのような工夫が可能であるかが問題となるところです。現在の実務においては，過去の裁判員裁判の量刑結果を蓄積した「量刑検索システム」を用いて，同種の事案に関する量刑動向を参考にしつつ，最終的な刑を決めています。全体として見ると，従来の裁判官のみによる裁判における量刑の分布とそれほど大きく異ならない量刑判断が行われています。

　21)　たとえば，過失運転致死傷罪（自動車運転致死5条本文）の量刑にあたり，行為から生じた財産的損害を理由にして刑を重く決めるとすれば，罪刑法定主義の見地から疑義が生じるでしょう。過失による器物損壊は処罰されていませんし，また，財産的法益がこの罪の処罰規定の保護範囲に含まれるかどうかは疑問だからです。

253

また，その事情が量刑事情として考慮される根拠に照らして，刑量への過大な影響力を認めるようなこと（あるいはその逆）は許されないのです。

最も重要な量刑事情は，**犯罪の要素たる量刑事情**（すなわち，行為の違法性と有責性に関係する事情）です（これが，実務において，狭義の**犯情**と呼ばれているものです。これ以外は，**一般情状**〔広義の犯情〕ということになります）。その中には，被害の大小（たとえば，傷害罪における傷害の程度，財産罪における財産的被害の程度），用いられた手段の危険性，被害者側の落ち度（法益の要保護性が弱まると考えられます），単純犯か共犯かの区別，確定的故意で行われたか，それとも未必的故意であったかの違い，計画または予謀の有無といった犯意の強さを示す事情などの行為の**違法性に影響する事情**，行為者の年齢，経済状態，犯行時における心理状態・精神状態，被害者との関係，酩酊の有無などの**責任に影響する事情**があります。違法性阻却事由や責任阻却事由の要件を充足するに至らないが，それに類似する状況が存在したというような事情も，違法性または有責性の程度を減弱させる意味を持つことから，刑を軽くする方向で考慮されます。

特別予防の考慮にあたり参考とすべき事情もあります。それは，再犯の危険性の有無の証拠となり，処罰が持つであろうプラス・マイナスの効果を具体的に予測させる事情です。たとえば，行為者の年齢，性格，社会的地位，経歴（犯罪時までの生活態度，前科など），環境（犯罪後の変化も重要です），犯罪後の態度などの種々の事情です。

また，**刑事政策的合目的性**の見地から，刑を軽くする方向で量刑上考慮しうる事情が存在します。特に，犯罪後に，被害の拡大や重い結果の発生を回避すべく努力したこと，事後に損害賠償を行ったこと，謝罪や示談により被害者側が宥恕の情を示していることなどは，刑をかなりの程度に軽くする量刑事情として考慮することができるでしょう（なお，刑訴 393 条 2 項も参照）。

さらに，**刑の必要性**（ないし刑に対する感応性）に関わる事情もあります。たとえば，不注意で惹起した事故で自分の家族を失ったり，自ら大ケガをしたというように，犯罪により犯人自身に思わぬ過酷な結果が生じたという事情，長期にわたり未決勾留を受けたという事情，かなりの社会的制裁を受けた（たとえば，失職した）という事情，懲戒処分を科されたといった事情などは，行為者に有利な方向で考慮することができましょう。

第 12 講　犯罪論から刑罰論へ

量刑における責任概念

Column

　一般に「応報刑」といわれるところのものは，「責任の程度に相応した刑」のことです（→ 23 頁）。そもそも責任とは，最初から「関係概念」なのです。そのことは，犯罪論における責任でも，量刑における責任でもまったく同じです。すなわち，違法行為を前提とし，その違法行為について行為者を非難できるか，また，どの程度非難できるかが責任の問題なのです。その意味では，責任は，処罰を根拠づけるものではなく単に限定するものにすぎず，それ自体，独立の分量を持っているものではありません。分量を与えるものは，違法性の程度でしかありえないのです（→ 86 頁）。

　たとえば，違法性の段階で，10 の違法性が肯定されたというとき，責任の段階ではそのうちのどれだけを主観的に帰責しうるかが問題となります。帰責は 2 分の 1 しかできない，または 3 分の 1 しかできないということになると，限定された結果として，5 の刑または 3 の刑が得られることになるのです。ドイツでは，量刑における責任とは「帰責可能な不法（verschuldetes Unrecht）」であると定義されますが，それはまさにこのような考え方によるものです。

　また，現在では，責任とは，個別の違法行為を前提としてその意思決定への非難可能性を問題とすべきものであり，**個別行為責任**でなければならないとされています（→ 195 頁以下）。責任判断の対象を，個別違法行為以外の行為者の性格にまで拡大する性格責任論や，処罰根拠を個別違法行為に加えて人格形成行為にまで拡大する人格形成責任論はしりぞけられています。通説による責任判断は，あくまでも構成要件的に特定された個別違法行為を対象とする判断であり，したがって，責任の程度・分量は，構成要件的に特定された個別違法行為の違法の程度・分量により大枠を画されるものでなくてはならないのです。

　なお，量刑における責任概念をめぐっては，責任が数量化された刑の量は，「点」としてではなく，「幅」（たとえば，3 年から 5 年の懲役）として定まり，その範囲内で，予防的考慮を行うことが可能であるとする考え方（幅の理論）と，責任に相応する刑は，一点において決まるとする考え方（点の理論）とが対立しています。

Ⅴ　終了のチャイムが鳴る前に

　本日の講義も，あまりに盛りだくさんの内容となってしまい，しかも，テーマをマラソンコースにたとえたのはよかったのですが，シドニー五輪での高橋

尚子選手の3倍くらいの駆け足になってしまいました。読者の皆さんには，よくわからない箇所もあったかもしれません。今の段階では気にせず，いつかまた，理解が進んだところでもう一度読み返してもらえれば，と思います。

　本講をもって，ひとまず刑法総論のお話を終え，続く各論編では，刑法各論の諸問題を取り上げることにいたします。まず各論・第1講では，「刑法による生命の保護」をテーマといたします。刑法は「法益の保護」を任務とするものですが，法益のランキングを作るとすれば，個人の生命はそのトップに来るものです。したがって，それを保護することは刑法の役割の中でも，最も大事なことと考えられるのです。

　しかし，抽象的に個人の生命のかけがえのなさを高唱することは簡単ですが，刑法による生命保護を実現しようとするときには，多くの困難な問題にぶつからざるをえないのです。この入門講義の後半は，そうした，刑法による生命保護に関わる難問のいくつかについて論じるところからはじめたいと考えています。

Introductory Lectures in Criminal Law : General Part

事項索引

＊ 太字…入門刑法学・総論（本書）より　　細字…入門刑法学・各論（姉妹編）より

あ

悪徳の栄え事件 ……………………… 193, 195
欺く行為 …………………………… 116, 240
あてはめの錯誤 …………………… **145, 205**, 194
あへん煙に関する罪 ……………………… 164
安全 ……………………………………… 069
安楽死 …………………………………… 018, 049
　積極的—— …………………………… 049

い

委員 ……………………………………… 215
イェーリング …………………………… **006〜**
威嚇 ……………………………………… **043**
遺棄罪 …………………………………… 142
意識障害 ………………………………… **201**
意思形成 ………………………………… **174, 198**
意思決定機能 …………………………… **058**
意思決定規範 …………………………… **172**
意思決定の自由 ………………………… 064, 066
意思実現 ………………………………… **174, 198**
意思実現の自由 ………………………… 066
意思侵害説 ……………………………… 078〜
遺失物等横領罪 ………………………… **161**, 122
意思の自由 ……………………………… **197**
意思連絡 ………………………………… **233**
遺族 ……………………………………… 206
委託信任関係 …………………………… 122
委託物横領罪 …………………… 094, 122, 123
一故意犯説 ……………………………… **159**
一罪 ……………………………………… **241**
　科刑上—— …………………………… **242, 245**
　吸収—— …………………………… **245**, 060, 245
　狭義の包括—— ……………………… **243〜**
　構成要件上—— ……………………… **240, 242**

　単純—— ……………………………… **240, 242**
　包括—— …………………… **240, 242**, 060, 245
　本来的—— …………………………… **240〜**
一時の娯楽に供する物 ………………… 201
一事不再理効 …………………………… **248〜**
一事不再理の効力 ……………………… **241**
一部行為（ないし一部実行）の全部責任
　………………………………………… **229**
一部露出説 ……………………… **011**, 010〜
一厘事件 ………………………………… **030**
一項恐喝罪 ……………………………… 115
一項詐欺罪 ……………………………… 115
一身専属性 ……………………………… 085
一般化可能性 …………………………… 236, 245
一般情状 ………………………………… **252〜**
一般的違法性 …………………… **177〜, 206**, 202
一般法 …………………………………… 066, 124
一般予防 …… **018, 020, 025, 042〜, 054, 091,**
　　　　　 093, 122, 133, 142, 252〜
田舎芝居事例 …………………………… **210**
囲繞地 …………………………………… 077
違法・有責類型説 ……………………… **101**
違法行為 ………… **082〜, 089〜, 142, 196, 255**
違法状態 ………………………………… **175**
違法性 …………… **082〜, 100, 103, 135, 143,**
　　　　　　　 169〜, 196, 254〜
　一般的—— …………………… **177〜, 206**, 202
　可罰的—— …… **091, 154, 174〜, 175, 206**, 202
　形式的—— …………………………… **170, 173**
　刑法的—— …………………………… **174〜, 206**
　実質的—— …………………………… **171, 173**
違法性推定機能 ………………………… **085, 099**
違法性阻却事由 ………… **084〜, 099, 100, 103,**

　　　　　　　152〜, 169〜, 174〜,
　　　　194, 209, 254, 067, 206
　——に関する事実の錯誤 ………… **154〜**
　——の錯誤 ……………………… **209**
違法性の意識 ………………… **198, 202〜**
　——の可能性 ………………… **202〜, 211**
　——不要説 …………………………… **204**
違法性の質 ……………………………… **176**
違法性の阻却 …………………………… 242
違法相対性論 …………………………… 178
違法二元論 ……………………… **091, 135**
違法要素 ……………… **116, 143, 154, 196, 198**
違法類型 ………………… **084, 100, 103, 165**
違法論 …………………………… **093, 235**
意味の認識 ………… **145, 147, 158〜, 165**, 194
威力 ………………………………………… 216
威力業務妨害罪 ………………………… 216〜
因果関係 ………………… **104, 118〜, 144**
　——の錯誤 …………………… **155, 158**
　——の証明 …………………………… **123**
　——の断絶 …………………………… **121**
　法的—— ………………… **121〜, 122, 160**
因果的違法論 …………………… **094, 172**
因果的行為論 …………………………… **179**
淫行 …………………… **050, 051, 206**, 052
淫行勧誘罪 ……………………………… 193
印章 ……………………………… 169, 177
隠匿 ……………………… 097, 110, 113
隠避 …………………………………… 221〜
陰謀 …………………………………… **128**
隠滅 …………………………………… 223
飲料水に関する罪 ……………………… 164

う・え・お

ウィトゲンシュタイン ………………… 249
ウィニー事件 …………………………… **149**
疑わしきは被告人の利益に …………… **123**
英米法系 ………………………………… **061**
越境犯罪 ………………………………… **070**
応報 …………… **018〜, 022〜, 083, 091**

応報刑 ……………… **082, 083, 085, 194**
応報刑論 ……… **022〜, 025, 052, 086, 089,
　　　　092〜, 131, 195, 252**, 133
　絶対的—— ………………………… **024**
　相対的—— ………………… **024〜, 252**
往来危険罪 ……………………… 139, 162
往来の危険 ……………………… 139, 143
往来妨害罪 ……………………………… 040
往来を妨害する罪 ……………………… 164
横領罪 ………… 094, 096, 097, 103, 121〜
大阪南港事件 …………………………… **125**
汚職の罪 ……………………………… 226〜
お礼参り ………………………………… 220

か

概括的故意 …………………………… **146〜**
外患に関する罪 ………………………… 212
解釈 ……… **010, 037, 059〜, 097**, 003, 235
　拡張—— ………………… **060, 063〜**, 235
　刑罰法規の—— ………… **059〜**, 003, 235
　刑法の—— ……………………………… 235
　合憲限定—— ………………………… **051**
　縮小—— ……………………………… **060**
　反対—— ……………………………… **061**
　文理—— …………………… **060, 062**
　目的論的—— ………… **062〜**, 219, 235
　類推—— ………………… **047, 060, 063〜**
　歴史的—— …………………………… **062**
　論理的・体系的—— ………………… **062**
解釈の一般化可能性 …………………… **064**
解釈論 ……………………………………… **060**
拐取罪 ……………………………………… 069
蓋然性説 ………………………… **149, 151**
改善治療処分 …………………………… **195**
概念の相対性 …………………………… 070
解剖 ……………………………………… 206
解放減軽 ………………………………… 069
加害目的 ………………………………… 124
学者 ……………………………………… 249
学説 ……………………………………… 249

258

各則	075	
拡張解釈	060, 063〜, 235	
拡張的共犯論	231	
確定的故意	146, 151	
学派の争い	025, 086〜	
科刑上一罪	242, 245	
瑕疵ある意思	095, 097, 115	
過失	105, 107, 115, 143, 200, 204	
認識ある——	148〜	
認識なき——	148〜	
過失運転致死傷罪	008, 011, 253, 023, 036〜, 039	
過失往来危険罪	140	
過失行為	179	
過失傷害罪	022	
過失致死罪	040〜, 006〜, 022	
過失致死傷罪	036〜	
過失犯	115, 141, 148〜	
カジノ	185	
加重収賄罪	228	
加重単一刑主義	247	
過剰避難	175, 208	
過剰防衛	175, 208	
喝取	120	
仮定的消去法の公式	121	
可能的な自由	068〜	
可罰的違法行為	082〜, 090, 107, 142〜, 170	
可罰的違法性	091, 154, 174〜, 175, 206, 202	
可罰的刑法違反の認識	206	
可罰的行為	027〜	
可罰的責任	177, 196	
空ピストル事件	132	
監禁	066	
監禁罪	046, 066〜	
監禁致傷罪	028	
監護権	069	
監護者性交等罪	073	
監護者わいせつ罪	073	
慣習刑法の排除	045	

間接正犯 …… 213, 216, 223〜, 227, 231, 028, 248
間接正犯否認論 …… 227, 231
間接暴行 …… 218
間接領得罪 …… 097, 126
姦通罪 …… 193
姦通事例 …… 076, 081
観念的競合 …… 246〜, 217
官報 …… 068
管理可能性説 …… 089, 091

き

議員 …… 215
毀棄 …… 097, 113
毀棄罪 …… 088, 093〜, 110
危険運転致死傷罪 …… 008, 023, 038〜
危険概念 …… 143〜
危険結果 …… 118, 132, 144
危険故意 …… 140, 142
危険性 …… 137, 223
危険の現実化 …… 126
危険犯 …… 109, 127, 130〜
偽証罪 …… 225
偽証の罪 …… 225〜
既遂 …… 087, 117, 183, 153
既遂犯 …… 113, 118, 183
擬制 …… 099
帰責可能な不法 …… 255
キセル乗車 …… 118
偽造 …… 173, 178〜, 182, 223
偽造罪 …… 168
偽造私文書行使罪 …… 131
偽装心中 …… 056〜
起訴猶予 …… 177
期待可能性 …… 224〜
適法行為の—— …… 199, 208, 211
機能的一体性 …… 154
規範 …… 004, 056〜
——の名宛人 …… 057, 089, 091
行為—— …… 058〜, 061, 090〜, 122,

259

133, 147, 154, 158, 170, 173, 196, 132〜
裁判—— ……… 058〜, 061, 147, 158
規範意識 ……… 040, 082, 086, 174, 193, 196〜, 205, 208
規範的構成要件要素 ……… 107〜, 146, 194
規範的責任論 ……… 199, 200
器物損壊罪 ……… 162, 240, 244, 044, 092, 109〜, 113, 148, 161, 204, 246
義務の衝突 ……… 186
記名 ……… 177
欺罔行為 ……… 116
客体の錯誤 ……… 155, 158, 159
客観主義 ……… 087〜, 131, 133
客観説 ……… 134
客観的違法性論 ……… 171〜, 199
新しい—— ……… 172〜
客観的危険説 ……… 133, 135, 244
客観的処罰条件 ……… 079, 098, 141, 161
客観的未遂論 ……… 134
旧刑法 ……… 089
吸収一罪 ……… 245, 060, 245
吸収関係 ……… 245
旧派 ……… 025
急迫性 ……… 242
凶悪犯 ……… 095, 111
恐喝罪 ……… 065〜, 072, 095, 115〜, 120
恐喝利得罪 ……… 115
凶器準備結集罪 ……… 023
凶器準備集合罪 ……… 023
教唆 ……… 008, 221
教唆者 ……… 247〜
教唆犯 ……… 214〜, 223, 227, 231, 224〜, 248
行政刑法 ……… 141
強制執行 ……… 213
強制性交等罪 ……… 138, 070, 117
強制性交等致死傷罪 ……… 074
強制に基づく同意 ……… 054
強制わいせつ罪 ……… 046, 070〜, 075
強制わいせつ致死傷罪 ……… 074

共同正犯 ……… 123, 214〜, 229〜, 037
共謀—— ……… 218〜, 221, 233, 164, 248
片面的—— ……… 234
脅迫 ……… 034〜, 064〜, 072〜, 111, 120, 218〜
狭義の—— ……… 064
最狭義の—— ……… 112
脅迫罪 ……… 034〜, 064〜
脅迫による傷害 ……… 031
共罰的事後行為 ……… 111, 108
共犯 ……… 098, 114, 213〜, 226
——の従属性 ……… 008
任意的—— ……… 114, 216
必要的—— ……… 114, 213
身分犯の—— ……… 123
共犯従属性説 ……… 226
共犯独立性説 ……… 226, 228
共犯の実行従属性 ……… 248
共謀 ……… 221, 230, 233
共謀共同正犯 ……… 218〜, 221, 233, 164, 246
業務 ……… 038, 083, 123
業務上横領罪 ……… 123
業務上過失致死傷罪 ……… 022, 036〜
業務上堕胎罪 ……… 015
業務妨害罪 ……… 133〜
供用 ……… 171, 188
供用罪 ……… 185
強要罪 ……… 066
虚偽鑑定等罪 ……… 225
虚偽公文書作成等罪 ……… 184
——の間接正犯 ……… 184
虚偽診断書等作成罪 ……… 185
虚偽の陳述 ……… 226, 227
虚偽文書の作成 ……… 173, 178, 182, 185
極端従属性説 ……… 228〜
挙証責任 ……… 123
——の転換 ……… 037
挙動犯 ……… 090, 103, 108, 117, 119
緊急行為 ……… 180, 182, 186〜
緊急避難 ……… 180, 182, 186〜, 051, 246
禁止 ……… 056, 112, 171

禁止の錯誤	**202**	刑事制裁	**022**
近代学派	**025**	刑事責任	**049**
		刑事訴訟法	**071〜**, 005, 067
く		刑事未成年	**201〜**
偶然防衛	**183**, 247	刑事立法	**037**
具体的危険説	**133**, **135**, 144, 244	継続犯	**111**
具体的危険犯	**110**, 139〜, 144, 161	刑罰	**018〜**, **022〜**, 004
具体的事実の錯誤	**155〜**	刑罰拡張事由	**215**, 114〜
具体的符合説	**156〜**	刑罰権	**037**, **072**, **078〜**, 095, 097, 237
具体的法定符合説	**157**	刑罰法規	**005**, **056〜**, 061, 075, 091, 097〜,
クレジットカード	135		107, 147, 158, 160, 241
クロロホルム事件	**140**	——の時間的適用範囲	**066**
		——の適用	**066**, 234〜
け		——の内容の適正の原則	**049〜**
刑		——の場所的適用範囲	**069**
——の加重	**249〜**	——の明確性	193
——の加重事由	**247**, 249	——の明確性の原則	**045**, **206**, 048〜
——の軽重	**068**	白地——	**046**
——の減軽	**089**, 249	刑罰法規不遡及の原則	**047**, 066
——の減軽事由	**249**	刑罰論	**093**, 237
——の減軽の方法	**250**	軽犯罪法	**216**
——の任意的減軽事由	**089**	軽微犯罪	**177**, 203
——の廃止	**069**	刑法	**055**, **059**, 078
——の必要的減軽事由	**089**, 215	——の解釈	**059〜**, 235
——の必要的減免事由	**251**	——の基本原則	**037**
——の変更	**068**	——の謙抑性	**029**, **038**, 065
——の免除	**249**, **251**, 224	——の断片性	**032**
——の量定	**238**	——の適用	235〜
経過規定	**069**	——の補充性	**030〜**, 032
傾向犯	**115**	形式的意義における——	**056**
経済的用法	105	実質的意義における——	**056**
形式主義	172〜, 179, 187	刑法解釈の4原則	236
形式的意義の法律	**042**	刑法学	**016**, **075〜**, 078
形式的違法性	**170**, 173	刑法各論	**076**, 001, 238
形式的客観説	**133**, 134〜	刑法総論	**076**, 237
形式的個別財産説	121	刑法的違法性	**206**, 174〜
形式的真正	172〜, 176, 178〜, 185	刑法典	**055**, **075**, **087**, **089**, 104, 001
刑事国際法	**070**	刑法犯	087
刑事司法機関	**037**, 058〜	結果	**118**
刑事司法作用	220	結果的加重犯	**053**, **115**, **141**, 006〜, 022〜,

261

	024〜, 031, 034〜, 040〜,
	068, 074, 117
二重の―― ……………………… 036	
結果犯 **090, 103, 108, 117, 132**, 139, 144, 158	
結果不法 ……………………………… **091**	
結果無価値 **090, 092〜, 104, 135**, 011, 132	
結果無価値論 **088〜, 094, 116, 127, 131〜,**	
135, 143, 172, 175, 179, 180,	
184〜, 189, 199, 226	
結合犯 ………………… 095, 111, 207	
原因において自由な行為 ………… **203**	
厳格故意説 ………………………… **205**	
厳格な構成要件的符合説 ……… **160〜**	
研究者 ……………………………… 249	
健康 ………………………………… 021	
現在建造物 ………………………… 155	
検視 ……………………………… 207〜	
限時法 ……………………………… **069**	
現住建造物 ……………… 137, 153〜, 155〜	
現住建造物等放火罪 **240**, 059, 136〜, 148,	
150, 155〜, 160	
現住建造物放火罪 ……… **109, 227, 231**	
現住性 ……………………………… 155	
建造物 …………………… 077, 150〜	
――の一体性 ………………… 153〜	
建造物侵入罪 …………………… 074〜	
建造物損壊罪 ………… 051, 137, 148	
建造物等以外放火罪 …………… 161〜	
建造物等損壊罪 ………………… 111	
限定責任能力 ……………………… **201**	
限定説 ……………………………… 162	
憲法 ………………………………… **044**	
謙抑主義 ………………… **029, 038**, 065	
権利 ……………………………… 172	
権利者排除意思 …………………… 103〜	
権利窃盗 …………………………… 091	
牽連犯 ………… **247〜**, 078, 180, 205	

こ

故意 ……………… **075, 105, 107, 115, 141〜, 143,**

147〜, 150〜, 198, 199, 200,	
204, 205, 140, 163, 194, 222	
概括的―― ……………………… **146〜**	
確定的―― ………………… **146, 151**	
択一的―― ……………………… **147〜**	
不確定的―― …………… **146, 148**	
未必の―― ……………… **155, 146〜**	
故意規制機能 …………………… **099, 142**	
故意行為 …………………………… **179**	
故意説 …………………………… **205, 209**	
故意犯 ……………………………… **115**	
故意犯処罰の原則 ………………… **141**	
行為 ……… **038〜, 077, 094, 102, 189, 196**	
――の客体 ……………………… 105	
――の主体 ……………………… 104	
――の状況 ……………………… 105	
――の属性 ……………………… 202	
行為規範 …… **058〜, 061, 090〜, 122, 133, 147,**	
154, 158, 170, 173, 196, 132〜	
行為共同説 ……………………… **232**	
行為刑法 …………………… **038〜**, 133	
行為支配 ………………………… **217**	
行為支配説 ……………………… **222〜**	
行為時法 ………………………… **068**	
行為者 …………………………… 104	
行為者主義 ……………………… **025**	
行為者の計画 …………………… **140**	
行為者の属性 …………………… 202	
行為者標準説 …………………… **210**	
行為主義 ………………………… **025**	
行為責任論 ……………………… **195**	
行為能力 ………………………… **196**	
行為不法 ………………………… **091**	
行為無価値 … **090〜, 092〜, 104, 135**, 011, 132	
行為無価値一元論 ……………… **092**	
行為無価値論 ……… **088〜, 116, 127, 131〜,**	
135, 173〜, 179, 180,	
183〜, 189, 235, 226	
行為論 …………………………… **179**	
公営ギャンブル ………………… 191	

公益 ················· 004
強姦 ················· 071
公共危険罪 ················· 145, 147
公共危険犯 ················· 145, 147, 164
公共の危険 ··········· **110**, 149, 158, 160, 161〜
公共の信用 ················· 131〜
拘禁中逃走した者 ················· 221
合憲限定解釈 ················· **051**
行使 ················· 180〜
——の目的 ··········· **106, 115, 225**, 184
行使罪 ················· 185
公正証書原本等不実記載罪 ················· 184
公正証書の原本 ················· 184
構成要件 ··········· **083〜, 095〜, 117〜, 157,**
　　　　164, 216, 235, 241, 243
——の実質的な重なり合い ··········· **163〜**
——の保障的機能 ················· **099**
基本的—— ················· **114**
修正された—— ··········· **098, 114〜, 118,**
　　　　130, 139, 215
構成要件該当行為 ················· **222**, 238
構成要件該当事実 ················· **098**
構成要件該当性 ················· **170**
構成要件上一罪 ················· **240, 242**
構成要件的錯誤 ················· **154〜**
構成要件標準説 ················· **239**
構成要件要素 ··········· **102〜, 113, 119, 143,**
　　　　144, 225, 235
書かれざる—— ··········· **098**, 104, 214
記述されない—— ··········· **098**, 104, 214
記述的—— ················· **107〜**
規範的—— ··········· **107〜, 146**, 194
客観的—— ················· **105**
主観的—— ················· **105, 115**
公然（と） ················· 070, 195, 204
公然陳列 ················· 196, 197
公然わいせつ罪 ············· 059, 192, 194〜, 199
交通業過 ················· 039
公電磁的記録 ················· 184, 188
強盗・強制性交等罪 ················· 117

強盗・強制性交等致死罪 ················· 117
強盗罪 ··········· **120**, 072, 095, 111〜
強盗殺人 ················· 117
強盗殺人罪 ················· 029
行動準則 ··········· **004, 057〜, 090, 122,**
　　　　133, 170, 132〜
強盗傷人 ················· 117
強盗致死罪 ················· 117
強盗致死傷罪 ················· 117
強盗致傷罪 ················· 031, 032, 117
強盗的恐喝 ················· 093
強盗の機会 ················· 117
行動の自由 ················· 066〜
強盗利得罪 ················· 114
公図画 ················· 184
公布 ················· **068**
交付 ················· 118〜
交付行為 ················· 240
交付罪 ················· 095
公文書 ··········· 131, 170, 173, 183, 184, 215
公文書偽造罪 ··········· **158**, 184
合法則的条件公式 ················· **121**
公務 ················· 214
公務員 ················· 215, 226
公務執行妨害罪 ··········· 136, 213〜
公務所の記号（公記号） ················· 169
公務所の署名（公署名） ················· 169
公務の執行を妨害する罪 ················· 213
効用侵害説 ················· 113
公用文書毀棄罪 ················· 181
公用文書等毀棄罪 ················· 111
国外犯 ················· **070**
国際刑事裁判所 ··········· **070**, 211
国際刑法 ················· **069**
告訴 ················· **079**
個人的法益 ··········· **028, 188**, 004, 009, 017,
　　　　044, 059, 061, 075, 085,
　　　　127, 148, 151, 204
誤想避難 ················· **209**
誤想防衛 ················· **209**

263

国家	211
——の作用	211〜
——の存立	211〜
国家的法益	**028, 188,** 004, 009, 129, 211
国家標準説	**212**
国交に関する罪	212
古典学派	**025**
コピーの偽造	183
個別行為責任	**255**
個別行為責任論	**195**
個別財産に対する罪	097, 121
混合的方法	**201**
昏酔強盗罪	030, 117
コンピュータウイルス	135, 172
コンピュータ犯罪	118

さ

罪刑均衡	**026**
罪刑専断主義	**042**
罪刑法定主義	**042〜, 054, 063, 083, 093, 098, 107, 113, 136, 142, 207, 231, 253,** 101, 193, 236
罪刑法定主義的機能	**099**
財産	044, 085〜
財産刑	004
財産上の利益	030, 087, 088〜, 114〜, 201
財産的処分行為	118〜, 120
財産的損害	121, 125
財産犯	085〜
——の保護法益	095
罪質符合説	**166**
罪数	**239,** 062, 180
裁判員裁判	**253**
裁判規範	**058〜, 061, 147, 158**
裁判時法	**068**
裁判上の減軽事由	**249**
再犯の危険性	**254**
財物	087, 088〜, 114, 201, 238
他人の——	096, 101

財物罪	097
債務不履行	092
罪名従属性	**229, 231, 235**
詐欺罪	095, 115〜, 121, 201, 240
詐欺利得罪	115
作為	**102, 112**
作為犯	**112**
錯誤	**141〜, 150〜,** 060
あてはめの——	**145, 205,** 194
違法性阻却事由の——	**209**
違法性の——	**145, 152〜, 202〜, 209**
因果関係の——	**155, 158**
客体の——	**155, 158, 159**
具体的事実の——	**155〜**
構成要件的——	**154〜**
異なった構成要件にまたがる——	155
事実の——	**152〜, 202, 209**
打撃の——	**155**
抽象的事実の——	**155, 157〜**
同一構成要件内の——	**155〜**
動機の——	056〜
法益関係的——	056〜
包摂の——	**145**
方法の——	**155, 158, 159**
法律の——	**145, 152〜, 202**
錯誤に基づく同意	055
錯誤論	**150**
作成者	175, 179, 186
作成名義人	168, 170〜, 175〜, 183, 186
作成名義の冒用	175, 178
酒酔い運転の罪	038
殺人罪	**009, 019, 057〜, 117, 139, 240,** 006, 030, 054〜, 244〜
殺人予備	**134**
殺人予備罪	007
猿払事件	**046**
三角詐欺	240
三徴候説	015

し

自救行為 ……………… **186〜**, 101
施行 …………………………… **068**
自己決定 ……………………… 043〜
自己決定権 …… **182, 190〜**, 011, 017, 049, 207
事後強盗 ……………………… 032
事後強盗罪 …………………… 117
事後従犯 ……………………… 127
自己所有非現住建造物等放火罪 … 157, 161〜
自己の犯罪 …………………… **233**
自己予備行為 ………………… **131**
自殺 …………… **191, 220**, 007, 011, 044
自殺関与罪 …… **191**, 007〜, 011, 044, 047
自殺教唆 ……………………… 008
自殺教唆罪 …………………… **220**
自殺幇助 ……………………… 008
事実共同説 …………………… **232**
事実証明に関する文書 ……… 181
事実証明に関する文書・図画 … 174
事実認定 ……………… **072**, 234
事実の錯誤 ……… **152〜**, 202, **209**
自手犯 ………………………… 225
自然人 ………………………… **104**
自損行為 ……………………… 043〜
死体遺棄 ……………………… 205
死体損壊 ……………………… 205
死体損壊罪 …………………… **184**
死体損壊等罪 ………………… 205
失火罪 ………………………… 161
実現意思説 …………………… **151**
実行行為 …… **102, 216, 218, 222, 231**
実行行為者 …………………… 247〜
実行行為性 …………………… **203**
実行従属性 …………… **226, 231**
実行の着手 …… **130, 133〜**, 008, 073,
　　　　　　　　　　112, 116, 158
実行未遂 ……………………… **130**
実質主義 ……………………… 172〜
実質的違法性 ………… **171, 173**
実質的客観説 ………… **132, 136〜**

実体的デュー・プロセスの理論 ……… **049〜**
実体法 ……………… **044〜, 072**, 203
実務家 ………………………… 249
私電磁的記録 ………………… 188
児童買春罪 …………………… 073
児童買春・児童ポルノ処罰法 ……… 052, 208
自動車の運転により人を死傷させる行為
　　等の処罰に関する法律 ……… **008**, 041
児童福祉法 …………………… 052, 073
児童ポルノ …………………… 208
　　——の所持・保管 ………… 208
支配型の共謀共同正犯 ……… **233**
支払用カード ………………… 171
私文書 ……………… 131, 170, 173, 183
私文書偽造罪 ……… **106, 145, 158**, 131,
　　　　　　　　　　176, 181〜, 185
死亡 …………………………… 015
司法国家 ……………………… **049**
司法作用に対する罪 ………… 219〜
社会規範 ……… **004〜, 022, 029**
社会的活動の主体 …………… 063, 083
社会的行為論 ………………… **179**
社会的責任論 ………………… **195**
社会的相当性説 ……………… **181**
社会的存在 …………………… 063, 083
社会的法益 …… **028, 188**, 004, 009, 059,
　　　　　　　　074, 127, 129, 149,
　　　　　　　　151, 168, 200, 204
社会倫理説 …………………… **181**
酌量減軽 ……… **249**, 249, 032, 160
自由 ……………………… 044, 061〜
自由意思 ……………………… **197**
重過失致死傷罪 ……………… 022, 036〜
住居 …………………………… 077
住居権 ………………………… 081
住居権説 ……………………… 076, 077〜
住居侵入罪 … 044, 054, 057, 074〜, 156
自由刑 ………………………… 004
集合犯 ………………… **114, 213**
重婚罪 ………………………… 193

265

自由主義	**042**	証拠方法	223
従属性	**226**	常習者	202
自由に対する罪	062〜	常習賭博罪	202
従犯	**214**	詔書偽造罪	182
終了未遂	**130**	使用窃盗	104
収賄罪	226〜	焼損	150, 158, 159〜
主観主義	**087〜, 131, 134, 228**	状態犯	**110**
主観説	**134**	承諾殺人	008
主観的違法性論	**171**	証人等威迫罪	220
主観的違法要素	**134**, 103	証人等買収罪	225
主観的正当化要素	**183**, 246	少年法	**048**
主観的未遂論	**131**	私用文書等毀棄罪	111
縮小解釈	**060**	証明手段	167〜
主刑	**238**	省略文書	169
受託収賄罪	228〜	条例	**046**
出産開始説	012	職員	215
出水の罪	147, 164	嘱託殺人	008
出生	**011**, 009	植物状態	016
守秘義務	**064**	職務	214
準強制性交等罪	073	——の公正	227〜
準強制わいせつ罪	073	——の純粋性	227
準強盗罪	117	——の不可買収性	227〜
純粋性	227	職務関連性（職務に関し）	229
純粋性説	228〜	職務強要罪	214
準備罪	**131**	職務権限	230〜
傷害	024〜, 113	一般的（抽象的）——	230〜
軽微な——	031	職務行為	229
傷害現場助勢罪	023	職務執行の適法性	214
傷害罪	**090, 117〜, 216, 222**, 021〜, 024〜, 033〜, 047〜, 053, 214, 242	職務密接関連行為	230
傷害致死罪	**053**, 006〜, 022, 035〜	職務を執行するに当たり	216〜
障害未遂	**251**	所在国外移送目的略取誘拐罪	070
焼燬	159	所持	088
情況証拠	**150**	所持説	099〜
消極的構成要件要素の理論	**103**	処断刑	**238, 246〜, 249**
条件関係	**120, 123, 124**	処罰条件	**110**
条件説	**124**	処罰阻却事由	**079, 110, 141**
証拠	**039**, 167, 223	処罰の早期化	133, 135, 165
証拠隠滅等罪	**101, 208**, 220〜	処罰の対象	**086, 096**, 238
証拠裁判主義	**072**	処分意思必要説	119
		処分行為	118〜, 240

署名 ································ 169, 177	数人数罪 ····························· **232**
所有権 ········· 096〜, 107, 122, 123, 151, 238	ストリップショー ················ 191, 199
白地刑罰法規 ························· **046**	
自力救済 ··························· 101	**せ**
事例 ······························· 234	生育可能性 ························· 013
侵害結果 ······················ **118, 132**	性格責任論 ····················· **195, 255**
侵害故意 ··························· 142	性格の危険性 ······················ **195**
侵害の予期 ·························· 242	正義 ····························· **015**
侵害犯 ······················· 127, 130, 144	正義の女神 ··················· **015, 034**
人格形成責任論 ····················· **255**	制御能力 ····················· **201, 211**
人格の同一性のそご ····· 175, 178, 182, 186	制限故意説 ························· **205**
人工呼吸器 ························· 207	制限従属性説 ······················ **228**
親告罪 ····················· **079**, 070, 110	性交等 ····························· 071
信書開封罪 ························· 079	制裁 ························· **021〜, 029**
心神耗弱 ························· **201〜**	制裁規範 ·························· **058**
心神喪失 ···················· **201〜**, 242	政策説 ····························· **251**
人身売買罪 ························· 069	青少年保護育成条例 ··········· 053, 073
真正不作為犯 ······················ **112**	精神障害 ························· 026〜
真正身分犯 ·················· 123, 184, 225	精神の変性 ························· **201**
親族による犯罪に関する特例 ········ 224	精神病 ····························· **201**
身体 ························ 021〜, 045	請託 ····························· 228〜
陣痛開始説 ························· 012	性的意図 ··························· 075
心的外傷後ストレス障害 ············ 027	性的自己決定 ······················ 192
人的不法 ··························· **091**	性的自己決定権 ················ 070, 191
侵入 ····························· 077〜	性的自由 ··············· 070, 075, 190, 192
新派 ····························· **025**	正当化事由 ··············· **084, 100, 194**
審判作用 ··························· 225	正当業務行為 ················· **182, 185**
信用 ····························· 083	正当行為 ····················· **180〜, 182〜**
信用毀損罪 ························· 133〜	正当防衛 ··········· **084, 177〜, 180, 182,**
信頼保護説 ···················· 229, 231	**186〜, 209**, 215, 242
心理学的方法 ······················ **201**	正犯 ····················· **103, 114, 213〜**
心理学的要素 ······················ **201**	——の概念 ··············· **203, 220〜**
心理強制説 ··················· **021〜, 043**	間接—— ··················· 028, 248
心理的（無形的）幇助 ········· **214**, 008	直接—— ························· **216**
心理的責任論 ···················· **198〜**	正犯意思 ··························· **233**
	正犯行為 ··························· **222**
す	性犯罪 ····························· 070
推定的同意 ···················· 051〜, 055	性犯罪処罰規定 ···················· **079**
数故意犯説 ························· **159**	正犯性 ····························· **203**
数人一罪 ··························· **232**	性表現の規制 ······················ 208

267

生物学的方法 …………………… **201**
生物学的要素 …………………… **201**
成文法 ……………………………… **044**
成文法主義 ………………………… **061**
生命 ……………………… 006〜, **044**
生命刑 …………………………… 004
生命保続可能性 ………………… 013
生理的機能障害説 ……………… 024
政令 ……………………………… **045**
世界主義 ………………………… **070**
責任 ………… **023, 040, 052〜, 082, 085, 143,**
　　　　174, 193〜, 252, 254〜, 242
　——の種類 ……………………… **199**
　——の前提 ……………………… **199, 200**
　可罰的—— …………………… **177, 196**
責任主義 ……… **026, 052〜, 141, 153,**
　　　　194, 203, 252, 253
責任説 ………… **198, 204, 206, 209**
責任阻却事由 …………………… **254**
責任能力 ……… **040, 200〜, 204, 211**
　——の存在時期 ………………… **203**
責任無能力 ……………………… **201**
責任要素 … **116, 143, 198〜, 204, 211**
説教等妨害罪 …………………… 204〜
積極的加害意思 ………………… 242
窃取 ……………………………… 107
接続犯 …………………………… **243**
絶対的応報刑論 ………………… **024**
絶対的軽微性 …………………… **176〜**
絶対的不確定刑の禁止 ………… **047**
絶対不確定法定刑の禁止 ……… **047**
窃盗罪 ……… **110〜, 161〜, 244,** 003, 087,
　　　　092, 095, 096〜, 107〜,
　　　　109〜, 236, 240
宣告刑 ………………… **048, 238, 249**
全体財産に対する罪 …… 097, 121, 125
全部露出説 ……………………… 010〜
占有 ……………… 088, 094, 096〜, 107, 109,
　　　　118, 123, 125, 238〜
占有侵害 ………………………… 094

占有説 …………………………… 099〜
占有補助者 ……………………… 240
占有離脱物 ……………………… 239
占有離脱物横領罪 ……………… **161,** 122

そ

臓器移植法 …………… **184,** 019, 206〜
総則 ……………………………… **075**
相対的応報刑論 ………… **024〜, 252**
相対的軽微性 …………………… **176〜**
相対的非決定論 ………………… **197**
相対的不確定刑 ………………… **048**
相対的不定期刑 ………………… **048**
相対的わいせつ文書 …………… 195
相当因果関係 …………………… **124〜**
相当因果関係説 ………………… **129**
相当性 …………………………… **124**
蔵匿 ……………………………… 221
贓物罪 …………………………… 126
騒乱の罪 ………………………… 164
贈賄罪 …………………………… 226〜
遡及処罰の禁止 ………… **047, 066**
即時犯 …………………………… **110**
属人主義 ………………………… **070**
即成犯 …………………………… **110**
属地主義 ………………………… 198
組織的犯罪処罰法（組織的な犯罪の処罰
　及び犯罪収益の規制等に関する法律）
　………………… 062, 135, 220
組織犯罪 ………………………… 221
訴訟法 …………………………… **072**
ソフィスト ……………………… **018**
損壊 ……………………………… 113
尊厳死 …………………………… 049

た

タートベシュタント …………… **097**
体系 ……………………………… **080〜**
対向犯 …………………………… **213**
第五柏島丸事件 ………………… **210**

胎児	012〜
大脳	016
代表名義	176
対物防衛	**175**
逮捕	066
逮捕・勾留	067
逮捕監禁致死傷罪	068
逮捕罪	066〜
大陸法系	**061**
代理名義	176
宝くじ	203
瀧川幸辰	124
択一関係	**245**
択一的競合	**123**
択一的故意	**147〜**
多衆犯	**114, 213**
堕胎	012
堕胎罪	010, 013
奪取罪	094〜, 097, 103, 107, 115, 122
他人所有建造物等以外放火罪	161, 163
他人予備行為	**131**
短期	**027**
単純遺棄罪	142
単純一罪	**240, 242**
単純横領罪	122〜, 123
単純行為犯	**090, 108**
単純収賄罪	228〜
単純数罪	**246**
単純賭博罪	202
団藤重光	**004, 035, 197**
単独正犯	**114, 213, 216**
単独犯	**213**

ち

痴漢行為	071
着手未遂	**130**
チャタレイ事件	**145**, 147, 193, 195
中止犯	**251**
中止未遂	160
抽象的危険犯	**109, 173**, 130〜, 139〜,

	142, 149, 158, 214, 220
抽象的事実の錯誤	**155, 157〜**
抽象的符合説	**161〜**
抽象的法定符合説	**157**
長期	**027, 068**
超法規的違法性阻却事由	**185**
狭義の――	**185〜**
直接正犯	**216**
直接領得罪	097
治療行為	055
治療行為傷害説	025
治療行為非傷害説	025
賃借権	099
陳列	196

つ・て

追求権説	126
追及効	**069**
通貨及証券模造取締法	**204**
罪を犯した者	221〜
邸宅	077
手書きの写し	183
適正手続	**045**
手続法	**045**, 203
デュー・プロセス	**045**
テロ等準備罪	135
電気	089, 091
電気窃盗事件	**067**, 091
電気通信事業法	079
電子計算機使用詐欺	092
電子計算機使用詐欺罪	118
電磁的記録	171, 185, 188, 196, 199
電磁的記録毀棄罪	188
電磁的記録に係る記録媒体	196〜
電磁的公正証書原本	185
点の理論	**255**
添付ファイル	196, 199

と

ドイツ刑法	047, 093

同意殺人罪 … **191**, 007〜, 044, 047, 053, 244〜
同意傷害 … **191**, 045, 048〜
同意傷害不可罰説 … 053
同一構成要件内の錯誤 … **155**〜
同意能力 … **190**, 052〜, 073
同意の存否に関する錯誤 … 060
同意の認識 … **183**
動機説 … **151**
道義的責任論 … **195**
同時傷害の特例 … **230**, 037
同時犯 … **230**, 037
盗取罪 … 095, 111
道徳 … **005, 031, 090, 206**, 050
道徳的秩序 … 070
当罰的行為 … **027**〜
盗犯等ノ防止及処分ニ関スル法律 … **208**
盗品等に関する罪 … 097, 126〜
盗品有償譲受け罪 … 126
動物傷害罪 … 113
道路交通法（道交法） … 038〜
図画 … 171
徳島市公安条例事件 … **050**
特殊開錠用具の所持の禁止等に関する法律 … 135
特定委任 … **046**
特別関係 … **245**, 021
特別刑法 … **055, 075, 104, 141, 216**, 002, 021, 062, 065, 135, 147
特別背任罪 … 124
特別法 … 066, 124
特別予防 … **018, 020, 025, 048, 195, 252**〜, **254**
独立教唆罪 … **226**
独立燃焼説 … 160〜
賭博 … 200
賭博・富くじに関する罪 … 191
賭博罪 … 200〜
賭博場開張図利罪 … 202
富くじ … 192, 202
富くじ罪 … 200〜
富くじ授受罪 … 203

富くじ取次ぎ罪 … 203
富くじ発売罪 … 203
トラフィッキング … 069
図利目的 … 124

な・に・の

内乱に関する罪 … 212
成り済まし … 179, 186
二項恐喝罪 … 115
二項強盗罪 … 029, 093, 114
二項詐欺罪 … 115, 118〜
二項犯罪 … 090, 115
日本国内 … **070**
任意的共犯 … **114, 216**
任意的減軽事由 … **249**
認識ある過失 … **148**〜
認識説 … **148**
認識なき過失 … **148**〜
認識必要説 … 163〜
認識不要説 … 163〜
認証文言 … 183
認知件数 … 087
認容説 … **148**〜, **149, 151**
脳幹 … 016
脳死 … 019, 207
脳死説 … 016, 019, 207
脳死選択説 … 019

は

背任 … 121
背任罪 … 097, 124〜
博徒結合図利罪 … 202
爆発物取締罰則 … 165
場所的移動の自由 … 066〜
パターナリズム … 050
罰金 … 126
罰条 … **241, 243**
幅の理論 … **255**
犯罪 … **026**〜, **077**
──の競合 … **239**, 180

270

——の個数	**239**
——の成立	**079**, 005, 203
——の本質	**085**〜, **130**, **135**
犯罪共同説	**232**
犯罪個別化機能	**107**
犯罪収益等隠匿・収受罪	220
犯罪地	198
犯罪徴表説	**087**
犯罪人引渡し	**071**〜
犯罪白書	087
犯罪論	**077**〜, **237**
——の体系	**081**, 241
犯情	**252**〜
反対解釈	**061**
犯人隠避罪	222
犯人蔵匿等罪	**208**, 220〜
犯人庇護	220
犯人庇護罪	127
頒布	196, 199
判例	**047**, **065**〜, **126**, **204**, **219**, **233**
判例変更	**207**
判例法	**219**
判例法主義	**061**

ひ

PTSD	027〜
被害者の承諾	**188**, 046
被害者の同意	**184**, **188**〜, 025, 043〜, 073, 151, 244
被害者のない犯罪	191
比較法	237
非現住建造物	153〜
非現住建造物等放火罪	060, 137, 150, 156〜
非現住建造物放火罪	**227**, **231**
非限定説	162
微罪処分	**177**
非親告罪	070, 110
ひったくり	113
必要的共犯	**114**, **213**
必要的減軽事由	**249**

必要的併科	126
人	**011**, 009
——の始期	009
——の終期	015
人質強要罪	065
人質による強要行為等の処罰に関する法律	**033**, 065
人の看守する	077
非難	**022**〜, **083**, **193**
避難の意思	**183**, 246
非犯罪化	191
秘密漏示罪	079
百円札模造事件	**204**
びょう打ち銃事件	**156**
評価規範	**057**, **172**
評価的機能	**058**
表現の自由	195
表現犯	**115**
平野龍一	**030**, **031**, **035**, **042**, **197**

ふ

ファックス書面	183
ファックス送信	196, 199
風俗	070, 189
風俗犯	189〜
フォイエルバッハ	**021**, **042**〜
不確定的故意	**146**, **148**
付加刑	**238**
不可罰的事後行為	**111**, **244**, 015, 108
福岡県青少年保護育成条例事件	**050**
不作為	**041**, **102**, **112**, 158, 206〜
不作為による放火	159
不作為犯	**041**, **112**〜, 074
不真正不作為犯	**112**, 206〜
不真正身分犯	**105**, 123
不正アクセス禁止法	079
不正競争防止法	092
不正作出	171, 188
不退去罪	074, 080
物的違法論	**172**

物的不法 ……………………… **091**
物理的（有形的）幇助 ……… **214**, 008
物理的一体性 …………………… 153
物理力 …………………………… 026
不定期刑 ……………………… **048**
不動産 …………………………… 090
不燃性・難燃性建造物 ……… 155, 160
不能犯 ……………… **102, 132, 135**
部分的犯罪共同説 …………… **234～**
不文法 ………………………… **044**
不法領得の意思 …… 098, 103～, 108
プライバシー …………………… 079
不倫事例 ………………… 076, 081
プロタゴラス ………… **022, 017～**
文書 ……………… 131, 167～, 168～
文書偽造罪 ………… 059, 131, 167～
分担型の共謀共同正犯 ……… **233**
墳墓発掘罪 ……………………… 205
墳墓発掘死体損壊等罪 ………… 207
文理解釈 ……………… **060, 062**

へ

平安神宮 ………………………… 154
平穏侵害説 …………………… 078～
平穏説 ………………… 076, 078～
併科主義 ……………………… **247**
平均人標準説 ………………… **210**
併合罪 ………………… **246**, 205
米兵ひき逃げ事件 …………… **126**
ベーリング …………………… **097**
ベッカリーア ………………… **049**
遍在説 ………………… **071**, 198
弁識能力 ……… **201, 204, 211**
変死者密葬罪 …………………… 207
騙取 …………………………… 116
変造 ………… 173, 178～, 182, 223
片面的共同正犯 ……………… **234**
片面的従犯 …………………… **234**
片面的対向犯 ………………… **213**

ほ

保安処分 ……………………… **195**
法 …………………… **004～, 044**
　――の理念 ………………… **015**
防衛の意思 …………………… **183**
法益 ………… **027～, 063, 082～, 105,**
　　　　　110, 165～, 170, 002～
法益概念 ……………………… **031**
法益関係的錯誤 ……………… 056～
　――の理論 …………………… 079
法益危険行為 ………………… **100**, 238
法益均衡 ……………………… **188**
法益衡量説 …………………… **181**
法益侵害行為 …………………… 238
法益保護の原則 …… **038, 031～**
法解釈学 ……………… **010, 076**
放火行為 ………………………… 158
放火罪 ………………… 059, 147～
包括一罪 … **240, 242**, 060, 245
　狭義の―― ………………… **243～**
法系 …………………………… **061**
法圏 …………………………… **061**
法源 ………………… **044, 066**
暴行 …… 025～, 032～, 072～, 111, 120, 218～
　狭義の―― ………………… 026, 033
　広義の―― …………………… 218
　最狭義の―― ………………… 112
暴行罪 ……………… **117, 119**, 022, 026～,
　　　　　032～, 203, 214, 242
幇助 ……………………………… 008
　心理的（無形的）―― ……… **214**
　物理的（有形的）―― ……… **214**
法条競合 … **242, 245**, 021, 066, 124, 148, 217
幇助者 ………………………… 247～
幇助犯 ………… **231, 214～**, 248
法人 ………………… **104**, 063
包摂の錯誤 …………………… **145**
法定刑 …… **048, 214, 238, 249**, 068
法定的符合説 ………… **156～, 162～**
法定手続の保障 ……………… **045**

法的因果関係 ………… **120, 121〜, 160**	
法的支配 ……………………… 125	
法的制裁 ………………… **022, 029**	
法的責任論 …………………… **196**	
法の非難 ……………………… **196**	
法の解釈 ………………… **010, 060〜**	
方法の錯誤 …………… **155, 158, 159**	
法律 ………………………… **042**	
法律学 …………………… **009〜**	
法律効果 ………… **005, 056, 097**	
法律主義 …………………… **045**	
法律上の減軽事由 …………… 249	
法律説 …………………… **251**	
法律なければ刑罰なし ……… **042〜**	
法律の委任 …………………… **045**	
法律の錯誤 ………… **145, 152〜, 202**	
法律要件 ………… **005, 056, 097**	
法令行為 ……… **182, 184, 204, 206**	
法令審査権 …………………… **049**	
保護監督権 …………………… 069	
保護主義 ……………………… **070**	
保護責任者遺棄罪 …………… 142	
保護責任者遺棄致死罪 ……… 015	
保護の客体 ………………… **105, 002**	
補充関係 ……………………… **245**	
補充性 ……………………… **188**	
保証者説 ……………………… **113**	
保証者的地位 ………………… **113**	
母体保護法 …………………… 014	
没収 ……………………… **238**	
堀越事件 ……………………… **047**	
本権 ……………………… 099	
本権説 …………………… 099〜	
本犯者 ………………………… 126	
本来的一罪 ………………… **240〜**	

ま・み

マネーロンダリング罪 ……… 220	
身代わり ……………………… 221	
未遂 ………… **183**, 007, 008, 073, 110, 111,	

125, 149, 153, 158, 180, 185	
実行—— …………………… **130**	
終了—— …………………… **130**	
障害—— …………………… **251**	
着手—— …………………… **130**	
中止—— …………………… 160	
未遂犯 …… **087, 089, 098, 113, 115, 118〜,**	
128〜, 183, 226, 143〜, 244	
未成年者略取誘拐罪 ………… 070	
みなし規定 ……………… 099, 101	
みなし公務員 …………… 215, 226〜	
身の代金目的略取誘拐罪 …… 069	
未必の故意 …………… **146〜, 155**	
身分のない故意ある道具 …… **226**	
身分犯 …………………… **104, 225**	
加減的—— ………………… **105**	
構成的—— ………………… **105**	
民営化 ………………………… 231	
民事責任 ……………………… **049**	
民主主義 ………… **042, 047, 050, 064**	

む・め・も

無形偽造 ………… 178, 182, 185, 186, 188	
無形的幇助 ………………… **214, 008**	
無印 ………………………… 185	
無印公文書偽造罪 …………… 184	
無印文書 ………………… 169, 177	
無体物 …………………… 196, 199	
名義人の承諾 ……………… 186〜	
名義人の同意 ………………… 059	
名誉 ……………………… 079, 083	
名誉毀損罪 ……………… 079, 133	
命令 ……………… **056, 112, 171**	
命令説 ……………………… **171**	
迷惑行為防止条例 …………… 071	
目的刑論 ………… **025, 086, 195, 252**	
目的説 ……………………… **181**	
目的的行為論 ………………… **179**	
目的のない故意ある道具 …… **226**	
目的犯 …………… **106, 115, 131, 134,**	

273

225, 173, 184, 214

目的論的解釈 ……………… **062〜**, 219, 235

黙秘権 ……………………………… 225

物 …………………………………… 088〜

モンテスキュー …………………… **049**

や・ゆ・よ

薬物犯罪 …………………………… 221

やわらかな（ソフトな）決定論 … **197**

やわらかな違法一元論 …………… **178**

有印 ………………… 181, 183, 185

有印公文書偽造罪 ………………… 184

有印文書 …………………… 169, 177

優越的利益説 ………………… **181, 189**

誘拐 ………………………………… 069

有害図書 …………………………… 208

有形偽造 …………… 178, 182, 185, 186

有形的幇助 ……………………… **214**, 008

有形変造 …………………………… 185

有形力 ………………………… 026, 029〜

有責行為 …………………………… **083**

有責性 …… **083〜**, 101, 174, **193〜**, **196〜**, 242

有体性説 …………………… 089, 091

有体物 ……………………… 196, 199

要素従属性 …………………… **228, 231**

四畳半襖の下張事件 ……… 194, 195

予備 …… **128, 134**, 023, 069, 112, 133, 149, 158

予備罪 ……… **130〜**, **132**, **173**, 133

り・る・れ・ろ

リーガル・マインド ……………… **013**

利益強盗 …………………………… 114

利益衡量説 …………………… **181**, 195

利益罪 ……………………… 090, 114

利益窃盗 …………………… 091, 114, 117

離隔犯 ……………………………… **138**

立法 ……………………… **037, 042〜**

立法論 ……………………………… **060**

利得罪 ……………………… 090, 097, 114

略取 ………………………………… 069

略取誘拐罪 ………………………… 069

量刑 ………………… **238, 251〜**, 234

量刑事情 …………………………… **253〜**

量刑相場 …………………………… **253**

利用処分意思 ……………………… 103〜

領得罪 …………… 087, 093〜, 097, 103, 107, 110, 115, 122〜

両罰規定 …………………………… **104**

倫理 ………… **031, 090, 206**, 050

類推解釈 ……………… **047, 060, 063〜**

──の禁止 ………… **047, 063**, 236

類推適用 …………………… **047, 063**

礼拝所および墳墓に関する罪 …… 190, 204〜

礼拝所不敬罪 ……………………… 204〜

歴史的解釈 ………………………… **062**

ロクシン …………………… **217**, 201

論理的・体系的解釈 ……………… **062**

わ

わいせつ …………………… 070, 192

わいせつ図画 ……………………… 196

わいせつな記録媒体 ……………… 196

わいせつな行為 …………………… 070

わいせつの罪 ……………… 190〜, 192

わいせつ物 ………………… 196, 208

わいせつ物頒布等罪 …… 192, 195, 199

わいせつ文書 ……………………… 196

賄賂 ………………………………… 229

賄賂の罪 …………………… 215, 226〜

Introductory Lectures in Criminal Law : General Part

判例索引

＊　太字…入門刑法学・総論（本書）より　　細字…入門刑法学・各論（姉妹編）より

○　大審院

大判明治 36・5・21 刑録 9 輯 874 頁（電気窃盗事件）･･････････････････ **067**, 091

大判明治 43・10・11 刑録 16 輯 1620 頁（一厘事件）････････････････････ **030**

大判明治 44・2・27 刑録 17 輯 197 頁 ････････････････････････････････ **067**

大判明治 45・6・20 刑録 18 輯 896 頁 ････････････････････････････････ 026

大判大正 4・5・21 刑録 21 輯 670 頁 ･･････････････････････････････････ 142

大判大正 7・12・18 刑録 24 輯 1558 頁 ････････････････････････････････ 159

大判大正 15・6・19 刑集 5 巻 267 頁 ･･････････････････････････････････ **067**

大判昭和 2・10・16 刑集 6 巻 413 頁（赤ちゃん窒息死事件）････････････ **040**

大決昭和 3・12・21 刑集 7 巻 772 頁 ･･････････････････････････････････ 121

大判昭和 7・6・8 刑集 11 巻 773 頁 ･･･････････････････････････････････ 180

大判昭和 8・11・21 刑集 12 巻 2072 頁（第五柏島丸事件）･･･････････････ **210**

大判昭和 13・3・11 刑集 17 巻 237 頁 ･･････････････････････････････････ 159

大判昭和 15・8・22 刑集 19 巻 540 頁 ･･････････････････････････････････ **067**

○　最高裁判所

最判昭和 23・3・16 刑集 2 巻 3 号 227 頁 ･･･････････････････････････････ **149**

最判昭和 23・5・20 刑集 2 巻 5 号 489 頁 ･･･････････････････････････････ 057

最大判昭和 24・7・22 刑集 3 巻 8 号 1363 頁 ･･･････････････････････････ 057

最判昭和 24・7・23 刑集 3 巻 8 号 1373 頁 ･･･････････････････････････････ **243**

最判昭和 25・3・31 刑集 4 巻 3 号 469 頁 ･･･････････････････････････････ **053**

最判昭和 26・3・20 刑集 5 巻 5 号 794 頁 ･･･････････････････････････････ 218

最判昭和 26・5・10 刑集 5 巻 6 号 1026 頁 ･･･････････････････････････････ 193

最判昭和 27・6・6 刑集 6 巻 6 号 795 頁 ･･･････････････････････････････ 030

最判昭和 29・8・20 刑集 8 巻 8 号 1277 頁 ･･･････････････････････････････ 028

最決昭和 30・7・7 刑集 9 巻 9 号 1856 頁 ･･･････････････････････････････ 120

最判昭和 31・12・11 刑集 10 巻 12 号 1605 頁 ･･････････････････････････ **208**

最大判昭和 32・3・13 刑集 11 巻 3 号 997 頁（チャタレイ事件）････････ **145**, 193

最判昭和 32・3・28 刑集 11 巻 3 号 1275 頁（旅館たばこ買い置き事件）･･ **030**

最決昭和 32・4・23 刑集 11 巻 4 号 1393 頁 ･･････････････････････････ **090**, 024

最判昭和 32・10・4 刑集 11 巻 10 号 2464 頁 ･････････････････････････ 184

最判昭和 32・11・8 刑集 11 巻 12 号 3061 頁 ･････････････････････････ 122

最決昭和 33・3・19 刑集 12 巻 4 号 636 頁 ･･････････････････････････ 068

最判昭和 33・9・9 刑集 12 巻 13 号 2882 頁 ･･････････････････････････ 159

275

最大判昭和 33・10・15 刑集 12 巻 14 号 3313 頁 ……………………………………… **068**
最判昭和 33・11・21 刑集 12 巻 15 号 3519 頁 …………………………………… 056
最大判昭和 35・1・27 刑集 14 巻 1 号 33 頁 ……………………………………… **051**
最大判昭和 37・5・30 刑集 16 巻 5 号 577 頁 …………………………………… **047**
最決昭和 40・3・9 刑集 19 巻 2 号 69 頁 ………………………………………… **136**
最判昭和 41・9・14 集刑 160 号 733 頁 …………………………………………… 032
最決昭和 42・3・30 刑集 21 巻 2 号 447 頁 ……………………………………… 180
最決昭和 42・10・24 刑集 21 巻 8 号 1116 頁（米兵ひき逃げ事件）…………… **126**
最決昭和 43・6・5 刑集 22 巻 6 号 427 頁 ………………………………………… 205
最大判昭和 44・6・18 刑集 23 巻 7 号 950 頁 …………………………………… 180
最大判昭和 44・10・15 刑集 23 巻 10 号 1239 頁 ……………………………… 194
最判昭和 45・1・29 刑集 24 巻 1 号 1 頁 ………………………………… **115**, 075
最決昭和 45・7・28 刑集 24 巻 7 号 585 頁 ……………………………………… **138**
最判昭和 45・9・4 刑集 24 巻 10 号 1319 頁 …………………………………… 176
最判昭和 45・12・22 刑集 24 巻 13 号 1812 頁 ………………………… 216, 217
最決昭和 45・12・22 刑集 24 巻 13 号 1882 頁 ………………………………… 114
最大判昭和 49・11・6 刑集 28 巻 9 号 393 頁（猿払事件）……………………… **046**
最大判昭和 50・9・10 刑集 29 巻 8 号 489 頁（徳島市公安条例事件）………… **050**
最判昭和 51・4・30 刑集 30 巻 3 号 453 頁 …………………………… **067**, 183
最決昭和 52・3・25 刑集 31 巻 2 号 96 頁 ………………………………………… 101
最判昭和 52・12・22 刑集 31 巻 7 号 1176 頁 ………………………………… 198
最判昭和 53・6・29 刑集 32 巻 4 号 816 頁 ……………………………………… 214
最判昭和 53・7・28 刑集 32 巻 5 号 1068 頁（びょう打ち銃事件）…………… **156**
最決昭和 54・3・27 刑集 33 巻 2 号 140 頁 ……………………………………… **164**
最決昭和 54・4・13 刑集 33 巻 3 号 179 頁 ……………………………………… **234**
最決昭和 54・5・30 刑集 33 巻 4 号 324 頁 ……………………………………… 183
最決昭和 55・11・13 刑集 34 巻 6 号 396 頁 …………………………………… 050
最判昭和 55・11・28 刑集 34 巻 6 号 433 頁 …………………………………… 194
最決昭和 57・7・16 刑集 36 巻 6 号 695 頁 ……………………………………… **233**
最判昭和 58・4・8 刑集 37 巻 3 号 215 頁 ………………………………………… 076
最決昭和 58・9・21 刑集 37 巻 7 号 1070 頁 …………………………………… **225**
最決昭和 58・11・24 刑集 37 巻 9 号 1538 頁 ………………………………… **067**
最判昭和 59・2・17 刑集 38 巻 3 号 336 頁 ……………………………………… 186
最決昭和 59・3・27 刑集 38 巻 5 号 2064 頁 …………………………………… **225**
最決昭和 59・5・8 刑集 38 巻 7 号 2621 頁 ……………………………………… 214
最判昭和 60・3・28 刑集 39 巻 2 号 75 頁 ………………………………………… 163
最大判昭和 60・10・23 刑集 39 巻 6 号 413 頁（福岡県青少年保護育成条例事件）………… **050**, **051**
最決昭和 61・6・9 刑集 40 巻 4 号 269 頁 ………………………………………… **164**
最決昭和 62・7・16 刑集 41 巻 5 号 237 頁（百円札模造事件）……………… **204**
最決昭和 63・1・19 刑集 42 巻 1 号 1 頁 ………………………………………… 015

276

最決昭和 63・2・29 刑集 42 巻 2 号 314 頁 ……………………………………………… **067**

最決平成元・3・10 刑集 43 巻 3 号 188 頁 ………………………………………… 216

最決平成元・5・1 刑集 43 巻 5 号 405 頁 …………………………………………… 222

最決平成元・7・7 刑集 43 巻 7 号 607 頁 …………………………………………… 102

最決平成元・7・7 判時 1326 号 157 頁 ……………………………………… 152, 160

最決平成元・7・14 刑集 43 巻 7 号 641 頁（平安神宮事件）………………… 154

最決平成 2・11・20 刑集 44 巻 8 号 837 頁（大阪南港事件）………………… **125**

最決平成 3・4・5 刑集 45 巻 4 号 171 頁 …………………………………………… **067**

最決平成 5・10・5 刑集 47 巻 8 号 7 頁 ………………………………………… 179, 186

最決平成 6・11・29 刑集 48 巻 7 号 453 頁 ……………………………………… 181

最判平成 8・2・8 刑集 50 巻 2 号 221 頁 …………………………………………… **067**

最判平成 8・11・18 刑集 50 巻 10 号 745 頁 ……………………………………… **047**

最決平成 9・10・21 刑集 51 巻 9 号 755 頁 ……………………………………… 157

最決平成 11・12・20 刑集 53 巻 9 号 1495 頁 ……………………………… 179, 186

最決平成 13・7・16 刑集 55 巻 5 号 317 頁 ………………………………… **067**, 198

最決平成 14・7・1 刑集 56 巻 6 号 265 頁 ………………………………………… 127

最決平成 15・4・14 刑集 57 巻 4 号 445 頁 ……………………………………… 162

最決平成 15・6・2 刑集 57 巻 6 号 749 頁 ………………………………………… 143

最判平成 15・7・10 刑集 57 巻 7 号 903 頁 ……………………………………… 082

最決平成 16・1・20 刑集 58 巻 1 号 1 頁 …………………………………… **225**, 055

最決平成 16・3・22 刑集 58 巻 3 号 187 頁（クロロホルム事件）…………… **140**

最決平成 16・8・25 刑集 58 巻 6 号 515 頁 ……………………………………… 122

最決平成 17・3・11 刑集 59 巻 2 号 1 頁 ………………………………………… 230

最決平成 17・3・29 刑集 59 巻 2 号 54 頁 ………………………………………… 028

最決平成 17・7・4 刑集 59 巻 6 号 403 頁 ……………………………………… **234**

最決平成 18・5・16 刑集 60 巻 5 号 413 頁 ……………………………………… 208

最決平成 19・3・20 刑集 61 巻 2 号 66 頁 ………………………………………… 152

最決平成 19・7・2 刑集 61 巻 5 号 379 頁 ………………………………………… 080

最判平成 19・9・18 刑集 61 巻 6 号 601 頁（広島市暴走族追放条例事件）… **051**

最決平成 20・1・22 刑集 62 巻 1 号 1 頁 ………………………………………… 074

最判平成 20・4・11 刑集 62 巻 5 号 1217 頁 ……………………………………… 077

最決平成 20・11・10 刑集 62 巻 10 号 2853 頁（北海道迷惑行為防止条例事件）… **050**

最決平成 21・7・7 刑集 63 巻 6 号 507 頁 ………………………………………… 208

最決平成 21・11・30 刑集 63 巻 9 号 1765 頁 …………………………………… 076

最決平成 23・12・19 刑集 65 巻 9 号 1380 頁（ウィニー事件）……………… **149**

最決平成 24・7・24 刑集 66 巻 8 号 709 頁 ……………………………………… 028

最判平成 24・12・7 刑集 66 巻 12 号 1337 頁（堀越事件）……………… **047**, 051

最決平成 28・3・24 刑集 70 巻 3 号 1 頁 ………………………………………… 037

最決平成 29・3・27 刑集 71 巻 3 号 183 頁 ……………………………………… 222

最決平成 29・4・26 刑集 71 巻 4 号 275 頁 ……………………………………… **189**

最大判平成 29・11・29 刑集 71 巻 9 号 467 頁 ……… 075
最判平成 30・3・22 刑集 72 巻 1 号 82 頁 ……… **139**

○ 高等裁判所
福岡高判昭和 28・11・10 高裁判特 26 号 58 頁（空ピストル事件）……… **132**
東京高判昭和 30・4・19 高刑集 8 巻 4 号 505 頁 ……… **160**
東京高判昭和 31・7・31 高等裁判所刑事裁判特報 3 巻 15 号 770 頁 ……… 154
東京高判昭和 32・10・1 東高刑時報 8 巻 10 号 352 頁 ……… 196
名古屋高金沢支判昭和 40・10・14 高刑集 18 巻 6 号 691 頁 ……… 031
東京高判昭和 41・4・18 判タ 193 号 181 頁 ……… **149**
福岡高判昭和 45・5・16 判時 621 号 106 頁 ……… **149**
仙台高判昭和 46・6・21 高刑集 24 巻 2 号 418 頁 ……… 105
東京高判昭和 47・12・22 判タ 298 号 442 頁 ……… 037
福岡高判昭和 49・5・20 刑月 6 巻 5 号 561 頁 ……… 037
東京高判昭和 54・12・13 判タ 410 号 140 頁 ……… 157
大阪高判昭和 60・2・6 高刑集 38 巻 1 号 50 頁 ……… 031
大阪高判昭和 61・12・16 高刑集 39 巻 4 号 592 頁 ……… 063
札幌高判昭和 63・9・8 高等裁判所刑事裁判速報集昭和 63 年 214 頁 ……… 152
東京高判平成 13・1・12 判時 1738 号 37 頁 ＝ 判タ 1064 号 218 頁 ……… **007**
広島高判平成 17・3・17 判タ 1200 号 297 頁 ……… **149**
名古屋高判平成 19・2・16 判タ 1247 号 342 頁 ……… **251**
大阪高判平成 27・8・6 裁判所ウェブサイト ……… 142

○ 地方裁判所
大阪地判昭和 37・7・24 下刑集 4 巻 7 ＝ 8 号 696 頁 ……… **040**
京都地判昭和 45・10・12 刑月 2 巻 10 号 1104 頁 ……… 067
東京地判昭和 54・8・10 判時 943 号 122 頁 ……… 026
仙台地石巻支判昭和 62・2・18 判時 1249 号 145 頁 ……… 050
東京地判昭和 62・10・6 判時 1259 号 137 頁 ……… 105
神戸地判平成 3・9・19 判タ 797 号 269 頁 ……… 181, 182
名古屋地判平成 6・1・18 判タ 858 号 272 頁 ……… 026, 028
横浜地判平成 7・3・28 判時 1530 号 28 頁 ……… 049
東京地判平成 14・2・8 判時 1821 号 160 頁 ……… 169
横浜地判平成 29・3・24LEX/DB25545645 ……… 059

○ **著者紹介**

井田　良（いだ・まこと）

　現在　中央大学大学院法務研究科教授，慶應義塾大学名誉教授，法学博士（ケルン大学），名誉法学博士（ザールラント大学，エアランゲン大学）

　この間，司法試験考査委員，日本学術会議会員，宗教法人審議会会長，司法研修所参与，法制審議会委員などを務める。2006年にシーボルト賞（フンボルト財団），2009年にザイボルト賞（ドイツ研究振興協会），2015年にドイツ連邦共和国功労勲章功労十字小綬章を授与される。

主な著書

『変革の時代における理論刑法学』（慶應義塾大学出版会，2007年），『講義刑法学・総論〔第2版〕』（有斐閣，2018年），『法を学ぶ人のための文章作法〔第2版〕』（共著，有斐閣，2019年），『講義刑法学・各論〔第2版〕』（有斐閣，2020年），『刑法事例演習教材〔第3版〕』（共著，有斐閣，2020年），『基礎から学ぶ刑事法〔第6版補訂版〕』（有斐閣，2022年）

入門刑法学・総論〔第2版〕
Introductory Lectures in Criminal Law : General Part, 2nd ed.

2013年12月20日　初　版第1刷発行
2018年11月30日　第2版第1刷発行
2023年 8 月20日　第2版第5刷発行

法学教室 LIBRARY

著　者　井　田　　良
発行者　江　草　貞　治
発行所　株式会社　有　斐　閣

郵便番号 101-0051
東京都千代田区神田神保町 2-17
https://www.yuhikaku.co.jp/

印刷・株式会社暁印刷／製本・牧製本印刷株式会社
©2018, Makoto Ida. Printed in Japan
落丁・乱丁本はお取替えいたします。

★定価はカバーに表示してあります。

ISBN 978-4-641-13938-1

JCOPY　本書の無断複写（コピー）は，著作権法上での例外を除き，禁じられています。複写される場合は，そのつど事前に（一社）出版者著作権管理機構（電話03-5244-5088, FAX03-5244-5089, e-mail:info@jcopy.or.jp）の許諾を得てください。